United Nations
Educational, Scientific and
Cultural Organization

World Heritage
in the Republic of Korea

유네스코 세계문화유산

가야
고분군

유네스코
세계문화유산
등재기념
특별판

저자 이종호

| 머리말 |

    2023년 9월 사우디아라비아의 리야드에서 열린 제45차 세계유산 위원회에서 영남과 호남 지방 곳곳에 흩어진 4~6세기 가야시대의 '가야고분군(Gaya Tumuli)'을 세계 유산으로 등재했다. 이는 사실 예상된 사항으로 2023년 5월 유네스코의 전문가 자문심사기구인 국제기념물유적협의회(ICOMOS, 이하 이코모스)가 한국이 신청한 세계문화유산 등재후보 '가야고분군'에 대해 '등재 권고' 판정을 내렸기 때문이다.

    유네스코 세계유산에 등재된 가야고분군은 총 7곳의 가야 유적을 모은 연속 유산이라는 점에서도 의미가 있다. 연속유산은 지리적으로 서로 접하지 않은 두 개 이상의 유산을 포함한 것으로, 같은 역사나 문화적 집단에 속하거나 지리적 구역의 특성을 공유할 때 적용한다. 양산 통도사, 영주 부석사 등 주요 사찰 7곳을 묶은 '산사, 한국의 산지승원'(2018년)과 2019년에 등재된 '한국의 서원(7곳)'과 같은 맥락이다.

    가야는 기원 전후부터 562년까지 주로 낙동강 유역에서 번성했던 작은 나라들의 총칭으로 경남 김해에 있었던 금관가야를 비롯해 함안·고성, 경북 고령·성주·상주 등에서 세력을 형성했다. 『한국민족문화대백과사전』에 의하면 5세기 후반에 전성기를 누릴 시에는 22개의 소국이 있었다고 적었다.

그러나 가야는 한국사에서 크게 주목받지 못했는데 우선 고구려, 백제, 신라와 함께 삼국시대에 공존했음에도 『삼국사기』, 『삼국유사』 등 문헌에 가야에 관한 기록이 거의 없고 그마저도 단편적이거나 일부에 그쳤기 때문이다.

기록이 거의 없다 하더라도 가야의 위상이 사라지는 것은 아니다. 문화재청 〈국가문화유산포털〉에 따르면 한반도 남쪽에 가야와 관련한 고분군이 780여 곳 남아있으며 이들의 조성한 무덤을 모두 합치면 수십 만기에 달한다고 적었다.

가야고분군이 유네스코세계유산에 등재되었지만 상당한 우여곡절이 있었다. 우선 김해와 함안 고분군, 고령 고분군 등이 각각 세계유산 등재를 신청해 잠정목록에 올랐는데 문화재청이 2015년 7곳의 가야유적을 '가야고분군'으로 묶어 등재를 추진한 것이다. 이미 '한국의 산지승원'과 '한국의 서원' 7곳이 등재에 성공했는데 공교롭게도 가야고분군도 7개소이다[1].

원래 계획대로라면 가야고분군은 2022년 6월 러시아 카잔에서 열릴 예정이었던 제45차 세계유산위원회에서 등재될 예정이었다. 그런

---

1) 「능선 따라 빼곡히 들어선 가야의 무덤…"역사·문화의 타임캡슐"」, 김예나, 연합뉴스, 2023.05.11

데 러시아가 2월 우크라이나를 침공하면서 전쟁이 벌어지자 러시아는 위원국에 무기한 연기를 위한 서한을 보내어 일단 연기가 확정됐다. 이에 한국을 포함한 미국, 영국 등 46개 국가가 러시아의 무기한 회의 연기에 반대했다. 러시아와 우크라이나 전쟁이 언제 끝날지 모르는 상황에서 유네스코세계유산 등재를 무한정 연장할 수 없다는 뜻으로 결국 러시아가 의장국을 포기하여 사우디아라비아가 의장국으로 선정되자 한국의 '가야고분군'은 2023년 5월 등재권고를 받았고 9월에 등재 결정을 받은 것이다.

한국이 세계문화유산 14개 등재국이 되었지만(자연유산 2개 포함 총 16개) 유네스코의 등재 기준을 충족시키는 것이 만만한 일은 아니다. 우선 신청 기준이 매우 까다롭다.

'살아 있거나 또는 이미 사라진 문화적 전통, 혹은 문명의 독보적 또는 적어도 특출한 증거가 되어야 한다.'

이코모스는 신청 유산에 대해 깐깐한 검증으로 유명한데 가장 중요하게 다루는 내용이 '완전성'으로 가야고분군에 관한 평가는 그야말로 호의적이다.

'신청유산에는 유산의 가치를 표현하는 속성이 개별 고분군의 유산구역 내에 모두 포함되어 있다. 신청유산의 가치를 전달하는 데 필수적인 고고학적 유구와 근거들은 대체적으로 양호한 상태이다. 각 고분군은 경관적, 공간적 특징과 유산의 형성과정을 나타내기에 충분한 규모이다. 유산구역과 완충구역은 문화재보호법에 의해 엄격하게 보호받고 있어 개발 또는 방치에 의한 부정적인 영향을 받을 가능성은 거의 없다. 일부 고분군의 경우 인근의 도시화로 인한 영향을 받았으나, 유산의 탁월한 보편적 가치를 입증하는 고분군의 속성은 온전히 보존되어 있다.'

더불어 이코모스가 주목하여 체크하는 것은 신청 유산의 '진정성'인데 이 부분에서도 이코모스는 매우 놀라움으로 유산의 지정을 지지했다.

'신청유산은 형태와 디자인, 재료와 물질, 위치와 주변 환경 측면에서 높은 수준의 진정성을 확보하고 있다. 고분군의 발굴은 학술적 목적을 위해 최소한으로 이루어지고 있으며, 발굴조사 결과, 조성 당시의 고분의 구조와 재료, 축조 기술의 진정성이 확인되었다. 이를 근거로 유적의 복원과 정비는 공인된 문화재 수리기술자에 의해 진정성에 영향을 미치지 않는 범위 내에서 이루어지고 있다.'

이런 전반적인 확인을 통해 세계유산위원회는 가야고분군의 등재 이유를 다음으로 설명했다.

'고분군의 지리적 분포, 입지, 고분의 구조와 규모, 부장품 등을 통해

'가야고분군'이 주변국과 공존하면서 자율적이고 수평적인 독특한 체계를 유지해 온 '가야'를 잘 보여주며 동아시아 고대 문명의 다양성을 보여주는 중요한 증거로 세계유산 등재기준(ⅲ)을 충족한다.'

더불어 세계유산위원회는 등재 결정과 함께 권고 사항도 내놓았다.

'7개 고분군 내의 민간 소유 부지를 확보해 유산을 보호하기 위한 노력, 경남 창녕 교동·송현동 고분군 사이 도로로 인한 유산의 영향 완화 등 유산과의 완충 구역 확보, 7개 고분군의 홍보 전략 개발과 통합 점검 체계 구축, 지역공동체 참여 확대 등을 권고한다.'

유네스코세계유산위원회에서 '가야고분군'에 대해 극찬하지만 현재까지 한국사에서조차 크게 주목받지 못한 가야고분군이 세계유산으로 지정되었다고 하자 많은 한국인들도 놀란다. 사실 삼국시대에 가야라는 이름이 있다는 것을 모르는 사람은 없을 것이지만 가야 고분군이 그만큼 세계적으로 중요한 요소를 갖고 있음에도 이에 대해 전혀 몰랐거나 무관심했기 때문이다. 이는 실제로 가야에 대한 출간물 자체가 거의 없다는 것으로도 알 수 있다.

유네스코 세계유산으로 '가야고분군'이 등재 권고 판정을 받아 세계유산 등재가 확실하다고 설명되자 가야 고분군이 갖고 있는 그 무엇에 대해 많은 독자들이 궁금증을 표명하며 이를 필자에게 소개해달라고 요청했다. 그동안 한국이 보유하고 있는 세계문화유산 13건 모두를 책으로 다루어 출간했기 때문이다.

이 책은 유네스코 세계유산으로 지정된 가야고분군을 기본적으로 다루는 것을 목표로 하는데 이를 설명하는 것이 간단한 일이 아니다. 가장 큰 어려움은 가야사에 대한 그동안의 설명이 논자에 따라 극과 극으로 달라지기도 하는데 이는 가야에 대한 연구가 미진하다는 뜻도 되는 동시에 어떤 시각에서 가야사를 설명하느냐에 따라 설명이 어지러워질 수 있다는 것을 의미한다. 한마디로 아직 통일된 의견으로 정리되지 않았다는 것과 다름없는데 이곳에서는 미진한 가야를 다루는 것이 아니라 유네스코세계유산에 지정된 고분군을 중점적으로 설명한다.

그럼에도 불구하고 잘 알려지지 않은 가야사를 기본으로 설명하지 않을 수 없으므로 제1부에서 가야의 탄생에 따른 김수로, 허황옥, 대가야의 이진아시왕 등의 전설을 설명한다. 가야의 시조가 2명이라는 다소 헷갈리는 주제이지만 이 역시 지금까지 알려진 가야에 대한 내역이다.

제2부는 가야의 미스터리를 설명한다. 학자들은 가야의 탄생을 집중적으로 연구하여 북방(철기 + 기마)민족의 한반도 동천으로 설명한다. 가야·신라 등 고대사는 상당 부분 베일에 쌓여 있었는데 이를 북방민족의 동천으로 설명하면 한국 고대사의 큰 틀 중 하나로도 설명되는 가야의 김수로, 신라의 김알지 등이 갖고 있는 미스터리를 상당 부분 해소시켜준다. 한마디로 중국의 북방에서 흉노란 거대제국을 거느렸던 북방기마(철기)민족의 김수로가 한반도로 내려와 가야를 세웠

고 김알지가 신라 김씨 왕들의 선조가 되었다는 것으로 근간 도출된 내용이므로 한민족에게 큰 충격을 준 주제이기도 하다.

제3부는 유네스코세계유산으로 지정된 가야고분군을 이해하기 위한 사전 참고서로 고분의 개요를 적는다. 고분 자체가 인간들의 실생활과 밀접한 관계를 갖고 있지만 사후 세계를 보여주는 특이성을 갖고 있으므로 딱딱하고 이해하기 어려운 용어들이 많이 등장하는데 가야고분군을 이해하기 쉽게 도와주는 짧은 글이라는데 점수를 많이 주기 바란다.

마지막 제4부는 유네스코 세계유산으로 등재된 한국의 7개 가야고분군에 대한 상세를 현장답사를 통해 설명한다. 가야 고분 자체만으로도 유네스코세계유산으로 등재될 수 있다는 것은 그만큼 세계적으로 중요성을 갖고 있다는 뜻이다. 고분이라는 다소 생소한 유산을 어렵게만 생각할 것이 아니라 우리 유산에 남다른 것이 있다는 것을 염두에 두면서 우리 것을 이해하는 장을 만들기 바란다.

Contents

머리말 _02

| 제1부 | **철의 제국 가야** _13

    제1장 : 가야국(伽耶國) 김수로 _20
    제2장 : 흉노 후예 가야 김수로, 신라 김알지 _31
    제3장 : 김수로와 허왕옥 _48
    제4장 : 대가야 이진아시왕(伊珍阿豉王) _67

| 제2부 | **가야의 미스터리** _77

    제1장 : 동복(銅鍑) _79
    제2장 : 편두(扁頭) _89
    제3장 : 각배(角杯) _96
    제4장 : 순장(殉葬) _104
    제5장 : 북방 민족의 한반도 진출 이유 _112
    제6장 : 3국에 들지 못한 가야 _126
    제7장 : 군사 강국 가야, 고구려에게 패배한 요인 _132

| 제3부 | **고분의 종류와 구조** _145

제1장 : 옹관묘(甕棺墓, 독널무덤) _149
제2장 : 목관묘(木棺墓, 널무덤, 土壙墓) _155
제3장 : 목곽묘(木槨墓, 덧널무덤) _160
제4장 : 수혈식석곽묘(竪穴式石槨墓, 구덩식돌덧널무덤) _166
제5장 : 횡구식석실묘(橫口式石室墓) _170
제6장 : 횡혈식석실묘(橫穴式石室墓) _174

| 제4부 | **유네스코 세계유산 가야 고분군** _179

제1장 : 남원 유곡리와 두락리 고분군(사적 제542호) _183
제2장 : 고성 송학동 고분군(사적 제119호) _213
제3장 : 함안 말이산 고분군(사적 제515호) _231
제4장 : 김해 대성동고분군(사적 제341호) _245
제5장 : 창녕 교동과 송현동 고분군(사적 제514호) _268
제6장 : 합천 옥전고분군(사적 제326호) _289
제7장 : 고령 지산동 고분군(사적 제79호) _306

제1부

철의 제국 가야

제1장 : 가야국(伽耶國) 김수로

제2장 : 흉노 후예 가야 김수로, 신라 김알지

제3장 : 김수로와 허황옥

제4장 : 대가야 이진아시왕(伊珍阿豉王)

철의 제국으로 알려지는 가야는 여러 면에서 '한국 고대사의 미스터리'로도 알려진다.

우선 가야를 누가 세웠느냐부터 이론의 여지가 있다. 가야라면 김수로와 허황옥을 떠올리기도 하지만 이들은 토착 세력이 아닌 외래 세력이라는 점이다. 근래 발표되는 많은 자료에 의하면 김수로는 신라의 김알지와 함께 기원전 3~2세기 중국과 혈투를 벌인 흉노의 후손이며 허황옥도 토착인이 아니라 인도 또는 중국에서 온 이방인이다.

한국인들을 어리둥절하게 만드는 것은 가야가 과연 국명인가 아니면 지명인가조차 확정할 수 없다는 점이다. 이런 원천적인 문제를 볼 때 가야의 진정한 시원을 어디서 찾을 수 있을 것인가부터 의문점이지 않을 수 없다.

가야라는 이름 자체조차 헷갈린다는 것은 가야사를 단정적으로 설명하는 것이 매우 어렵다는 것을 알려준다. 더불어 논자마다 설명하는 시각이 다르므로 설명에 따라 다른 결론이 유도되는 것도 다반사이다. 어느 것이 진실이냐를 이해하는 것이 어렵다는 뜻이므로 가야사에 대한 접근은 매우 어지러울 수밖에 없는데 이곳에서는 일반적으로 알려진 가야 이야기의 단초부터 다룬다.

〈천손과 난생신화〉

가야사가 혼동스러운 것은 한민족이 크게 남방계와 북방계로 나뉜다는 점이다.

김병모 박사는 문화 전통이 다른 북방 계열과 남방 계열의 주민이 한국에 살게 되면서 사유 세계의 혼선이 생겼다고 설명했다. 유목민들의 신화 체계는 천손 신화이고 농경인들의 신화는 난생 신화인데 이 두 가지의 신화 요소가 한국 고대 국가 성립 과정에서 모두 나타난다는 것이다. 고조선과 부여는 천손 신화, 고구려·신라·가야의 난생 신화이다.

천손 신화는 수직하강 구조이고 난생신화는 내부에서 외부로 나오는 구조다.

천손신화의 주인공들은 높은 곳, 즉 하늘·산·나무 등에서 땅으로 내려오며 난생신화의 주인공들은 알·박·궤짝·배 등에서 나온다. 구조적으로 보면 천손신화의 주인공은 수직하강하고 난생신화의 주인공은 안에서 밖으로 나온다. 한국에서 고조선의 단군과 북부여의 해모수가 천손신화의 주인공이다. 고구려의 고주몽은 아버지가 해모수이므로 천손신화계인데 주몽의 어머니가 알을 낳았다는 것은 천손계 사회와 난생계 사회가 결합되었다는 의미로 해석할 수 있다. 이에 따르면 백제의 온조가 주몽의 아들이므로 천손계와 난생계가 복합된 인물이다. 한 사람의 탄생 과정에서 두 가지 신화가 복합되어 있는 현상은 정신적 고향이 다른 두 종류의 민족들이 사회 결합하는 과정을 설명하는 것으로 판단한다.

이에 따르면 백제의 온조가 주몽의 아들이므로 천손계와 난생계가 복합된 인물이다. 가락국의 김수로 역시 난생신화와 천손신화가 복합되었음을 보여준다. 기마민족의 천손 신화의 주인공들인 박혁거세나 김알지·김수로가 하늘에서 땅으로 내려오는 수직하강 구조이면서도 정작 알이나 동자로 태어나는 이유를 이해할 수 있을 것이다. 한마디로 북방계의 김수로, 김알지가 한반도에 정착하기위해 토착인들을 다독거리기 위한 방편으로 천손신화와 난생 신화의 내용을 절충하여 설득하는데 주저하지 않았다는 뜻이다.

이런 신화를 학자들은 다음과 같이 설명하기도 한다.

북방민족은 기본적으로 유목경제로 모두 알타이권에 들어간다. 그런데 한반도의 토착세력은 난생설화의 농경민족인데 여러 가지 사정상 한반도로 들어온 천손 신화의 시베리아-알타이계의 북방민족 즉 유목민족이 이미 기층 인구를 구성하고 있던 현지 세력을 무시하기는 쉬운 일이 아니다. 그런데 북방민족은 기본적으로 유목경제로 모두 알타이권에 들어간다.

그런데 가장 중요한 지적사항은 신라왕족의 적석목곽분이 신라초기에는 등장하지 않는다는 점이다. 적석목곽묘는 스키타이 족들의 쿠르간처럼 시베리아-알타이 계통의 무덤구조다.

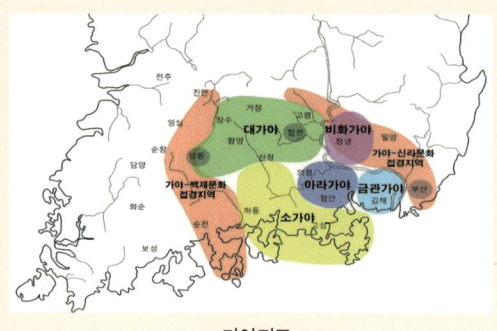
가야지도
(가야고분군추진단)

중국섬서성 후한시대흉노동복
(가야와유사)

〈광개토대왕 남정〉

일반적으로 가야의 역사는 서기 400년 고구려 광개토대왕이 한반도 남부의 가야와 왜병을 공략한 것을 기점으로 낙동강 하류 지역 중심으로 번성했던 전기 가야와 내륙 지역을 중심으로 번성했던 후기 가야로 구분된다.

'오늘날 경남 지역을 중심으로 번성했던 고대국가 가야는 수로왕 등 여섯 형제가 건국한 여섯 개 작은 나라들로 이뤄졌으며, 서로 연맹을 이뤄 사이좋게 지내다가 신라에 정복당했다.'

통설로 이야기되는 가야 이야기이다. 그런데 이런 이야기는 가야에 대한 많은 연구 결과 이는 역사적 사실과 완전히 거리가 멀다는 점이다. 6개 나라가 형제처럼 사이좋게 지냈다는 것은 일연 스님의 『삼국유사』의 기록 때문에 빚어진 허구라는 지적이다.

근래 벌어진 가야에 대한 각종 자료를 분석해보면 정치체제로서 가야는 2세기부터 존재하지만, 문화 성립 시기를 포함하면 가야 역사는 기원전 1세기부터 대가야가 멸망하는 562년까지 600여 년에 이른다. 또한 가야는 12개 이상의 작은 나라들로 이뤄져 있었으며, 고구려 · 백제 · 신라 등 삼국과 구분되는 독자적인 역사를 갖고있다는 설명이다.

전성기 가야의 영역은 동쪽으로는 부산과 경남 양산 · 밀양, 서쪽으로는 전북 남원 · 장수와 전남 곡성 · 구례 · 광양 · 순천 등 호남 동부지역까지 이르렀다. 그동안 가야를 경상도 일부 지역으로 한정했는데 유네스코 세계유산에 등재된 남원의 유곡리와 두락리고분군은 전라북도에 위치하여 가야의 세력이 만만치 않다는 것을 의미한다. 그동안 한국사에서 고구려, 백제, 신라 3국만 이야기하는데 가야를 제외한 삼국만 한반도에 존재했던 기간은 가야 멸망 이후 660년 백제가 멸망할 때까지 100년도 되지 않는다는 지적이다.

고구려 광개토대왕은 가야와 일본(왜)의 침략을 받은 신라의 구원요청을 받아들여 400년 5만 명 규모의 보병과 기병을 파견해 왜병과 가야를 공략했다. 이때 낙동강 하류 지역이 주전쟁터가 되면서, 낙동강 수로와 바다를 이용해 발전했던 남부 가야가 큰 타격을 입었다. 이 공격으로 남부 해안지역에 있던 가야의 중심은 경북 고령의 가라국과 경남 함안의 아라국 등 북부 내륙지역으로 이동한다.

3세기 전반 후한(後漢)이 멸망하면서 동아시아 전역은 새로운 변화를 맞이하여 중국 군현(한사군)과 활발히 교역하던 변한 지역 정치체들이 받은 영향은 매우 컸다. 급변하는 국제 정세 속에서 지역의 패권을 장악하기 위해 경남 해안에 자리 잡은 8개의 국가가 모의하여 일으킨 전쟁이 포상팔국(浦上八國)의 난이다. 이들 8개국이 연합하여 가라

(혹은 안라)를 공격하였는데, 가라의 구원 요청을 받은 신라가 전쟁에 개입함으로써 포상팔국은 전쟁에서 패배한다. 그 결과 이들 8개국은 대부분 주변국에 흡수되거나 멸망하였다고 추정하는데 이 전쟁은 전기가야연맹의 중심이었던 가라(금관가야)가 쇠퇴하고 안라 등 내륙 세력이 부상하는 계기가 되었으며, 가야 사회가 전기가야연맹에서 후기가야연맹으로 전환되는 변곡점이 되었다고 설명한다. 여기에서 8개국 중 국명을 알 수 있는 것은 5개국으로 골포국(骨浦國)·칠포국(漆浦國)·고사포국(古史浦國) 혹은 고자국(古自國)·사물국(史勿國)·보라국(保羅國)이다.[1]

〈가야의 홀대〉

가야가 남다른 홀대 받는 것에 대해 한국과 일본사에 정통한 존 카터 코벨(Jon Carter Covell, 1910~1996) 박사가 매우 통렬한 지적을 했다.

'계명대학교의 제임스 그레이슨(James Grayson) 박사가 백제에 불교를 전한 것은 인도 승려였고 백제는 신라보다 100년이나 앞서 인도로 승려를 보냈다는 사실을 상기시켰다. 그는 신라가 국가로서 체제를 갖춘 연대를 달구벌(대구)을 점령한 뒤인 6세기 후반으로 보았다. 이제까지의 정황을 보아 그 주장은 설득력이 있어 보인다. 그 전에는 일단의 부족국가들이 한반도에 할거했다. 가야연맹에는 6국 가야국이 있었으나 한국사에서 3국 이외의 국가로 소외됐고 이 틈에 일본이 재빨리 가야에 천착함으로써 작살나버리고 말았다. 실제로는 일본의 주장과 정반대로 가야인들이 일본을 정벌하러 갔던 것이다. 그 이야기는 이 글에서 말하기엔 너무 길다. 상당히 오래 전에 발굴된 금관이 경북대박물관에 소장돼 있는데 사진 공개를 기피하고 있는듯하다. 가야가 신라보다 앞

---

1) http://contents.history.go.kr/mobile/kc/view.do?levelId=kc_i101500&code=kc_age_10

선 문화를 가졌다는 사실이 판정되면 난처해질 것이라는 생각 때문인듯하다. 부속 요소를 부정하는 고고학자들어 어쩔 수 없이 그 사실을 인정하지 않을 수 없게 되는 것도 난처해서일 것이다.'2)

카터 코벨 박사는 한국의 고대사 연구가 상당부분 개선되었음이 분명하지만 아직도 가야 역사가 어려운 것은 한·일 양국 역사학계의 오랜 논쟁거리인 '임나일본부'때문이라 해도 과언이 아니라고 꼭 집어 지적했다. 이 문제는 한국의 가야사에서 가장 껄끄러운 화두이기도 하는데 〈가야고분군세계유산등재추진단〉의 연구총서는 임나일본부를 왜 왕권이 가야에 파견했던 외교사절이라고 정의했다. 임나일본부는 함안의 아라국에 장기체류하면서 가야 왕들과 보조를 맞춰 백제와 신라에 대한 외교활동에 참여했는데 아라국왕은 이들을 통해 왜를 배후세력으로 확보하고 백제·신라에 대항했다는 내용도 포함된다.3)

---

2) 『한국문화의 뿌리를 찾아』, 존 카터 코벨, 학고재, 1999
3) 「"고대국가 가야, 6개국 아닌 12개 이상 나라로 구성"」, 최상원, 한겨레, 2018.07.16

제1장 : 가야국(伽耶國) 김수로

가야 건국으로 가장 잘 알려진 것은 『삼국유사』〈가락국기(駕洛國記)〉에 등장하는 김수로의 즉위와 가락국 건국이다.

가야 문제점의 핵심은 한국 고대사의 주요 역사서인 『삼국사기』에 가야의 건국 신화가 전해지지 않는다는 점이다. 『삼국사기』는 신라의 관처서인데 여기에 고구려·백제·신라의 본기만 편찬하였는데 당연히 가야의 역사가 제외되지 않을 수밖에 없다.

물론 『삼국사기』에 가야의 건국 신화 내용이 전혀 없는 것은 아니다. 『삼국사기』 김유신 열전에 김유신의 선조가 가야를 건국한 김수로임을 간략하게 밝히고 있기 때문이다.

'김유신(金庾信)은 (신라의) 서울 사람(王京人)이었다. 그의 12대 조상인 수로(首露)는 어떤 사람인지 잘 모른다. 후한(後漢) 건무(建武) 18년 임인(서기 42)에 구봉(龜峰)에 올라가 가락(駕洛)의 9촌(村)을 바라보고, 드디어 그 곳에 가서 나라를 열고 이름을 가야(加耶)라 하였다. 후에 금관국(金官國)으로 고쳤으며 그 자손이 대대로 왕위를 계승하였다. 9세손인 구해

(仇亥; 또는 구차휴(仇次休))에 이르렀는데 유신에게는 증조부가 된다. 신라인이 스스로 말하기를 소호금천씨(少昊金天氏)의 후예라고 하여, 성을 '김(金)'으로 하였는데, 유신의 비문에도 또한 말하기를 헌원(軒轅)의 후예요, 소호의 자손이라고 한즉 남가야(南加耶)의 시조 수로와 유신은 성(姓)이 같은 것이다.'

『삼국사기』에는 김유신이 금관가야 왕실의 후손이며 금관가야 건국 신화의 내용을 소개하고 있다. 수로가 구봉에 올라 9촌을 바라보며 가야를 건국하였다는 내용은 〈가락국기〉에 보이는 김수로의 건국 설화와 내용상 일치한다. 그런데 '수로가 어떤 사람인지 잘 모른다.'라는 기록을 보면 『삼국사기』 편찬자들에 가야에 대한 정보가 매우 부족하였음을 알 수 있다.

그러므로 가야의 건국 신화는 『삼국유사』에 인용된 〈가락국기〉가 기본을 이루는데 〈가락국기〉는 고려 문종 조 태강 연간(1075~1084)에 지금주사인 김양감에게 특명을 내려 수로왕의 능원을 보수하고 제사사무를 준비하라고 명령한다. 여기에서 지금주사란 금주를 가리키는데 금주는 오늘날의 김해에 해당한다. 학자들은 지금주사를 김양감으로 추정한다.[4]

여하튼 〈가락국기〉에 이 정도의 자료라도 인용되지 않았다면 가야 건국에 관한 중요한 내용이 전해지지 않았을 것으로 추정한다. 여하튼 김수로왕 신화는 다음과 같다.

---

4) 『철의 제국 가야』, 김종성, 역사의 아침, 2010

김수로왕

'천지가 개벽한 이후로 아직 나라 이름이 없었고, 또한 군신(君臣)의 칭호도 없었다. 이때에 아도간(我刀干)·여도간(汝刀干)·피도간(彼刀干)·오도간(五刀干)·유수간(留水干)·유천간(留天干)·신천간(神天干)·오천간(五天干)·신귀간(神鬼干) 등 아홉 간(干)이 있었다. 이들 추장이 백성들을 통솔했는데 대부분 산과 들에 모여 살면서 우물을 파서 물을 마시고 밭을 갈아 곡식을 먹었다.

후한(後漢)의 세조(世祖) 광무제(光武帝) 건무(建武) 18년(42년) 임인 3월 계욕일(禊浴日)에 북쪽 구지(龜旨: 이것은 산봉우리의 이름인데, 여러 마리 거북이 엎드린 모양과도 같기 때문에 그렇게 불렀다)에서 수상한 소리가 들리니 순식간에 사람들이 몰려들었다. 아무 형상도 없이 허공에서 목소리만 울려 퍼졌다. "여기 누가 있는가?" 라고 하니 아홉 명의 간이 대답하였다. 허공의 목소리가

"이곳은 어디인가?"라고 물으니 아홉 명의 간은 구지봉이라고 대답하였다. 목소리는 계속 들려왔다. "하늘이 나에게 이 땅에 와서 나라를 세우고 왕이 되라고 명령하였으므로 여기에 오게 되었다. 너희는 봉우리의 흙을 파서 쥐고서, '거북아 거북아/머리를 내밀어라/만약 아니 내놓으면/불에 구워 먹겠다.' 라는 노래를 부르며 춤을 추도록 하라. 그렇게 하면 왕을 맞이하여 즐기는 것으로 알 것이다."라고 하였다.

아홉 명의 간과 백성들은 그 말을 따라 행동하였다.

얼마 후 하늘에서 붉은 끈이 드리워져 땅에 닿았다. 끈의 끝부분을 살펴보니 금으로 된 상자가 붉은 비단에 쌓여있었다. 상자를 열어보니 둥근 황금알 여섯 개가 들어있었는데 사람들이 놀랐지만 그 알을 다시 싸서 안고 아도간(我刀干)의 집으로 돌아와 책상 위에 놓아두고 그 무리들은 각기 흩어졌다.

구지봉천강육란석조상(天降六卵石造像)
(한국학중앙연구원)

구지봉고인돌

그 후 12시간이 지난 이튿날 아침에 무리들이 다시 모여서 그 상자를 열어보니 황금알 여섯 개가 남자아이 여섯 명으로 변해있었다.

여섯 아이는 날마다 쑥쑥 자라 10여 일이 지나니 키가 크고 용모가 아름다운 사내가 되었다. 여섯 개의 황금알 중에 가장 먼저 태어난 사람이 왕이 되었는데, 가장 먼저 나타났다고 하여 휘(諱)를 수로(首露)라 하고 혹은 수릉(首陵)이라 하였는데, 수로는 대가락(大駕洛 또는 가야국(伽耶國))의 왕이 되고 나머지 5인도 각기 5가야의 임금이 되었다.'

『삼국유사』의 김수로왕 탄생설화는 다음과 같다.

'후한 세조 광무제 건무 18년, 임인 3월 상사일에 구지봉(龜旨峰)에 이상한 소리로 부르는 기척이 있어 구간 등 수백 명의 사람이 모여들었다. (중략) 구간 등이 구지가(龜旨歌)를 부르고 춤을 추자, 하늘에서 자색 줄이 드리워 땅에 닿았는데, 줄 끝에는 붉은 폭에 금합(金合)이 싸여 있어 열어 보니 해와 같이 둥근 황금 알 여섯 개가 있었다. 다음날 새벽에 알 6개가 화하여 사내아이로 되었는데 용모가 매우 깨끗하였다. 이내 평상 위에 앉히고 여러 사람이 축하하는 절을 하고 공경을 다하였다. 그 달 보름에 모두 왕위에 올랐다. 처음으로 나타났다고 하여 휘(諱)를 수로(首露)라 하고 혹은 수릉(首陵)이라 하였는데, 수로는 대가락(大駕洛)의 왕이 되고 나머지 5인도 각기 5가야의 임금이 되었다.'

금관가야라고도 불리는 가락국은 낙동강 하류의 변한 땅인 현재의 경상남도 김해시를 중심으로 형성된 부족국가였다. 김해시 주촌면 양동리를 중심으로 한 가야 연맹의 대표 세력으로 추정되는데 김수로왕은 가락국의 시조임과 동시에 김해 김씨의 시조이기도 하다.

이 신화의 핵심은 수로가 천강하여 왕위에 오르는 과정이다.

수로가 등장하기 이전에 이미 이들 지역을 9간이 다스렸다는 것으로 가락 9촌의 존재는 김해지역 곳곳에 흩어져 있었던 소단위 세력 집단들로 설명된다. 학자들에 따라 이들 9간이 통치하던 사회를 군장 사회(Chiefdom)의 단계로 비정하기도 한다. 즉 수로가 내려오기 이전부터 있었던 토착 세력이다.

여기에서 주목되는 것은 수로 신화의 천강(天降)과 난생(卵生)의 모티브이다. 천신(天神)과 연관된 내용도 갖고 있는데 자줏빛 줄과 붉은 보자기에 쌓인 금빛 상자 그리고 황금알 여섯 개가 그것이다. 즉 수로왕의 출현 장면 묘사는 고조선의 단군 신화 및 고구려의 주몽 신화와 같은 계통으로 하늘에서 내려오는 천강(天降) 신화적 요소와 알로 태어나는 난생(卵生)적 요소도 갖고 있다.

학자들이 이에 주목하는 것은 가야국 지배 계층의 관념이나 세계관 등이 한반도 북쪽 즉 북방의 주민들과 다름없다는 점이다. 고조선 유민들과 부여계 주민들의 남하 결과, 한반도 남부 지역에서 정치적 격동이 일어나는 상황을 고려하면, 9간도 본래는 이주민의 성격을 갖고 있는데 수로왕 등장 무렵에 이미 토착세력이 되었다는 것이다. 이를 간단하게 설명하면 수로왕 등은 9간보다 늦은 시기에 정착한 이주민 성격의 세력 집단으로 볼 수 있다는 것이다. 이 설명은 근래의 연구 성과에 따른 북방 민족의 한반도 도래를 의미하므로 제2부에서 보다 근원적으로 설명한다.

학자들이 수로왕의 즉위에서 중요하게 간주하는 것은 9간의 합의하에 수로를 왕으로 추대했다는 점이다. 이는 김수로 전부터 9간의 연맹체적인 기구가 있었지만 왕의 존재는 아직 나타나지 않았으나 수로의 등장으로 비로소 9간의 합의에 의해 왕으로 추대되어 과거보다 더 결합된 '가락국'이 탄생했다는 설명이다.

특히 김수로왕의 탄생과 혼인, 건국과 죽음 등의 내력은 여러 씨족이 연합하여 통일된 나라를 세우고, 왕이 되는데 고난과 시련을 겪지 않으며 나라를 세우는 데 있어 경쟁할 대상이 없는 순조로운 공통 구조를 가지고 있다.

그러나 하늘에서 내려온 알에서 태어난 사내들이 왕이 되었다는 점은 다른 건국신화와는 다른 특징이다. 또한 「구지가」라는 노래가 등장하고, 하나의 알이 아닌 여섯 개의 알에서 왕이 탄생한다는 점도 다르다. 김수로왕의 신화에서 「구지가」를 부르며 춤을 추는 것은 왕의 즉위 의식을 축하하는 행위로 설명한다[5]

수로왕 신화에 6가야가 등장한다. 하늘에서 구지봉으로 6개의 알이 내려왔으며 이들 6개의 알에서 태어난 인물들이 모두 6가야의 시조가 되었다는 것이다.

그런데 학자들이 골머리 아파하는 것은 6개 알로 인한 6가야는 가락국 건국 신화의 본래 모습과 차이가 있다고 생각하기 때문이

---

[5] 「여섯개의 알 중 가장 먼저 태어난 가락국 시조 김수로」, 송지현, 지역N문화

다. 더욱 문제가 되는 것은 『고려사』 지리지 및 『세종실록』 지리지 김해 조에 실린 수로왕 신화에는 황금알 한 개로 되어 있다. 이 설명을 어떻게 정리해야 하느냐는 질문이 제기하는 데 일부 학자들은 『고려사』의 이야기가 보다 설득력 있다고 설명한다. 6가야 연맹설의 실체는 『삼국유사』의 기록을 액면 그대로 신봉하는 오해에서 비롯되었다고 볼 수 있다는 것이다.

6가야의 이름이 실린 자료는 『삼국유사』의 기록이 유일하다. 그럼에도 불구하고 6가야의 이름은 그 후 조선 시대의 『신증동국여지승람』을 비롯한 여러 읍지 등의 역사기록에 끊임없이 사용되었는데 그 주체가 수로 신화의 6개 알 이야기에서 비롯된다는 점이다. 이 전설에 의거한 6가야 탄생을 이끌었다고 설명되는 6개 알은 현재 구지봉에서 김수로왕릉으로 옮겨져있다.

꼼꼼한 학자들이 의문을 제기하는 것은 김수로와 함께 알에서 태어난 5명이 가야의 왕이 되었다고 했는데, 김수로와 다른 5명이 어떻게 왕이 될 수 있었는지이다. 이와 같은 질문이 제기되는 것은 가락국의 김수로 건국 신화에 덧붙여진 6가야라는 설화가 당초 가야의 산물이 아니라 신라 말 고려 초의 혼란기에 생겨난 이야기일 가능성이 매우 높기 때문이다.

이와 같은 지적이 제기되는 것은 금관가야, 아라가야, 고령가야, 대가야, 소가야, 성산가야, 비화가야 등은 옛 가야의 국가 이름이 아니라, 신라 말 고려 초의 명칭으로 보는 것이 타당하다는 설명도 제기되었기 때문이다. 가야에 대한 설명 자체를 어디까지 진실로

볼 수 있느냐를 아직도 분명하게 적시할 수 없다는 시각이 아닐 수 없다.[6)]

<토착세력의 위기>

『삼국유사』의 <가락국기>에 따르면 가야를 건국할 때 가야 지역은 추장으로 볼 수 있는 9간이 다스리고 있었는데 이 중에서 아도간이 우두머리였던 것으로 추정한다. 6개의 알을 자기집으로 가져갈 정도의 위세가 있었기 때문이다. 한마디로 김수로 집단과 토착세력의 결합과정에서 아도간이 토착세력의 대표자 역할을 했음을 의미한다.

그렇다면 이들 9간이 언제부터 시작되었는가에 관심이 들지 않을 수 없다. 그러나 이에 대한 사료는 존재하지 않으며 특히 <가락국기>도 개벽 이후라는 모호한 표현을 했는데 학자들은 대체로 청동기의 지표로 인식하는 고인돌의 시작으로 비정한다. 한마디로 9간의 시대는 고인돌 시대에 해당한다는 것이다.

한국은 고인돌의 나라로 유네스코세계유산으로도 등재되어 있는데 가야의 영역인 경남에서도 많은 고인돌이 발견된다. 그런데 고인돌은 무지막지한 돌덩어리로만 보이지만 인류사를 설명할 때 구석기-신석기-청동기-철기시대로 구분할 때 청동기로 설명된다는데 중요성을 부여 받는다. 청동기의 중요성은 청동기라야 비로소

---
6) 「김수로왕 신화의 전승과 성립」, 우리역사넷

국가라는 체계가 성립될 수 있다고 생각하는데 고인돌을 바로 청동기의 산물로 인식한다는 점이다.

학자들이 꼼꼼한 것은 김수로 등장 이전에 가야지역에서 철기가 전혀 도입되지 않았다고는 볼 수 없지만 적어도 철기문명이 본격화된 것은 김수로의 등장 이후부터라는 주장이다. 김종성 박사는 따라서 9간 시대는 청동기 시대에 해당하며 9간들은 고인돌에 묻혔을 것으로 추정했다. 그렇다면 고인돌의 상한이 얼마이냐인가 인데 한국의 고인돌 연대는 매우 높아 기원전 3000년 전 즉 5000년에서 최소한 기원전 10세기 정도로 추정하며 일부 학자들은 기원후에도 고인돌을 축조했다고 주장한다. 한마디로 9간의 시대가 상당히 오래되었다는 것이다.

그런데 고인돌 체제를 유지하던 가야지역에서 토착세력들이 갑작스러운 위기에 봉착한다. 바로 북방인들의 이주이다. 학자들은 9간 시대에서 9왕 시대로 바뀐 것이 아니라 9간 시대에서 6왕 시대로 바뀌었다는 것은 김수로 집단의 등장으로 가야 지역이 질적으로 변화되었음을 의미한다고 설명한다. 한마디로 청동기의 가야토착세력

함안고인돌

은 철기문명의 남진이라는 위기를 맞이했는데 이에 맞서 싸울 역량이 충분하지 못했으므로 9간으로 대표되는 가야 토착세력이 결단을 내렸다는 설명이다. 즉 철기로 무장한 김수로와 손을 잡는 것이다.[7]

학자들이 가야 탄생의 신화에 주목하는 것은 가야국 지배 계층의 관념이나 세계관 등이 한반도 북쪽 즉 북방의 이주민들과 다름없다는 점이다. 고조선 유민들과 부여계 주민들의 남하 결과, 한반도 남부 지역에서 정치적 격동이 일어나는 상황을 고려하면, 9간도 본래는 이주민의 성격을 갖고 있는데 수로왕 등장 무렵에 이미 토착세력이 되었다는 설명도 있다. 이 설명은 근래의 연구 성과에 따른 북방 민족의 한반도 도래를 의미한다.

북방민족진출(강원도민일보)

---

7) 「철의 제국 가야」, 김종성, 역사의 아침, 2010

제2장 : 흉노 후예 가야 김수로, 신라 김알지

　진수의 『삼국지』〈위지동이전〉에 의하면 한반도 중·남부 지역에는 늦어도 1세기에서 3세기 후반까지 마한·진한·변한이라는 삼한이 존재하고 있었다. 마한은 50여국으로, 진한과 변한은 각각 12국으로 구성되었다. 이 중 마한은 그 구성원의 하나인 백제국에 의해 통합되어 백제왕국이 되었고, 진한도 그 구성원의 하나인 사로국(斯盧國)에 의해 통합되어 신라로 발전했다. 그러나 변한은 어느 세력에 의해서도 통일왕국을 이루지 못한 채 가야(伽耶)사회로 전환되어 개별적으로 존재하다가 신라에 의해 각개 격파되었다고 설명한다.[8]

　『삼국지』의 변한에 관련되는 자료 중 주목을 끄는 부분은 다음과 같다.

　: 진한은 옛날의 진국(辰國)으로 마한의 동쪽에 있다. 그 나라 노인들

---
8) 『알타이문화기행』, 박시인, 청노루, 1995

이 대대로 전하는 말에 의하면, 자신들은 옛날에 도망쳐 온 사람들의 자손으로 진나라의 부역을 피해 한나라로 왔을 때 마한이 그 동쪽 국경지방의 땅을 떼어 주었다고 한다.

: (혁거세왕이) 호공을 마한에 보내 방문했다. 마한왕이 호공을 꾸짖어 말하기를 진한과 변한 두 한은 나의 속국인데 근래에 조공을 바치지 않았다. 사대의 예가 이와 같을 수가 있는가. 이보다 앞서 중국인이 진나라에서 일어난 난리로 동쪽으로 온 자가 많았는데 대다수가 마한의 동쪽에 자리잡고 있는 진한과 잡거했다. 이에 이르러 진한은 점차 강성하게 되었기 때문에 마한이 이를 꺼려 책망했다.

위 자료에 의하면 진나라에서 난리(秦役)을 피해 이동한 집단은 두 번에 걸쳤다고 할 수 있다. 진나라의 역(役)은 진나라에서 요동을 점령하고 장성을 쌓게 되자 이에 동원된 노역을 의미한다고 추정한다. 또 후대의 유망민 집단은 '연·제·조'의 망명자를 포함한 백성들로 요동지역이나 산동지역의 주민들이 중심을 이루었다고 본다. 이들이 어떤 민족이었는가는 연인(燕人) 위만(衛滿)이 상투를 틀고 오랑캐옷(夷服)을 입고 망명했다는 것을 볼 때 연·제·조의 지배하에 있었던 동이족이 주류를 이루었을 것으로 추정한다.

이들 유민 중에서 먼저 이동해 온 집단은 마한의 동쪽에 정착하여 진한을 성립시켰고, 그 뒤에 이동해 온 집단도 마한의 동쪽에 자리하여 진한과 병존하다가 변한이 성립된 것으로 추정한다. 특이한 것은 『삼국지』〈위지동이전〉에 의할 경우 진한과 마한의 언어가 서로 달랐다는 기록도 있다는 점이다. 이것은 진한과 마한의 구성 요인이 서로 다르다는 것을 암시한다.

변한(가야)의 성립시기에 대해서는 많은 이론이 있으나 대부분의 학자들은 김해 가락국의 건국을 중요 기점으로 잡는 점에서는 견해가 일치한다. 그러나 시기에 대해서는 기원전 2세기 이전부터 기원후 3세기 중엽까지 무려 5세기의 차이를 보인다. 김태식은 가야의 시초는 『삼국유사』〈가락국기〉의 서기 42년을 상한으로 삼고, 『위지』〈한전〉의 3세기 전반을 하한으로 삼을 수 있다고 적었지만[9] 가야는 한민족에게 아직도 풀어야 할 숙제가 많이 남아 있다는 것을 알려주는데, 금관가야의 건국(설) 중에서 흥미 있는 것은 북방계를 포함한 중국측 유민들이 도래했다는 것으로 흉노와 직접적으로 관련되는 것은 다음과 같다.[10]

① 아도간(我刀干), 여도간(汝刀干), 피도간(彼刀干) 등 9干이 백성을 이끌고 농경생활을 하던 이 고장에 건무 18년(42) 3월 계욕(禊浴)의 날에 구지봉(龜旨峯)에 천강(天降)한 금합(金盒) 속에 황금색의 여섯 알이 들어 있었다. 이것이 동자로 변하여 맏이인 수로가 가락국을 세웠고, 나머지 5인도 각각 5가야의 주가 되었다.

---

[9] 「가야사 연구의 시간적·공간적 범위」, 김태식, 한국고대사총론 2, 가락국사적개발연구원, 1991
[10] 『가야사대관』, 이병태, 가야대학교출판부, 1999

② 북방의 철기문명을 가졌던 수로계(首露系)가 변진 지역에 도착하여 1세기 경에 나라를 세웠다. (중략) 가야지방의 정치적 통일이 쉽게 이루어지지 못한 것은 변진족의 기마철기인들이 중심 부족에서 빠져나갔기 때문이 아닌가하고 추측해 본다.

③ 흉노족의 휴저왕(休屠王)은 소호금천씨(小昊金天氏)의 후예로서 금인(金人)을 만들어 제천하니 한의 무제가 투후(秺侯)의 영작과 금부처로 제사지냈다고 김씨를 사성(賜姓)했다. 투후란 지금의 중국 하남성 일대인 '투'지방을 다스리는 제후 벼슬로 흉노(匈奴)의 휴저왕(休屠王)의 아들인 김일제(金日磾 또는 金日, 기원전 134~86)를 말한다. 그의 아들 일제의 증손이 후한말에 새로운 나라를 세운 왕망(王莽)이다. 왕망이 유수에게 25년에 패망하고 그의 족당이 유랑하여 다니다가 17년 만에 김해에 도착하여 가락국을 세우니 42년이다.

김일제

그런데 3세기 중엽 이후에 마한은 백제, 진한은 신라로 통합되며 변한의 경우는 가야라는 명칭으로 나온다. 이는 3세기 말 또는 4세기 초에 변한이 가야 사회로 전환된 것을 의미하지만 가야사는 일국사가 아니라 다양한 여러 국들을 내부에 포괄하고 있다는 점이 신라나 백제와 다르다는 점이다. 그 변한 사회가 가야 사회로 전환되었다는 것은 변한이 마한의 종속관계를 청산하고 새로운 사회를 성립시켰다는 것을 의미한다. 변한이 마한과의 관계를 청산할 수 있던 것은 역사적인 전통이 마한과 달랐고 둘째로는 낙동강과 황강 등을 매개로 하는 자연·지리적 환경 차이로 서로의 간격이 벌어졌기 때문으로 본다.

이 과정에서 북방민족의 유물들이 갑자기 가야 지역에서 발견되는 것은 가야 지역에서 대격변이 일어나 가야라는 새로운 지배 세력이 탄생하는데 이를 김수로, 신라의 김알지의 도래로 설명한다. 이는 전장에서 설명한 김수로의 신화와는 전혀 다른 기원 전후에 일어난 매우 놀라운 역사적 사실에 의한다. 2000년을 훨씬 넘는 장대한 역사 이야기를 필자와 함께 타임머신으로 살펴본다.

<흉노 휴저왕 김일제>

근래 한국 고대사의 활발한 연구에 의하면 북방민족 흉노계가 중국에서의 격변으로 한반도로 진출하여 가야, 신라를 건국했다고 설명한다. 그런데 그 근본에 가야의 시조 김수로와 신라의 김알지가 포함된다는 것이다. 김수로가 한반도 태생이 아니라 외부에서 도래했고 기존에 기반을 잡은 세력과 협력하여 가야를 건설했으며 김알지는 신라에 근거를 잡아 후손이 신라 김씨 왕이 되었다는 내용과 일맥상통한다. 즉 가야와 신라는 흉노계가 한반도로 친출하여 근거를 확보했다는 것으로 이들 이야기는 중국의 역사적 사실로 전해진다. 그런데 김수로의 이야기는 단편적이지만 『삼국사기』〈백제본기 제6〉 '의자왕'에 등장하는데 김부식은 저자의 견해라며 다음과 같이 적었다.

'신라 고사에는 '하늘이 금궤를 내려 보냈기에 성을 김씨로 삼았다'고 하는데, 그 말이 괴이하여 믿을 수 없으나 내가 역사를 편찬함에 있어서 이 말이 전해 내려온 지 오래되니 이를 없앨 수가 없었다. 또한 들건대 신라 사람들은 스스로 소호금천씨의 후손이라 하여 김씨로 성을 삼았다고 한다. 국자박사(國子博士) 설인선(薛因宣)이 지은 김유신비(金庾信碑)와 박거물(朴居勿)이 글을 만들고 요극일(姚克一)이 글씨를 쓴 '삼랑사비문(三郞寺碑文)'에 보인다.'

『삼국사기』〈열전 제1〉 '김유신'에도 소호금천 씨의 이야기에 가야 김수로의 이야기가 나온다.

'김유신은 경주 사람이다. 12대조 수로는 어느 곳 사람인지 모른다. 그는 후한 건무 18년 임인에 귀봉에 올라가 가락의 구촌을 바라보고 마침내

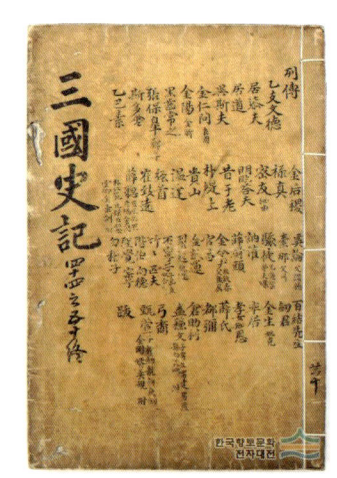

삼국사기

그곳으로 가서 국가를 건설하고, 국호를 가야라 했다가 후에 금관국으로 고쳤다. 그 자손이 대대로 이어져 9대 자손인 구해에 이르렀다. 구차휴라고도 하는 구해는 유신에게는 증조부가 된다. 신라인들은 스스로 소호금천 씨의 후예라고 생각하여 성을 김이라 한다고 했고, 유신의 비문에도 '헌원(軒轅)의 후예이며 소호의 종손(少昊之胤)'이라 하였으니, 남가야 시조 수로도 신라와 동성이다.'

헌원은 중국이 시조로 인식하는 황제(黃帝)를 뜻하는데 소호가 황제의 아들이자 후계자로서 소호금천 씨라 불렸다는 설도 있지만 소호는 황제와는 전혀 다른 사람이다. 신라 김씨 외에도 금관가야 건국 시조 김수로에서 시작된 김유신 가문의 가락 김씨(김해 김씨) 또한 그 뿌리를 같은 소호금천 씨에서 찾고 있다.[11]

여하튼 근래 부산외대 권덕영 교수에 의해 최근 공개된 재당 신라인 후손 '대당고김씨부인묘명(大唐故金氏夫人墓銘)'의 시조도 소호금천 씨로 적혀있다. 함통(咸通) 5년(864년)에 작성된 이 묘지명에 의하면 정통 신라 김씨는 시작이 소호금천 씨이며, 김일제는 그 후손이라고 적혀있다. 중국 서안의 비림박물관에 보관되어 있는 묘비의 주요 내용은 다음과 같다.

'태상천자(太上天子)께서 나라를 태평하게 하시고 집안을 열어 드러내셨으니 이름하여 소호씨금천(少昊氏金天)이라 하니, 이분이 곧 우리

---

11) 「봉황사 삼세불화, 경북 문화재 지정」, 박정우, 데일리안, 2008.10.29

집안이 성씨를 받게 된 세조(世祖)시다. 그 후에 유파가 갈라지고 갈래가 나뉘어 번창하고 빛나서 온 천하에 만연하니 이미 그 수효가 많고도 많도다.

먼 조상 이름은 일제(日磾)시니 흉노 조정에 몸담고 계시다가 서한(西漢)에 투항하시어 무제(武帝) 아래서 벼슬하셨다. 명예와 절개를 중히 여기니 (황제께서) 그를 발탁해 시중(侍中)과 상시(常侍)에 임명하고 투정후(秺亭侯)에 봉하시니, 이후 7대에 걸쳐 벼슬함에 눈부신 활약이 있었다. 이로 말미암아 경조군(京兆郡)에 정착하게 되니 이런 일은 사책에 기록되었다. 견주어 그보다 더 클 수 없는 일을 하면 몇 세대 후에 어진 이가 나타난다는 말을 여기서 징험할 수 있다. 한(漢)이 덕을 드러내 보이지 않고 난리가 나서 괴로움을 겪게 되자, 곡식을 싸들고 나라를 떠나 난을 피해 멀리까지 이르렀다. 그러므로 우리 집안은 멀리 떨어진 요동(遼東)에 숨어 살게 되었다.

문선왕(文宣王, 공자의 시호)께서 말씀하시기를 '말에는 성실함과 신의가 있어야 하고 행동에는 독실하고 신중함이 있어야 한다'고 했다. 비록 오랑캐 모습을 했으나 그 도(道)를 역시 행하니, 지금 다시 우리 집안은 요동에서 불이 활활 타오르듯 번성했다. (중략) 연이어 병을 앓아 무당과 편작(扁鵲) 같은 의원도 병을 다스리지 못하다가 함통(咸通) 5년(864) 5월29일 영표(嶺表)에서 돌아가시니 향년 32세다. 단공(端公, 시어사의 별칭으로 김씨 부인의 남편)은 지난날의 평생을 추모하여 신체를 그대로 보전하여 산을 넘고 강 건너기를 마치 평평한 땅과 작은 개울 건너듯 하며 어렵고 험함을 피하지 않고 굳은 마음으로 영구(靈柩)를 마주 대

하며 마침내 대대로 살던 고향으로 돌아왔다.'

위에 나오는 편작은 중국 전국시대의 전설적인 명의(名醫)로 성명은 진월인(秦越人)이다. 장상군(長桑君)에게 의학을 배워 금방(禁方)의 구전과 의서를 받아 명의가 되었고, 괵나라(기원전 655년 멸망) 태자의 급환을 고쳐 죽음에서 되살렸다는 이야기가 전해진다. 흔히 인도의 기파(耆婆)와 함께 명의의 대명사가 되고 있으며, 진(秦)나라의 태의령승(太醫令丞)인 이혜(李醯)에게 죽음을 당했다고 한다.

위 묘지명에는 김일제로부터 후손이 번창했는데 7대 때 중국이 전란으로 시끄러워지자, 그 후손들이 요동으로 피난해 거기에서 번성했다고 적혀 있다. 여기에서 김일제의 후손들이 요동으로 피난했다는 지역은 과거 고구려 영역이자 지금의 만주 일대를 말하지만, 묘지명의 문맥으로 보건대 신라를 말하고 있다는 설명이다.[12]

〈국립경주박물관〉에 보관중인 문무왕(文武王)의 능비문(陵碑文)에도 문무왕의 혈통이 정확하게 적혀 있다. '문무대왕릉비'라고 불리는 능비문은 1796년 정조 20년 경주에서 밭을 갈던 농부에 의해서 발견되었고 당시 경주부윤이던 홍양호(洪良浩)가 이를 탁본해 당시 지식인들에게 공개했다.

이 비의 건립연대는 대체로 문무왕이 사망한 서기 681년 또는 그

---

12) 「재당신라인 대당고김씨부인묘명 전문」, 김태식, 연합뉴스, 2009.04.22, 「소호금천씨와 김일제, 그리고 신라김씨」, 김태식, 연합뉴스, 2009.04.27

문무대왕릉비

이듬해로 추정한다. 비문의 내용은 앞면에는 신라에 대한 찬미, 신라 김씨의 내력, 태종무열왕과 문무왕의 치적, 백제 평정 사실 등이고 문무왕의 유언, 장례, 비명 등이 적혀 있다. 그러나 이 비문은 중요성을 인정받지 못하고 일제 강점기에는 빨래판으로 사용되다가 두 조각이 되었다고 한다. 능비문에 적힌 부분 중에서 주목되는 내용은 다음과 같다.

'신라 선조들의 신령스러운 영원(靈源, 투후가 된 김일제가 받은 땅이라는 해석도 있음)은 먼 곳으로부터 계승되어온 화관지후(火官之后)니 그 바탕을 창성하게 하여 높은 짜임이 융성하였다. 종(宗)과 지(枝)의 이어짐이 비로소 생겨 영이한 투후(秺侯)는 하늘에 제사지낼 아들로 태어났다. 7대를 전하니(거기서 출자(出自)한) 바다.'

이 내용을 보면 문무왕은 화관지후(火官之后, 기원전 2330년)의 후예라는 뜻인데 화관지후는 중국이 자랑하는 순임금을 뜻하므로 순임금이 투후인 김일제, 김알지로 이어졌다는 설명이다. 『삼국사기』, 『삼국유사』, '대당고김씨부인묘명'에서 소호금천 씨를 시조로 적은 것과는 다소 다르다. 그러나 이들 사료 모두 이들보다 몇 천 년 후대 사람인 투후 김일제가 중시조가 된다는 것을 명백하게 언급하고 있다.[13]

<중국의 격변 왕망 등장>

신라와 가야 김씨의 선조가 흉노의 휴저왕 태자 김일제라고 설명되므로 김일제는 우리나라 역사에서 매우 중요한 위치를 차지한다. 한마디로 한민족의 25퍼센트 이상을 김·이·박씨라고 하는데 그 중에서도 단연 앞선 성씨는 김씨이다. 김씨의 시조라고 부르는 김일제의 위상을 알 수 있으므로 김일제에 대해 보다 설명한다.

김일제(金日磾 또는 金日, 기원전 134~86)의 자는 옹숙(翁叔)이고, 지금의 감숙성 하서지방 출신으로 우현왕 휴저왕의 태자로 태어났다. 그러나 기원전 121년 표기장군(驃騎將軍) 곽거병(霍去病, 기원전 140~117)에게 언지산(燕支山 또는 焉支山, 현 감숙성 산단현(山丹縣) 대황산(大黃山) 또는 청송산(靑松山)으로 불림) 인근에서 생포되었다. 당시 14세의 김일제는 모친 알씨(閼氏), 동생 윤(倫)과 함께 포로가 되었는데 한무제(漢武帝 劉徹, 기원전 156~87)는 흉노의 황태자인 김일제를 궁정의 말을 기르는 마장(馬場)에 배치하여 말을 기르도록 했다.

---

13) [초원 실크로드를 가다](32)'호한(胡漢)문화'의 흔적, 노인울라 고분군」, 정수일, 경향신문, 2009.09.15
「동이의 개념과 실체의 변천에 관한 연구」, 기수연, 백산학보, 제42호, 1993
「'중화 5천년', 홍산문명의 재조명」, 신형식·이종호, 백산학보, 제77호, 2007
『소호씨 이야기』, 김인회, 물레, 2009.

김일제의 신분은 한 사건부터 상승한다. 어느 날 무제가 연회를 베풀면서 궁정에서 사육하는 말들을 사열했다. 김일제 등 수십 명이 각자 기르던 말을 끌고 무제 앞을 지나는데 다른 말지기들은 처음 보는 화려한 차림의 궁녀들을 힐긋힐긋 쳐다보았지만 김일제는 어느 곳도 바라보지 않고 묵묵히 말만 끌고 걸어 나갔다. 김일제의 신장은 8척2촌(한대의 1척은 22.3센티미터이므로 183센티미터)으로 당대의 사람으로는 매우 큰 체구를 갖고 있었는데 그의 행동은 곧바로 무제의 주의를 끌었다. 김일제의 출신을 알게 된 무제는 곧바로 김일제를 말지기의 총책임자인 마감(馬監)으로 임명했다.

또한 흉노의 제천금인(祭天金人: 하늘에 제사 지내는 알타이 맨)을 뜻하는 김(金)씨 성을 하사했다. 앞에서 김씨의 시조로 제천금인, 화관지후 등이 거론되고 중시조로 김일제를 거론했지만 중국 족보 전문가 장인원(張人元)은 김일제가 무제로부터 김씨 성을 받았을 때부터 비로소 전 세계의 김씨가 시작되었다고 적었다. 그는 당시의 상황을 다음과 같이 설명했다.

'곽거병이 휴저왕의 제천금인을 노획하여 무제에게 바쳤다. 무제가 금으로 만든 금인상(金人像)을 보고 일제에게 묻기를 '이 금인상이 흉노의 국보인가'하니 일제가 '확실한 국보입니다. 이것은 흉노 선우가 하늘에 제사지내는 금인상인데 저는 본래 하늘에 제사를 지내는 주사관(主祀官)입니다'라고 했다(저자 주: 곽거병이 기원전 121년 흉노를 공격할 때 노획한 것으로 추정함). 무제가 기뻐하며 '내가 너를 조정의 시랑(侍郎)으로 봉하니 이곳에서 제사와 예절을 전담하라. 너에게 김씨 성을 하사하여 후세 사람들로 하여금 네가 금인(金人)을 전문으로 모시던 제사관(祭祀官)이라는 것을 알게 할 것이다'고 하였다.'[14]

위 설명은 한무제가 흉노로부터 빼앗은 금인(돈황 막고굴 323호 동굴 석굴벽화에 제천금인상이 있음)을 '투후'가 된 김일제에게 돌려주었고 그의 성을 김이라고 사성했다는 것을 의미한다. 김일제는 계속 무제의 신임을 받아 부마도위(駙馬都尉), 광록대부(光祿大夫)가 되었고 무제가 출타할 때 우측에 배승(陪乘)하여 경호하는 것은 물론 입궐 때도 좌우에서 경호하게 했다. 무제의 김일제에 대한 신임은 곧바로 많은 신하들이 오랑캐(흉노) 출신을 신임하는 것은 망동이라며 불만을 토로했지만 무제는 이에 개의치 않았다.

김일제가 무제의 신임을 보다 크게 받게 된 사건은 시중 망하라(莽何羅)의 반역을 적발했기 때문이다. 무제가 임광궁(林光宮)에 행차했을 때 김일제도 수행했다. 김일제는 때마침 몸이 아파 위사실(衛士室)에서 휴식을 하고 있었는데 무제를 살해하려는 음모를 꾸미던 망하라는 가짜로 성지(聖旨)를 받는다며 품에 단도를 품고 무제의 침소로 침입하였다. 마침 일제가 변소를 가다가 망하라를 발견하여 그를 넘어뜨렸는데 망하라는 궁 안에서 허락이 되지 않는 칼을 갖고 있었다. 사태의 심각성을 발견한 김일제는 곧바로 "망하라의 반란이요"

---

14) 『炎黃始祖一體血脈 百家姓』, 張人元, 長春吉林文史出版社, 2006.

라고 외쳐 망하라와 그 일당을 체포하는데 큰 공을 세웠다.[15]

한무제는 자신의 딸을 김일제에 주어 아내로 삼으라 했으나 그는 사양했다. 무제는 임종시에 곽광을 대사마대장군, 김일제를 거기장군(車騎將軍)에 임명하고 어린 황제를 보필하라는 유조(遺詔)를 남겼고 김일제를 제후국의 왕인 투후로 봉했다. 투후(秺侯)가 된 김일제의 후손들은 대대로 후(侯)를 계승하는데 한나라가 왕망(王莽, 기원전 45~기원후 23)의 신(新)을 건설하는 와중에서 대변혁이 일어난다.

김일제에게는 큰아들 김상(金賞)과 동생 김건(金建)이 있는데 김건의 손자인 김당(金當)의 어머니 남(南)과 왕망(王莽)의 처 공현군(攻顯君)은 자매지간이다. 그러므로 왕망은 김당의 이모부가 되므로 왕망이 전권을 잡을 때 외가인 김씨 계열이 상당한 공헌을 하면서 정치 실세가 된다. 왕망의 고모인 원후가 원제의 왕후가 될 수 있었던 것은 김일제의 동생 김윤의 아들 김안상이 한나라의 공신 후손이자 9대 선제(宣帝, 중종, 기원전 74~49)의 비인 허황후의 아버지인 평은후(平恩候) 허광한(許廣漢)과 정치적으로 가까웠기 때문으로 보인다.

곽거병과 김일제의 관계는 이들이 사망한 후 극적인 반전을 이룬다. 곽거병의 동생 곽광이 당대의 실세였는데 허광한의 딸 허황후를 독살하고 곽광의 막내딸 곽성군(成君)을 황후로 내세웠다. 그러자 김안상과 허광한이 곽씨 일파의 허황후 살해 사건을 폭로했는데 이에 위험을 느낀 곽씨들이 쿠데타를 일으켰다. 이때 김안상은 자신의 부인이 곽씨였음에도 곽씨 편을 들지 않고 반란군이 궁중의 성

---

15) 『武威歷史 人物』, 梁新民, 란주대학출판사, 1990. 『張掖史略』, 方步和, 감숙문화출판사, 2002.

문을 열지 못하게 하여 반란이 실패하는데 결정적인 공헌을 했다. 이 공으로 김안상은 선제로부터 총애를 받았고 선제의 뒤를 이은 원제로부터 더욱 신임을 받았다. 원제는 선제와 허황후 사이에서 태어난 유석(奭)으로 사실 김안상이 그를 황제로 만든 장본인이나 마찬가지이므로 김씨 일가가 왕망에게 결정적인 힘이 되었음은 물론이다.[16]

그런데 한나라를 멸망시키고 신을 건설한 왕망이 바로 김일제와 연계된다. 왕망의 이야기는 『한서』〈왕망전〉에도 나와있다. 한나라를 멸망시킨 왕망은 ① 정전법(井田法) ② 한자 문화의 세계 통일 등 당시의 상황을 고려하지 않고 혁신적인 개혁조치를 추진하다가 단 15년 만에 후한 광무제 유수(光武帝 劉秀)에게 멸망한다. 중국은 왕망이 한나라를 멸망시킨 것을 인정하지 않고 광무제가 한나라를 계승했다고 설명하기도 한다.

후한을 세운 광무제는 한나라를 멸망시키는데 큰 공헌을 한 김일제의 후손들을 철저하게 제거하기 시작했다. 그러자 원래 북방민족인 김일제의 후손들 대부분은 자신의 원래 본거지인 휴저국(休屠國) 즉 흉노 지역으로 도주하여 성을 왕(王)씨로 바꾸고 살았다.

그런데 광무제에게 쫓긴 김일제의 후손 모두 휴저국으로 간 것이 아니다. 그 중 한 갈래가 가야로 들어와 가야의 시조인 김수로가 되고 신라김씨의 시조인 김알지는 신라로 들어갔는데 추후 그의 후손인 미추가 신라왕이 되었다는 것이다. 그러므로 신라김씨의 내력을

---

16) 『흉노 그 잊혀진 이야기』, 김국, 교우사, 2004. 『이야기중국사』, 조관희, 청아출판사, 2003. 『중국황제』, 앤 팔루던, 갑인공방, 2004.

적은 문무왕(文武王)의 능비(陵碑)는 신라김씨가 북방민족 즉 천손의 자손이라는 것을 자랑스럽게 새긴 것으로 추정한다. 한반도의 서북, 김해, 제주지방에서 왕망 시대의 화폐 오수전(五銖錢)이 많이 출토되는 것도 이들이 국외로 도피할 때 가져온 것이라는 해석이다.[17)18)]

다소 복잡하지만 김일제의 후손이 가야·신라로 들어오게 된 정황을 다시 설명한다.

광무제 유수(光武帝 劉秀)는 신(新)을 멸망시킨 후 후한(後漢)을 건설하자 김일제의 후손들은 피의 숙청을 당했다. 『한서』〈공신표〉의 '투후' 조에는 왕망이 패망하고 난 뒤 투후도 끊겼다라고 적혀있다. 왕망이 패하자 김일제의 후손들에게 엄청난 회오리에 말려들었다는 것을 짐작할 수 있는데 왕망이 패한 뒤 김일제의 후손들이 피의 숙청에서 벗어나기 위해 피신한 곳이 바로 가야·신라라는 것이다. 즉 김일제의 5대손인 성한왕(星漢王)이 신라 김씨의 시조인 김알지가 되며 김일제의 동생인 윤의 5대손 탕이 가야로 들어와 김씨 시조인 김수로가 된다는 설명이다. 참고적으로 근래『삼국지』〈동이전〉에 실린 진한(辰韓)의 진인(秦人)을 김일제의 후손이라고 보는 시각도 있다.[19)]

2009년 초 경주시 동부동 한 주택에서 사라졌던「문무대왕릉비문」의 상단부분이 발견되었다. 가정집 수돗가에 박혀 있던 이 비는 상수도 검침원이 50㎝가량 돌출돼 있는 돌에 글자가 새겨져 있는

---
17) 「금문의 비밀」, 김대성, 컬쳐라인, 2002
18) 「기마 흉노국가 신라연구」, 조갑제, 월간조선, 2004년 3월호
19) 「김일제의 후손이 신라로 흘러온 까닭」, 정순태, 조갑제닷컴, 2010.05.24

것을 보고 제보함으로써 빛을 보게 됐다. 비석 상단 부분이 발견된 주택은 신라 시대 관아로 사용됐던 곳으로 문무왕의 비석이 세워진 사천왕사와 2킬로미터 가량 떨어진 곳이다.

682년 세워진 「문무대왕릉비」는 바닷가에 위치한 문무왕릉이 아닌 사천왕사에 축조됐다. 사천왕사는 문무왕이 삼국 통일 후 최초로 건립한 사찰이며 사찰이 위치한 낭산이 문무왕을 화장한 곳이어서 「문무대왕릉비」가 사천왕사에 세워진 것으로 추정한다. 능비의 하단부는 1961년 역시 동부동에서 발견되어 현재 경주국립박물관에 소장되어 있다.[20]

---

20) 「문무왕릉비 조각 200년만에 하나로… 경주 주택서 상단부분 발견」, 이광형, 쿠키뉴스, 2009.09.03

제3장 : 김수로와 허황옥

가야의 전설만 따진다면 가락국(금관가야) 시조 수로왕은 우리 역사에서 처음으로 국제결혼을 한 사람이다. 『삼국유사』〈가락국기〉에 인도의 아유타국 공주 허황옥이 서기 48년 16세 나이에 인도에서 바닷길을 건너와 김해 김씨의 시조인 가락국 김수로왕과 결혼했다고 전한다. 특히 두 사람 슬하에 10남 2녀를 낳았는데 아들 두 명은 어머니의 성을 이어받아 허황후는 김해 허씨의 시조가 됐다고 설명된다.

김수로왕과 허황후

그런데 이들 이야기를 진실된 사실로 믿을 수 있느냐는 그동안 계속된 논란의 주제이다. 우선 한국에서는 가야의 성립을 수많은 정황에도 불구하고 기원후 3세기 정도로 설명하기도 하는데 2000년이라면 이보다 200~300년 전에 김수로와 허황옥이 만난다는 자체가 어불성설이라는 설명이다.

한마디로 이들 이야기는 2000년 전으로 거슬러올라가는데다 여러 가지 가설과 전설이 복합되어 있으므로 이들 이야기가 어떤 계기로 인해 후대에 윤색되었다는 것이다. 즉 허황후가 인도의 아유타국에서 파사석탑을 갖고 건너왔다는 것도 5세기에 허황후의 명복을 비는 사찰을 세우면서 본래 그녀가 불교와 인연이 많은 사람이라는 것을 내세우기 위해 꾸민 연기설화(緣起說話)에 불과하다는 것이다.[21] 더불어 수로왕과 허황옥의 결혼은 낙랑국 상인들의 염문설화에 불과하다는 주장도 제기되었을 정도인데[22] 가장 큰 지적은 당시에 어떻게 인도에서 가야까지 올 수 있느냐가이다.

이런 내용이 완전한 역사적 사실로 인정받는 것이 간단한 일이 아니라는 것은 근래의 토론회에서도 분명하게 나타난다. 2022년 6월에 열린 '가야사 쟁점 학술토론회'가 단적으로 이를 보여주는데 이덕일 박사는 다음과 같이 주장했다.

'정부는 100대 정책과제의 하나로 가야사 복원을 추진했는데 그

---

21) 『문답으로 엮은 한국고대사 산책』, 한국역사연구회고대사분과, 역사비평사, 1994
22) 「영화 '허황옥 3일'(잃어버린 2천년의 기억) 개봉」, 박태민, 한문화타임스, 2022.05.13

동안의 연구 결과를 보면 정작 임나일본부사 복원으로 드러났다고 많은 비판을 받았다. 특히 토론회 말미의 질의 응답시간에 부경대 교수에게 '가야가 언제 건국되었습니까?'라고 묻자 교수는 망설이지도 않고 바로 '모릅니다'라고 답했다.'

『삼국사기』, 『삼국유사』는 서기 42년에 가야가 건국했다고 적었고 『삼국유사』는 음력 3월 3일이라고 날짜까지 특정하고 있음에도 한국의 관찬사로 볼 수 있는 『삼국사기』는 물론 『삼국유사』의 기록을 인정하지 못하겠다는 뜻이 담겨있다는 것이다.

실제로 근래 폭발적인 연구결과에 의하면 기원전 1세기부터 기원 1세기 때까지 창원 다호리 무덤, 웅천 조개무지 유적 등에서 철기제품이 다수 출토된다. 또한, 기원 1~2세기경 조성된 부산의 오륜대 고분 등은 수혈식석관묘로 이들이 기원 1세기에 존재했었음을 말해준다는 지적이다.

더불어 『삼국사기』는 신라 탈해 이사금 21년(서기 77) 가을 8월에 신라의 '아찬(阿飡) 길문(吉門)이 가야 병사들과 황산진 입구에서 싸워 1,000여 명의 목을 베었다.'고 기록했으며 길문은 이 공으로 제6관등인 아찬에서 제4관등인 파진찬(波珍飡)으로 승진했다고 적었다. 파사 이사금 15년(서기 94)에도 가야는 신라와 격전을 치렀다고 적혀있음에도 일부 역사학자들은 이런 기록을 전혀 믿을 수 없다고 주장한다.

이덕일 박사는 3세기 중국의 진수(陳壽)가 편찬한 『삼국지』는 중국 위·촉·오(魏蜀吳) 삼국시대의 일을 전하는데 이 책의 '동이열전'에 삼한에 대해 기술한 한(韓)조에 변한(弁韓)과 진한(辰韓)의 24개 소국 중의 하나로 '변진구야국(弁辰狗邪國)'이란 이름이 나오는데 한국의 상당수 학자들이 여기에 적힌 '구야'가 바로 '가야'이며 이것이 가야에 관해 믿을만한 최초의 사료라는 주장을 견지한다는 것이다. 『삼국사기』, 『삼국유사』에서 '가야'라고 정확하게 전하는 내용은 믿을 수 없고, 3세기 무렵의 일을 기록한 삼국지에서 '구야'라고 쓴 것만이 '가야'에 관한 기록이라는 것이고 설명한다는 것이다.

이덕일 박사는 이의 유일한 근거는 '구야(狗邪)'의 발음이 '가야(伽耶)'와 비슷하다는 것이라고 지적했다. 한마디로 진수의 『삼국지』는 구야국이 어떤 나라인지 전하지 않고 이름만 전하는데도 한국의 역사학자들이 『삼국사기』, 『삼국유사』는 모두 가짜고 『삼국지』의 '구야'가 오로지 진짜라는 뜻인데 그렇다면 가야는 3세기 이후에 건국되었다는 뜻과 다름없다.

김수로왕은 당연히 가짜라는 결론이 내려진다. 김수로왕을 부인하면 인도에서 왔다는 허황옥(許黃玉)도 부인하는 것은 자연스러운 일이다. '김해김씨세보(金海金氏世譜)'나 '가락국선원계(駕洛國璿源系)' 등은 수로왕과 허왕후를 시조부모라고 전하고 있음은 잘 알려진 사실이다.

김수로와 허황옥 사이에 모두 열 명의 아들과 2명의 딸을 낳았는데 큰아들은 가락국 2대 거등왕으로 왕위를 이었고, 둘째, 셋째 아들은 어머니 성을 따라서 허씨가 되었다는 것도 잘알려진 사실이다. 나머지 일곱 왕자는 보옥선인(寶玉仙人:장유화상)과 함께 두류산(頭流山:지리산) 칠불암(七佛庵)에 들어가 선인(仙人)이 되었다고 적혀있는데 지리산 칠

불사는 이를 다음과 같이 당당하게 적고 있다.

'2000년 전 가락국의 시조인 김수로왕의 일곱 왕자가 동시에 성불한 것을 기념하기 위해서 창건한 사찰이다.'

물론 〈국사편찬위원회〉에서 편찬한 『한국사』는 가야 건국 연대를 다음과 설명한다.

'『삼국지』와 『삼국사기』의 기사들을 종합해 볼 때 1~3세기의 낙동강 유역에는 10여국으로 구성된 변한소국연맹이 있었으며 그 실질적인 대표 즉 맹주국은 김해의 가야(구야국)임을 인정할 수 있다.'

또한 다음과 같은 기록도 있다.

'한국고대사의 기본 문헌인 『삼국사기』, 『삼국유사』를 통하여 볼 때 가야사의 시작은 서기 42년으로, 그 종말은 562년으로 산정할 수 있으나 사료의 미비 상태로 인해 이를 다시 세분하여 시기 구분을 한다는 것은 불가능하다. (중략) 전기가야사는 1~4세기 동안 김해 가락국을 중심으로 한 경남해안 및 낙동강 유역의 변진 12국의 역사를 말한다.'

임범식 박사는 가야 지역의 국가형성시기를 다음과 같이 적었다.

'〈가락국기〉에 관한 지금까지의 검토결과상 가락국의 건국시기로 되어 있는 기원 42년을 그대로 믿기는 어려울지라도 현재 실제의 역사적 사실로 받아들여지고 있는 사료의 3, 4세기대의 대규모 통합작업과 비교하여 생각하면 가야의 초기통합작업 시기를 나타내는 이 기원 42년은 최소한 가야 지역의 국가형성시기를 가늠하는 하나의 중요한 잣대로 삼는 정도는 가능할 것으로 본다.'[23]

적어도 전기가야사를 기원 1세기로 볼 수 있다는 뜻과 다름없지만 상당수 한국 학자들이 가야사의 큰 틀을 기원 3세기부터로 설명한다는 것은 생소로운 일이 아니다.

이 문제가 골머리 아픈 것은 일본 극우파들이 주장하는 것도 한국의 일부 학자들과 다름없다는 것이다. 이들은 가야가 3세기 후반에 건국되었다고 주장하는데 이덕일 박사는 그 이유를 일본인 식민사학자들이 그렇게 주장했기 때문이라고 설명했다. 일본인 식민사학자들의 주장은 매우 명료하다. 그들이 가야사를 지우고 임나일본부로 덮어씌웠는데 한국의 일부 가야학자들이 이에 동조하고 있다는 것이다.[24][25]

사실 이 문제가 매우 심각한 것은 김수로, 허황옥의 이야기를 신화로 방점을 찍는데 심지어 일부 학자는 '수로왕과 허황후의 결혼은 낙랑국 상인들의 염문설화'라고 폄하하는 주장을 공공연하게 할

---

23) 「가야의 국가형성시기에 관한 고찰」, 임범식, 백산학회, 백산학보 제87호 2010년 8월
24) 「[이덕일의 내가 보는 가야사] 김수로왕과 왕비 허황옥은 가짜?」, 최창희, 매일신문, 2023.03.06
25) 「개봉까지 1년… 허황옥의 결혼 항해, 설화 아닌 역사였다」, 강아영, 한국기자협회, 2022.05.10

정도였다.[26] 그런데 각지에서 나오는 가야의 유물들의 연대가 매우 높게 올라간다는 점이다. 다소 복잡한 이야기를 갖고 있는 허황옥 문제를 학자들이 과학으로 가릴 수 있다고 도전했다. 한마디로 근래 과학의 발달로 여러 사료들의 기록에 대한 진위여부를 상당수 가려낼 수 있다는 것이다.

<김수로와 허황옥 만남>

『삼국유사』 기이편 〈가락국기〉, 탑상편 〈금관성과 파사석탑〉과 〈어산의 부처 영상〉 등의 기록에 의하면 김수로왕(金首露王)이 인도 아유타국(阿踰陀國)의 공주 허황옥(許黃玉)과 결혼하는 이야기가 나오는데, 이때 공주가 배에 싣고 온 보물 중 파사석탑이 있다. 오늘날까지 전해지고 있는 이 석탑은 허황옥이 우리나라에 처음으로 초전불교를 들여온 실물 증거라고 설명된다.

정말로 인도 아유타국에서 허황옥이 가락국까지 파사석탑을 갖고 왔다면 오는 길이 멀고도 험난한 뱃길이지 않을 수 없다. 『삼국유사』 기이편 〈가락국기〉에 나오는 기록을 보더라도 허황옥의 뱃길이 만만치 않을 것을 알 수 있다.

'건무(建武) 24년 무신(48년) 7월 27일, 가락국 구간(九干)이 김수로왕을 알현하고 아뢰었다. '대왕께서 강림하신 후로 좋은 배필을 아직 얻지 못하였습니다. 신(臣)들이 기른 처녀 중에서 가장 좋은 사람을 궁

---

26) 「영화 '허황옥 3일'(잃어버린 2천년의 기억) 개봉」, 박태민, 한문화타임스, 2022.05.13

중에서 뽑아 들여 왕비로 삼으시기 바랍니다.' 김수로왕이 대답했다. '내가 이곳에 내려온 것은 하늘의 명이다. 나와 짝지어 왕후가 되게 하는 것도 하늘이 명할 것이니, 그대들은 염려하지 말라.'

그런 후 김수로왕은 유천간에게 명하여 망산도(望山島)로 달려가 붉은 돛을 단 배에 탄 왕후를 맞이하게 했다. 놀랍게도 정말로 바다 서남쪽에서 붉은 돛에 붉은 깃발을 펄럭이는 배가 나타났고, 유천간은 섬 위에서 횃불로 신호를 보냈다. 배는 그 신호를 보고 육지 쪽으로 재빠르게 다가왔다. 곧 이 소식은 망산도 높은 곳에 있는 승점(乘岾)에서 망을 보던 신귀간 등 신하들에 의해 왕에게 전해졌다. 김수로왕은 신하들로 하여금 곧 궁궐로 황후를 모셔오게 했다. 신하들이 왕명이라며 궁궐로 안내하려고 하자, 배 안에 타고 있던 왕후가 말했다.

'나는 그대들과 전혀 모르는 사이인데, 말만 듣고 어찌 경솔하게 따라갈 수 있겠는가?'

다음 이야기는 매우 인간적이다. 신하들이 허황옥의 말을 전하자, 김수로왕은 황후의 말이 옳다고 여겨 직접 궐 밖까지 행차하여 해안에서 가까운 산 언저리에 장막을 치고 기다렸다. 마침내 왕후는 별포(別浦) 나루에 배를 대고 육지로 올라온 후, 산의 높은 언덕에서 입고 있던 비단 바지를 벗어 폐백 삼아 산신령에게 바쳤다.

제1부 : 철의 제국 가야 55

이때 시종으로 따라온 잉신인 신보(申輔)와 조광(趙匡), 그리고 그들의 아내들인 모정(慕貞)과 모량(慕良), 노비들까지 모두 스무 명이나 되었다. 배에 싣고 온 것도 수를 놓은 비단과 두껍고 얇은 비단, 각종 의상, 필로 된 비단, 금과 은, 구슬과 옥, 여러 가지 장신구 등 이루 헤아릴 수 없을 정도로 많았다는 설명으로 공주의 결혼 예물로 부족함이 없다는 뜻이다.

김수로왕이 황후를 맞아 궁궐로 함께 들어갔고, 신하들을 시켜 잉신 이하 여러 사람들에게도 편안한 거처와 음식 등을 마련해 주도록 했다. 예식을 차린 후 침전에 들었을 때, 황후가 조용히 김수로왕에게 말했다.

'저는 아유타국의 공주입니다. 성은 허(許)라 하고, 이름은 황옥(黃玉)이며, 나이는 열여섯 살입니다. 본국에 있을 때 5월 어느 날 부왕과 모후께서 제게 말씀하시기를, '우리 내외가 어젯밤 꿈에 함께 하늘의 상제를 만나 뵈었다. 상제께서 말씀하시기를 가락국왕 수로는 하늘이 내려보내 왕위에 오르게 한 신성한 사람이다. 그가 새로 나라를 다스리는데 아직 혼처를 정하지 못했으니, 그대들은 공주를 보내 배필을 삼도록 하라' 하시고는 말을 마치자마자 하늘로 올라가셨다고 합니다. 꿈에서 깨어난 뒤에도 상제의 말씀이 귀에 생생하니, '너는 이 자리에서 곧 부모와 작별하고 그곳 가락국을 향해 떠나거라' 하셨습니다. 그래서 저는 배를 타고 멀리 나가 신선이 먹는 대추(蒸棗)를 구하고, 하늘로 가서 선계의 복숭아(蟠桃)를 얻은 후 마

침내 이곳으로 달려와 용안을 뵙게 된 것입니다.'

이때 김수로왕이 대답했다.

'나는 태어나면서부터 자못 신성하여 공주가 먼 곳에서 올 것을 미리 알고, 왕비를 맞이하자는 신하들의 간청을 구태여 따르지 않았소. 그런데 이제 현숙한 그대가 몸소 내게 왔으니, 이 사람으로서는 참으로 다행한 일이오.'

드디어 혼인을 하고 이틀 밤과 하루 낮을 지낸 후 마침내 공주가 타고 온 배를 돌려보내게 되었는데, 이때 배에 오른 뱃사공이 모두 15명이라고 하는데 이는 당대의 선박을 감안하면 상당히 큰 배임을 알 수 있다. 여하튼 인도로 돌아가는 사람들에게 각각 쌀 열 섬과 베 서른 필을 주어 본국으로 돌아가게 했다고 적었다.

그런데『삼국유사』기록에 의하면, 인도 아유타국의 공주 허황옥이 배를 타고 가락국으로 온 것은 서기 48년 7월 27일이라고 날짜까지 확실하게 적었다. 그해 5월에 떠났으므로 약 3개월간의 항해 끝에 가락국에 도착한 셈이다.

<김병모 박사의 추적>

『삼국유사』의 기록이 '참'이라 한다면 과연 허황옥이 온 인도의 아유타국이 어디인가에 의문이 들지 않을 수 없다. 이 어려운 작업에 항상 선구자가 있기 마련인데 『허황옥 루트-인도에서 가야까지』를 발간한 김병모 박사는 30여 년 이상 허황옥의 국제결혼길을 추적했다.[27]

김 박사는 가락국의 중심이었던 금관가야 지역인 김해에 있는 김수로왕릉을 찾았을 때 능 입구의 정문 위 나무판에 새겨진 두 마리의 물고기, 즉 '쌍어(雙魚) 문양'을 보고 '허황옥의 혼인길'을 추적하는 대장정에 나섰다고 설명했다. 쌍어 문양은 고기잡이를 생업으로 하는 큰 강이나 바닷가 등에 사는 사람들이 '풍어'를 기원하는 상징적인 표식 중의 하나로 큰 물길이 지나가는 세계 곳곳의 지역이나 도시에서 쌍어 문양을 자주 접할 수 있는 것은 그 이유 때문이라고 설명했다.

그러나 쌍어 문양만으로는 허황옥의 실상을 추적하는 것이 쉽지 않자, 김병모 박사는 '아유타국'이란 국명의 발음을 가지고 그와 비슷하게 불리는 인도 지역이 어디인가 찾았는데 인도 북부의 갠지스강 중류 연변에 있는 '아요디아'라는 도시가 있음을 발견했다. 강을 끼고 있는 이 도시에는 쌍어 문양이 도처에서 발견되었다.

인도 북부 지역에 고대국가인 '아유타국'이 있었다면, 허황옥이 어떤 루트를 통해 가락국까지 왔는가에 대해 많은 학자들이 관심을 표명했는데 김병모 박사는, 허황옥 능 앞의 비석에 새겨진 '가락국 수로왕비(駕洛國 首露王妃) 보주태후 허씨릉(普州太后 許氏陵)'이란 글자에 주목했다. '태후'는 존칭인데, 그 앞에 붙은 '보주'가 무슨 뜻이냐이다.

---

27) 『허황옥 루트-인도에서 가야까지』, 김병모, 역사의아침, 2008

김 박사는 '보주'가 허황옥의 태생지일 가능성이 크다고 판단했는데 놀랍게도 중국 사천 지방에 '보주'라는 지역이 있었다. 김박사는 다음과 같이 설명했다.

'아유타국의 지배층이 1세기 초 북방의 월지국(月氏國) 세력에 쫓겨 중국 서남 고원지대를 넘어 사천의 보주 지역 안악현(安岳縣)에 안착했다. 이들이 서기 47년 반란을 일으켜 다시 강제 이주를 당했는데, 그 반란을 주모한 이들 가성(家姓)이 허씨이다.'

김박사의 설명은 허황옥이 아유타국의 공주로 보주 지역으로 이주해 보주에서 태어났으며 그곳에서 장강(長江)을 타고 황해로 나와 가락국으로 왔다는 것이다. 김병모 박사는 까무잡잡한 인도 소녀 허황옥. 오빠와 더불어 장강(長江)을 타고 삼협(三峽)을 거쳐 황해로 나와 김해 앞바다에 이른 보트 피플이라는 설명이다.

김박사의 설명은 한국에 큰 파장을 일으켰지만 허황옥이 중국을 거쳐 온 것이 아니라 인도에서 가야로 직행했다는 주장도 계속 이어졌다.

<인도에서 가야의 뱃길 추적>

학자들의 이야기는 놀라운데 가야의 건국에 참여한 세력은 토착 세력인 9간, 외래세력인 김수로만이 아니라 허황옥 집단도 포함된다는 것이다. 한마디로 허황옥의 도래로 3각 구도가 이루어졌는데 여기에 김수로와 허황옥의 결혼으로 정리가 쉬워졌다는 설명이다.

그런데 학자들의 추적은 끈질겨 김수로가 유천간에게 명하여 망산도(望山島), 신귀간에게 승점으로 달려가도록 했는데 현재 발견되는 봉황대가 가야시대의 항구 시설이라는 것이다. 이는 과거 김해시 남쪽 경계가 바다와 맞닿아 있었음을 의미한다. 과거에 궁궐 인근의 승점이 내해와 연결되어 있고 그곳에서 망산도까지 바다로 이어져 있었다는 설명이다. 한마디로 망산도에서 신부도착이란 신호를 보내면 바닷가에 있는 승점에서 이를 받아 궁궐에 보고했다는 것이다.

허황옥 타고 온 배 상상도(영남매일)

그런데 가야에 도착한 허황옥은 이상한 의식을 연출했다. 산신령에 대한 제사의식을 벌이더니 입고 있던 비단 바지를 벗어 제단에 바쳤다는 것이다. 김병모 박사는 이를 결혼을 위한 통과의식으로 해석했다. 인도에서는 여성이 처녀일 때 바지(kameei) 위에 원피스를 입고 지내다가 초경(初經)이 지나면 자타이(sattai)라는 저고리에 파바다이(pavadai)라는 긴 치마로 바꾸어 입는 전통이 있다는 것이다. 한마디로 허황옥이 미혼녀 생활을 청산하는 의식을 보여주었다는 것이다.

당연히 허황옥의 아유타국이 어디인가에 대한 의문이 제기되는데 〈가락국기〉에 아유타국에 대한 단서가 없다는 점이다. 그동안 인도의 남천축국, 중국 서쪽인 서역의 허국·허황지국 등이 거론되었다.

그런데 '아요디아'란 말은 인도 힌디어의 뿌리인 산스크리트어로 '싸움이 없는 곳'이란 뜻을 가지고 있는데 아요디아란 지명은 인도 반도에 3곳이 있고 동남아시아 각국의 10여 곳에서 사용하고 있다. 인도 북부의 우타프라데시 주에 아요디란 도시가 있고 코살라 왕국의 도시로 한때는 수도로 김병모 박사가 이곳을 허황옥 조상의 고향이라고 주장했다. 북부의 갠지스 강 중류 이외에도 인도 남동부 해안에 '아요디아 쿠빰'이란 지역이 있고 방글라데시에도 아요디아라는 힌두교 마을이 있다.

'아요디아 쿠빰'이 유력하게 옛날 '아유타국'이 있던 지역으로 거론되는 것은, 이곳이 인도 동남부의 타밀나두 주(州)의 주도인 첸나이 동쪽에 있는 해변으로 파사석이 발견되기 때문이다. 『삼국유사』 탑상편 '금관성의 파사석탑' 기사에 다음과 같은 내용이 있다.

'금관(金官)에 있는 호계사(虎溪寺)의 파사석탑(婆娑石塔)은 옛날 이 고을이 금관국으로 있을 때 세조(世祖) 수로왕의 왕비 허황옥이 동한(東漢) 건무 24년 갑신년(48년)에 서역 아유타국에서 배에 싣고 온 것이다. 처음에 공주가 부모의 명을 받고 바다에 배를 띄워 동쪽으로 향하려 했으나 수신(水神)의 노여움을 사 건너지 못하고 돌아왔다. 부왕에게 그 사실을 고하자 이 탑을 배에 싣고 가라고 해서 무사히 바다를 건너 남쪽 언덕에 정박하였다.'

이 기사를 볼 때 파사석탑은 김수로왕 당시 가락국과 아유타국의 교역 사실을 가장 확실하게 증명해 주는 물증으로 제시될 수 있다. 허황옥이 배에 싣고 왔다는 파사석탑은 경상남도 문화재자료 제227호로 현재 김해시 구산동에 세워져 있는데 한국에서는 출토되지 않는 재질이다. 그런데 그야말로 놀라운 연구 결과가 발표되었다.

허황옥릉

김수로왕의 왕비인 허황옥의 무덤은 사적 제74호 '김해 수로왕비릉(金海 首露王妃陵)'으로 수로왕과 함께 있는데 높이 5m 정도의 무덤으로, 무덤의 밑부분에 특별한 시설은 없지만 무덤 주위에는 얕은 돌담을 4각형으로 둘러 무덤을 보호하고 있으며, 앞 쪽에는 긴 돌을 써서 축대를 쌓았다. 중앙의 비석에는 '가락국수로왕비 보주태후허씨릉(駕洛國首露王妃 普州太后許氏陵)'이라는 글이 2줄로 새겨져 있다. 무덤에 딸린 건물로는 숭보제·외삼문·내삼문·홍살문이 있으며, 보통 평지에 있는 무덤과는 다르게 언덕에 자리 잡고 있다.

세종 28년(1446)에 수로왕릉과 함께 보호구역이 넓혀졌으며, 임진왜란 때 도굴되었다는 기록이 있는데 무덤 앞에 경상남도 문화재 자료 제227호인 약간 붉은빛의 반문이 있는 파사석탑이 설치되어 있다. 파사석탑은 허황옥의 미스테리를 밝혀주는 장본인으로 큰 중요성이 있다.[28]

『삼국유사』에 멀리 이국으로 시집간 딸이 도중에 풍랑을 만나 되돌아오자 아버지가 풍랑을 가라앉게 해준다며 파사석탑을 배에 실어주어 무사히 김해까지 오게 되었다고 적혀있지만 허황옥의 이야기를 그대로 믿을 수 없다고 많은 사학자들이 지적한 것은 사실이다.

여기에 그야말로 놀라운 반전이 일어난다.

허명철 박사는 석탑의 재료가 우리나라에는 없는 인도의 아유타 지방에서만 나는 파사석이라는 사실을 확인했으며 탑을 분해하여 원형대로 석고를 복원하였더니 놀랍게도 그 모양이 삼각형이 아닌 역삼각형으로 아래층이 좁고 위로 갈수록 넓고 큰 돌로 쌓이는 것을 발견했다고 주장했다. 이런 형태의 탑은 우리나라에는 발견되지

---

28) 「김수로왕에게 시집 온 인도 공주 허황옥 왕비릉」, 김영조, 우리문화신문, 2015.11.11

않고 인도의 동굴사원인 아잔타 엘로아나식에서 볼 수 있는 축소형 스투파 즉, 불탑과 일치한다는 것이다.

허박사는 형태, 크기, 문양, 사리보관소, 석질, 탑명 등을 고려하여 이 탑이 인도에서 만들어 가져온 축소형 불탑임을 결론지었다. 허황옥이 인도에서 불교를 직접 김해로 전파하였다는 것을 확인할 수 있는 물적 자료인 것은 물론 남방계의 사람들이 한반도에 거주했다는 것도 증빙한다는 것이다.[29] 적어도 허황옥이 파사석탑을 갖고 왔다면 허황옥 미스터리는 상당 부분 해명될 수 있다는 것을 의미한다.[30]

파사석탑

---

29) 「버려진 국보」, 허명철, 계간청암, 2000년 봄호
30) 「문답으로 엮은 한국고대사 산책」, 한국역사연구회고대사분과, 역사비평사, 1994

더욱 놀라운 자료는 계속 발견된다.

1874년 프랑스의 선교사 달래가 집필한 『조선교회사』, 1906년에 미국 선교사 헐버트는 『한국어와 드라비다 제어의 비교문법』으로 한국어와 드라비다어의 관련성을 제기했다. 비교언어학자 강길운 박사는 「가야말과 드라비다말 비교」라는 논문에서 드라비다어 중에서 무려 1,800여 개의 언어가 우리말과 비슷한 뜻과 음을 갖고 있다고 주장했다.[31] 특히 인도 동남부의 '아요디아 쿠빰'의 언어인 타밀어와 한국어와 그야말로 상당한 유사성을 보인다는 것이다. 가락(Karak)은 구(舊)드라비아말로 물고기를 뜻하고, 가야(Kaya)는 신(新)드라비아말로 물고기라고 설명했다. '가야'나 '가락국'은 물고기 나라라는 설명이다. 김정남 박사도 우리말과 타밀어가 500개 이상 같은 뜻을 가지고 있음을 밝혔다.

일부 학자들은 이런 언어적 유사성을 볼 때 허황옥의 정치적 권위를 발판으로 드라비다어가 가야 땅에 전파되었을 가능성도 제기했다.

그동안의 부단한 연구에 의해 현재 인도 아요디아 일대에 아유타국이 있었던 것으로 추정하지만 아유타국에서 정말로 허황옥이 출발했는지에 대한 의견이 분분한데 과학으로 무장한 현대인이 이런 의문을 덮어둘 리 만무한 일이다. 한마디로 허황옥이 인도에서 가야로 왔다면 구체적으로 어떤 경로로 바닷길을 건너왔는지를 찾아보자는 것이다.

---

31) 『철의 제국 가야』, 김종성, 역사의 아침, 2010

KNN의 진재운 감독은 2022년, 특별기획 다큐멘터리인 「과학으로 본 허황옥 3일」로 허황옥이 건너온 바닷길을 과학적으로 분석해 재현했고 「허황옥 3일, 잃어버린 2천 년의 기억」이란 영화도 출시했다. 내용은 그야말로 일반인들의 예상을 뛰어 넘는다.

'고대 인도인들이 뛰어난 항해술을 보유하고 있었는데 인도와 가야는 허황옥의 도래 훨씬 전부터 이미 철기와 구슬 등을 바탕으로 활발한 교역이 이뤄지고 있었다. 허황옥이 타고왔던 선박은 길이 30~50여m, 최소 40톤 이상을 실을수 있는 거대한 범선이자 무역선이었다.'

진 감독은 허황옥이 건너온 바닷길은 인도~동남아~대만을 거쳐 가야까지 연결하며 철기문화를 교류한 '고대 철기 해상 실크로드'라고 규정했다. 결론은 허황옥이 실제로 바다를 건너 오는데 문제가 없다는 것이다.[32][33][34]

한편 〈한국유전체학회〉는 허황후 후손으로 추정되는 유골에서 북방계가 아닌 인도 남방계 DNA를 추출했다고 발표했다.

---

32) 「2천년 전 김해 가락국으로 시집온 허황옥 뱃길 규명」, 이정훈, 연합뉴스, 2021.12.14
33) 「우리나라에 불교를 처음 들여온 허황옥」, 엄광용, 주간조선, 2018.10월
34) 「김수로왕과 허황옥 : 뿌리 다른 한쪽을 찾아서」, 변택주, 맑고 향기롭게 소식지, 2009년 4월호

제4장 : 대가야 이진아시왕(伊珍阿豉王)

　가야사를 매우 불편하게 만드는 것은 김수로가 아닌 다른 건국 신화가 존재한다는 것이다. 한마디로 건국자가 한 사람이 아니라는 뜻이다. 김수로는 금관가야의 시조이지만 고령 대가야는 김수로가 아니라 이진아시왕(伊珍阿豉王) 이라는 뜻인데 가야사가 어려운 이유이기도 하다.

　가야를 한 틀로 설명하지 못하는 아킬레스건 중 하나인데 이 이야기는 『신증동국여지승람』에 등장한다는 점이다. 신라 말의 유학자 최치원이 해인사 승려인 이정(利貞)의 전기에 기록한 그의 조상들의 계보이다. 『신증동국여지승람』 29권에 다음과 같이 적혀있다.

　'본래 대가야국이 있던 곳이다. 시조 이진아시왕(伊珍阿豉王 ; 또는 내진주지(內珍朱智))으로부터 도설지왕(道設智王)에 이르기까지 대략 16대 520년 동안 존속하였다. 최치원이 지은 「석이정전(釋利貞傳)」에는 이렇게 씌어 있다.

이진아시왕

'가야 산신 정견모주(正見母主)는 천신 이비가지(夷毗訶之)에게 응감하여, 대가야의 왕 뇌질주일(惱窒朱日)과 금관국의 왕 뇌질청예(惱窒靑裔) 두 사람을 낳았다. 뇌질주일은 이진아시왕의 별칭이고, 청예는 수로왕의 별칭이다. 그러므로 수로왕의 고기(古記)에 나오는 여섯 알 이야기와 더불어 모두 허황된 것이어서 믿을 것이 못 된다.'

한마디로 금관가야의 수로왕이 대가야의 뇌질주일와 형제라는 뜻으로 그동안 알려진 가야의 시조 김수로의 전설에 일격을 가하는데 이와 유사한 내용이 『삼국사기』권 34 지리지 고령군(高靈郡) 조에 전한다.

'고령군은 본래 대가야국(大加耶國)으로서 시조 이진아시왕(伊珍阿豉王 또는 내진주지(內珍朱智))으로부터 도설지왕(道設智王)에 이르기까지 무릇 16세 520년이었다. 진흥대왕(眞興大王)이 쳐서 멸망시키고, 그 땅을 대가야군(大加耶郡)으로 삼았다. 경덕왕(景德王)이 이름을 바꾸었고, 지금도 그대로 따르고 있다.'

어지러운 이야기이지만 수로왕 건국 설화가 금관가야의 건국 설화라고 한다면, 이진아시왕의 설화는 대가야의 건국 설화로 볼 수 있는데 이진아시왕이 김수로의 형이라는 것이다. 여기에서 이진아시왕 신화의 전체적인 구조는 천신(天神)과 지모신(地母神)의 결합에 의해 건국 시조가 출생한다는 점에서 단군 신화, 주몽 신화 등의 천손 강림형 신화들과 그 내용 및 구조가 유사한데 알에서 태어나는 난생 신화의 요소는 보이지 않는다.

학자들이 아리송하게 생각하는 것은 이진아시왕과 수로왕이 형제라는 것이다. 즉 가야산 및 대가야국과 관련된 고령 지방의 전승임에도 대가야 이진아시왕과 금관국 수로왕을 형제 관계로 묘사하고 있다는 점이다.

학자들의 지적은 날카롭다. 먼저 나라 이름을 '대가야' 혹은 '금관국'이라고 거명하는데 이는 가야 연맹 중심 국가로서의 주도권을 행사한 두 나라를 의미한다. 한마디로 두 시조를 형제 관계로 설정함으로써 이들이 가야 지역을 둘로 나누어 다스렸다는 것이다.

문제는 가야의 역사를 볼 때 금관가야가 먼저 연맹체의 중심 국가가 되었고 대가야는 5세기 이후에야 비로소 가야 연맹을 주도했다는 점이다. 문헌상 구야국(狗耶國)은 김해 지역의 금관가야이고, 나중에 등장하는 이름인 가야국(加耶國)은 고령의 대가야이다. 그런데 5세기 이후에는 세력이 역전되어 고령 지산동 고분군이 김해 지역을 압도한다.

학자들의 설명은 간단하다. 대가야의 건국 신화는 김수로왕의 금관가야가 세력을 잃고 대가야가 가야 연맹체의 연맹장 지위를 차지하자 이를 설명하기 위해 범벅으로 만들었다는 것이다.

여하튼 가야의 탄생을 두 개의 신화로 설명하는 것은 서로 다른 계통의 건국 설화를 만들 필요가 있었다는 뜻이다. 한마디로 당대에 패권을 갖고 있는 대가야가 자신들의 선조를 앞세워야 하는데 그동안 가야로 역사와 전통을 갖고 있는 김수로를 마냥 무시할 수 없으므로 수로를 동생으로 격하시켰다는 뜻이다. 이 말은 대가야의 건국 신화가 후대에 윤색되었다는 뜻과 다름없는데 대체로 이런 이야기는 가야가 멸망한 뒤인 9세기 경에 정리되었을 것으로 추정하지만 정론은 아니다.

일반적으로 수로왕의 건국 신화가 1단계인 초기 국가의 개국 신화 형태를 갖추고 있으며 이진아시왕 건국 신화는 2단계 개국 신화로 이해된다. 역사적으로 금관가야를 전기가야, 대가야를 후기가야로 설정하기도 하는데 대가야가 융성해지자 전기가야 김수로의 신화를 차용했다는 뜻이다. 여기에서 이진아시왕이 김수로의 형으로 등장하는 것은 충분히 이해되는 사항으로[35] 멸망한 김수로의 금관가야를 자신보다 높게 할 이유가 없다는 뜻이다. 대가야의 건국신화를 보다 설명한다.

<대가야의 건국신화>

　종래 가야사를 설명할 때 가락국(금관가야)은 김해지역이 가지는 관문적 성격을 활용하여 성장한 후 변한연맹체를 주도하였고, 4세기 이후 변한연맹체가 가야사회로 전환된 이후에도 5세기 전엽까지 맹주국의 지위를 누렸다고 적었다. 그래서 삼한지역에 국이 성립한 기원전후의 어느 시기에서부터 5세기 전엽까지를 전기가야로 부르며 주도세력은 가락국으로 파악하였다.

　문제는 가야연맹체에서 전해오는 건국신화는 『삼국유사』〈가락국기〉에서 보이는 6가야의 탄생설화와 『신증동국여지승람』의 대가야 건국신화가 전부라는 점이다. 『삼국유사』 가락국기에는 '9간들이 계욕(禊浴)하는 날에 구지봉에서 수상한 소리가 나서 모였는데 하늘에서 드리운 끈이 땅에 닿았다. 그 끈 아래를 찾아보니 붉은보자기에 싸인 금합상자 안에 6란이 들어 있었다. 이 6란이 화하여 동자가 되었는데 가장 먼저 나온 동자가 수로였다. 수로는 가락국을 세웠고, 나머지 다섯 동자도 각각 돌아가 5가야 주가 되었다.'고 기록되어 있다.

　이 기사는 난생한 수로왕이 9간의 추대에 의해 왕위에 오르기까

---

35) 「대가야국 이진아시왕 건국 신화의 전승과 성립」, 우리역사넷

지의 건국 과정을 보여주며, 금관가야의 건국신화라고 설명되었다. 그런데 〈가락국기〉에는 나머지 다섯 동자도 각기 돌아가 나라를 세웠다는 내용이 포함되어 있다. 이를 차용한다면 대가야를 포함한 5가야 역시 김해 금관가야(가락국) 시조와 마찬가지로 난생으로 태어나 건국하였는데 그 맹주가 김수로라는 것이다.

난생설화라는 공통적인 신화를 공유했을 것으로 추정되는 가야국은 『가락국기찬』 속에 기록된 아라가야, 고녕가야, 대가야, 성산가야, 소가야 등과 『본조사략』에 나오는 금관가야, 고녕가야, 비화가야, 아라가야, 성산가야 등이다. 그런데 두 문헌에 금관가야와 대가야가 빠졌는데 『가락국기찬』은 금관가야를 중심으로 5가야를 언급하여 연맹체가 만들어진 당시의 상황을 반영해주는 것인 반면, 『본조사략』은 대가야를 중심으로 하여 5가야를 언급했다고 설명된다.

한편, 5세기 전엽 이후에는 가라국(대가야)이 가락국(금관가야)을 대신하여 새로운 맹주국으로 부상하며 후기가야를 주도한다. 가라국은 가야연맹체의 새로운 맹주국이 되는 과정에서 왕권을 강화하고 연맹체 내에서 자신의 위상을 높이는 작업을 본격화하였다. 여기에 대해 노중국 박사는 가라국이 취한 여러 가지 행동에 주목하여 다음과 같이 분석했다.

① 가라국은 최고지배자의 칭호를 종래 '한기'에서 중국식으로 최고지배자의 권위를 높인 '왕'으로 개칭했다. 479년에 남제에 사신을 파견한 하지(荷知)가 '가라왕(加羅王)'으로 기록된 것이다. 이때 남제로

부터 받은 보국장군본국왕(輔國將軍本國王)으로 작호는 가라국 최초이자 최후의 것이지만 당대의 남제와 교섭함으로써 가라국은 대외교역권을 중앙에서 장악할 수 있게 되었다.

② 새로운 건국신화를 만들었다. 『신증동국여지승람』에는 천신 이비가와 가야산신 정견모주가 결합하여 낳은 뇌질주일과 뇌질청예가 각각 대가야 왕과 금관가야 왕이 되었다고 하는 형제설화가 나온다. 여기에서는 대가야왕이 된 뇌질주일(이진아시)이 금관가야 왕 뇌질청예(수로왕)보다 먼저 언급되어 대가야의 시조는 형, 금관가야의 시조를 동생으로 설정하여 대가야의 위상을 높이고자했다. 이와 같이 형제 관계를 표방한 점은 대가야가 가야 전체의 정통성을 계승했다는 것을 의도한 결과이다.

③ 금관가야의 신성한 산은 구지봉이지만 가야의 시조가 형제라는 설화에서는 고령 가라국이 위치한 가야산과 가야산신 정견모주가 강조된다. 이뇌왕이 정견모주의 십세손, 가야산의 가마바위가 시조 탄생지라 하는 후대의 전승기록은 고령 가라국이 중심이라는 인식에서 나온 것이다.

④ 시조의 이름도 대가야 중심으로 정리하였다. 『가락국기』에 의하면 가락국의 시조는 수로뿐이다. 그런데 시조형제설화에서는 대가야와 금관가야 시조의 이름에는 성(姓)일 가능성이 높은 '뇌질(惱窒)'

이 공통으로 나온다. 이 '뇌질'은 대가야 시조의 이름에 먼저 사용되었고 이후 금관가야의 시조에게도 적용하여, 대가야가 금관가야를 지파로 생각하였다.

⑤ 가락국의 국격을 낮추었다. 국명은 대외적으로 나라를 대표해주는 역할을 하는데 금관가야는 가야연맹체를 주도할 당시 '대가락(大加洛)' 또는 '임나가라(任那加羅)'라고도 불리는등 금관가야가 가장 우월한 존재임을 가르킨다. 그러나 대가야가 가야연맹체의 맹주국이 되자 금관가야의 국명을 '남가라' 또는 '하가라'로 부르는 반면 대가야는 '가라' 또는 '상가라'로 나온다. 남가라는 가라를 중심에 두었을 때의 칭호이고, 하가라는 상가라를 중심에 두었을 때의 칭호이다. 이는 대가야가 자신의 위상을 높이기 위해 이전의 맹주국이었던 금관가야의 위상을 의도적으로 격하시킨 결과이다.

⑥ 대가야(고령 가라국)의 위상을 보여주는 것이 고령 지산동고분군과 금관 및 금동관 그리고 장식대도로 대표되는 위세품이다. 고분의 규모나 출토된 유물 그리고 위세품은 다른 가야국에 비해 단연 압도적으로 대가야가 후기가야를 대표함을 보여준다.

두 개의 시조탄생설화, 즉 가야연맹체 공통의 초기 1단계 난생설화와 산신과 천신의 결합에 의한 2단계 탄생설화는 대가야의 성장과 함께 가라국이 가야연맹체의 새로운 맹주국으로 부상하며 대가야 스스로의 위상을 정립하는 과정을 잘 보여주는 한 단면으로 설명된다. 그러므로 『삼국유사』 〈가락국기〉의 건국신화를 금관가야만의 전유물이 아니라 대가야를 포함하여 가야 지역의 공통 건국신화로 폭 넓게 해석되어야 한다는 주장도 있음은 물론이다. 가락국기의 '둥근 황금 알 여섯 개'에서 보이는 알에서 시조가 태어났다는 난생설화의 모습이야말로 여러 가야국을 아우르는 건국신화의 핵심요소일 가능성이 높다는 것이다.

제2부

가야의 미스터리

제1장 : 동복

제2장 : 편두

제3장 : 각배

제4장 : 순장(殉葬)

제5장 : 북방 민족의 한반도 진출 이유

제6장 : 3국에 들지 못한 가야

제7장 : 군사 강국 가야, 고구려에게 패배한 요인

가야가 고구려, 백제, 신라와 함께 500~600년 정도 공존했음에도 한국의 역사책에서는 가야에 대해서는 인색하기 마련이다. 이는 적어도 국가 체제를 거론하려면 여러 가지 필수 조건을 충족해야 하는데 가야가 이를 충족시키지 못했다는 것이다.

그러나 500~600년 간 삼국의 위세 속에서도 존재했다는 크고 작은 애환사를 만들었다는 것인데 이 말은 가야가 고구려, 백제 신라라는 삼국과 다른 그 무엇을 갖고 있다는 것이다. 낙동강 하류에서 나타난 가야는 나름대로의 특성을 갖고 있는데 ① 동복, ② 편두, ③ 순장 등이 대표적이며 철기를 기본으로 한다. 이들이 오로지 가야만을 의미하는 것은 아니지만 가야를 북방민족의 도래로 설명하는데 부족함이 없다. 가야가 철기로 무장한 막강한 기마민족임에도 국가라는 정치체조차 만들지 못했다는 것은 가야의 미스터리라 볼 수 있는데 많은 학자들의 생각은 간단하다. 가야가 국가로 성장하지 못할 나름대로 이유가 있다는 것이다.

제1장 : 동복(銅鍑)

신라·가야의 지배자들이 북방 민족 즉 흉노의 후예로 거론되는 결정적인 유적 중에 하나로 동복(銅鍑, cup cauldron)을 거론할 정도로 동복은 기마민족과 깊은 관계가 있다.

기마로 생업을 유지하던 기마민족에게는 자신들만의 특성과 생존법, 의식이 있기 마련이다. 그 중 가장 잘 알려진 것이 말에 갖고 다니는 동복(銅鍑)이다. 기원전 8~7세기 무렵에 출현하여 기원후 5~6세기 무렵에 소멸되는데 유목민족의 특성상 매우 넓은 지역에 걸쳐 발견되고 있다.

기마인물상종자상

기마인물상주인편두와 동복

가야박물관동복

원래 동복은 유목민들의 상징적인 유물로도 간주되며 유목 부족장들에게 바쳐지는 것이다. 동복의 원래 용도는 정화의식(Purification rite)을 행할 때 고기를 삶는데 쓰는 대형 화분 형태의 동제 용기로 무리 중에서 족장으로 추대되면 동복을 받아 항상 말안장에 얹어 놓고 다닌다. 일반적으로 30센티미터 정도의 작은 항아리처럼 생겼는데 대형 동복의 경우 높이는 50~60센티미터이고 무게는 50킬로그램이 넘는 것도 있다.

한국에서는 두 가지 형태로 발견된다. 첫째는 금관과 함께 한국의 대표적인 유산으로 간주되는 국보 제91호의 기마인물상 토기이다. 기마인물상 토기는 신라의 경주 근교인 경상북도 경주시 노동동 금령총에서 1924년에 출토되었는데 높이 23.5센티미터, 길이 21.5센티미터이다. 기마상의 주인과 하인이 말을 타고 있는데 이들의 뒤쪽에 동복을 갖고 있다. 말 엉덩이 위에 솥처럼 생긴 것이 바로 동복이다. 둘째는 김해박물관 등 여러 박물관에서 보이는 흉노식 동복이다.

동복은 기본적으로 스키타이식과 흉노식(훈식) 두 가지로 분류된다.

스키타이식 동복은 반구형 기체에 둥근 손잡이가 한 쌍 달려 있고 손잡이에 작은 돌기가 있는 것이 특징이다. 반면 흉노식 동복은 심발형(深鉢形) 기체에 곧은 직사각형의 손잡이가 한 쌍 달려 있고 손잡이에는 작은 돌기가 있는 것과 복잡하고 화려한 장식이 있는 것이 있다.

동복은 내몽골의 오르도스지방에서 다수 발굴되었고 기원전 1세기부터 기원후 1세기까지로 추정되는 몽골의 수도 울란바토르 북방

약 100킬로미터 노욘산 지역에 있는 노인울라(Noin Ula, 몽골어로 '왕후(王侯)의 산') 고분군(현재까지 총 212기 발견)을 비롯하여 북몽골 지대의 도르닉나르스, 알타이산맥의 데레츠고에, 볼가강 유역의 오도가와 그 지류인 가마강 유역의 페룸, 서우랄의 보로쿠타지방, 남러시아 돈강 유역의 노보체르카스크, 헝가리, 프랑스, 독일에서도 발견되었고 중국의 북부 초원지대에서 발견된다. 헝가리, 프랑스, 독일에서 동복이 발견되는 것은 게르만민족 대이동을 촉발시킨 훈족이 이들 지역을 점령했기 때문이다.[1]

훈족들은 동복을 말 엉덩이 위에 싣고 다녔는데 신라의 경주 근교(경상북도 경주시 노동동 금령총에서 1924년에 출토된 기마인물형 토기(높이 23.5센티미터, 길이 21.5센티미터, 국립중앙박물관 소장(국보 제91호))에서 발견된 2개의 점토상에도 기마상 주인공이 동복을 말 뒤에 싣고 있다.

한국에서 출토된 유물 중에서 금관과 함께 대표적 상징품으로 가장 잘 알려진 기마인물상 토기는 일반적으로 술이나 물 등 액체를 담는 용도로 설명되고 있다. 가야지방의 무덤에서 술잔 등 수많은 일상용 토기가 발견되므로 기마인물형 토기도 같은 용도라는 것이다. 반면에 김원룡은 말 궁둥이에 있는 것은 솥이 아니라 '등잔형 주입구'라고 설명했고 김태식은 신라 지증왕 3년(502) 순장제도를 금지하자 사람과 말을 순장하는 대신에 명기(明器)를 부장한 증거라고 적었다. 명기란 장사지낼 때 시신과 함께 묻기 위해 따로 만든 것으

---

1) 『로마제국의 정복자 아틸라는 한민족』, 이종호, 백산자료원, 2005
「게르만 민족 대이동을 촉발시킨 훈족과 한민족의 친연성에 관한 연구」, 이종호, 백산학보 제66호, 2003
「북방 기마민족의 가야□신라로 동천에 관한 연구」, 이종호, 백산학보 제70호, 2004

로 지증왕 대부터 순장의 예가 나타나지 않는다는 것을 그 예로 들었다.

반면에 존 카터 코벨은 기마인물상 토기에 대해 매우 주목할 만한 의견을 제시했다. 그녀는 상류층 사람들의 무덤에서 나온 부장품들로 술잔과 함께 말 모양 토기들이 많이 발견된다는 점에 주목했다. 기마인물형 토기에서 가장 두드러진 것은 말 앞가슴에 나 있는 주둥이의 위치이다. 말 잔등에 있는 배구로 액체를 부어 넣은 후 말 앞가슴의 주둥이로 액체가 흘러나오게 된다. 말의 꼬리가 부자연스런 각도로 뻗쳐 있는 것으로 보아 이 부분이 손잡이로 조정된 것이 분명하다고 주장했다. 코벨은 시베리아의 무속에서 말을 제물로 바쳐 죽인 뒤 의례의 하나로 그 피를 받아 마시는 과정이 있다고 적었다.

코벨은 말 모양의 토기가 가야와 신라 두 지역에서 함께 발견되는 이유를 기마민족의 유입으로 설명하면서 토기 내부를 화학적으로 분석한다면 피의 흔적이 발견될지 모른다고 추측했다. 특이한 형태의 기마인물상 토기의 용도가 일반적으로 알려진 술병 등의 역할이 아니라 고대의 무속 의례에서 희생된 말의 피를 담는 그릇이라면 여하튼 가야 지역에 살고 있던 한민족이 흉노(훈)와 친연성을 갖고 있다는 것을 암시한다.[2]

학자들은 중국과 혈투를 벌이던 흉노가 서천하여 유럽을 공포로 몰아넣은 훈족이 되었고 그중 일부가 동천하여 한반도에서 가야와

---

[2] 『한국문화의 뿌리를 찾아』, 존 카터 코벨, 학고재, 1999

신라에 근거지를 잡았다는 것이다. 바로 북방민족이 한반도에 진입했는데 이를 신라의 김알지, 가야의 김수로의 등장으로 설명한다. 서천한 훈족의 아틸라(Attila, 395~453)는 칭기스칸, 알렉산더를 포함한 세계 3대 정복자 중 한 명으로 유럽의 게르만족 대이동을 촉발시킨 당사자이다.

베렌트와 슈미트 박사는 더불어 이들 솥이 말 탄 사람의 등에 끈으로 연결되어 있는데 기마상 주인공의 복장과 삼각모가 전형적인 유목민이 사용하는 형식이며(일부 한국 학자들은 기마상의 인물도 유목민의 모습이 아니라 단순히 기마 풍습을 알려주는 자료라고 설명했다). 안장과 등자는 훈족이 사용하던 유물과 똑같다고 주장했다.

이들 기마인물형 토기가 특수하다는 것은 같은 유형인 국보 제275호의 기마인물형 토기와의 차이로서도 알 수 있다. 이 토기는 출토지가 명확하지는 않지만 5세기경 가야시대로 추정한다.

전체적으로 기마인물형이지만 국보 제275호는 나팔 모양의 받침대 위에 기마 인물이 올라가 있는데 이것은 받침굽이 높은 가야시대의 고배와도 모양이 유사하다. 또한 말의 엉덩이 부분에 국보 제91호처럼 동복이 올려져 있는 것이 아니라 한 쌍의 각배가 올라가 있다. 국보 275호가 두드러진 점은 말 탄 무사의 복식과 마구가 국보 제91호보다 훨씬 상세하게 표현되어 있다. 무사의 투구와 갑옷, 목을 보호하기 위해 두르는 경갑(脛甲), 방패, 마갑 등 무구와 마구가 매우 상세한데 결정적인 차이점은 말 앞가슴에 주둥이가 보이지 않는다는 것이다. 이것은 국보 제91호와 제275호의 용도가 결정적으로 다르다는 것을 의미한다.

　동복은 족장만이 가질 수 있으므로 엄격하게 관리된다. 즉 족장이 평소에 자신의 지위를 나타내기 위해 항상 말에 휴대하고 다니는데 족장이 죽으면 무덤에 갖고 간다. 몽골의 도르릭나르스에서 발견된 동복 내부에는 소의 등뼈가 담겨 있었으며 부장 시 동복의 입구를 비단으로 덮어 막았다. 이는 동복으로 소 등 가축을 조리했으며 비단을 덮을 정도로 매우 중요하게 생각했음을 알려준다.

　족장이 죽으면 그와 연계되는 사람들을 모두 초청하는데 장례 기간 동안 동복에 말 등 희생물을 끓여 초청자에게 대접한다. 동복이야말로 사자와 함께 하는 도구인 것이다. 초청자들에게 동복으로 끓인 음식을 준 후 장례식 때 반드시 동복의 한 곳을 훼손한 후 매장한다. 이를 훼기(毁棄)라고 하는데 이는 북방기마민족의 장례 과정에서 행해진 특별한 행위라 볼 수 있다. 매장품의 훼기는 동복에만 한한 것은 아니다. 이들은 토기의 아가리·바닥·받침 등 일부를 의도적으로 떼어내거나 동검이나 청동거울 등을 깨뜨려 그 일부를 매납하는 경우도 있다. 철기를 구부려서 부장하거나 말갖춤새 등에 흠집을 내기도 한다.

　이러한 훼기 풍습은 생명이 없는 물건인 토기·동기·철기 등에도 영혼이 존재할 것이라는 고대인들의 믿음에서 비롯된 것으로 생각된다. 피장자를 위해 물건에 다른 영혼을 불어넣기 위해서는 어떤 변화를 주어야하는데 북방기마민족들은 물건을 훼손하는 것이 그런 목적에 적합하다고 생각했다는 뜻이다. 이와는 달리 죽은 영혼이 생전에 사용하던 물건에 대한 애착 때문에 다시 현세로 찾아올 것에 대한 두려움에서 유물을 의도적으로 훼손했다는 의견도 있다. 즉 유물을 훼손함으로써 유물의 본래 기능이 없어져 영혼이 돌아오는 것을 방지할 수 있다는 것이다. 여하튼 학자들은 이러한 훼기 행위를 통해 장례 행위에서의 부정(不淨)을 털어버리는 동시에 죽음에 대한 공포감으로부터 해방되고자 했던 것으로 인식한다.[3] 국내에서 발견되는 동복도 이와 같은 절차를 거쳤음은 물론이다.

필자가 2010년 7월, 〈몽골국립박물관〉과 〈한국국립중앙박물관〉이 공동으로 발굴하는 도르나릭스의 대형 흉노무덤 발굴 현장을 방문했을 때 몽골국립박물관의 에렉젠 박사는 흉노의 족장급 무덤이 거의 모두 도굴되었음에도 동복이 발견되었다는 것은 고고학적으로 기적이나 마찬가지라고 말했다.

그러면서 도굴된 무덤임에도 동복이 발견되는 이유를 훼기 풍습 때문이라고 설명한다. 동복이 흉노의 수장급만 가질 수 있는 특수 용기이기는 하지만 훼기 즉 파손하여 매장하므로 도굴꾼으로서는 가치가 크지 않기 때문이다. 그런 요인 덕분에 고고학적으로 중요한 증거들이 보존될 수 있다는 것은 아이러니한 일이 아닐 수 없다.

여하튼 동복은 북방유목민족이 활동하던 세계 각지에서 발견되는데 동복에 있는 문양이 한반도에서 출토되는 유물의 문양과 유사하다는 것도 주목되는 사항이다. 흉노의 일족으로 375년 게르만민족 대이동을 촉발시킨 훈족(Hun)이 사용한 동복의 아가리에는 도형화

---
3) 「도르릭나르스 흉노무덤」, 국립중앙박물관, 2009

된 나뭇잎들이 섬세하게 세공되어 있으며 훈족의 귀족부인의 장식 머리띠와 관에도 비슷한 장식이 있다. 그런데 한국에서 발견되는 금관의 경우 나무 형상(출자형(出字形) 장식)과 녹각 형상(녹각형(鹿角形) 장식)이 주요 부분을 이루고 있다.[4]

녹각 형상은 스키타이문화 등 북방기마민족이 사용한 유물에서도 자주 나타나지만 직각수지형 입식은 신라에만 나타나는 독창적인 형태인데 훈족의 동복에서도 같은 형태의 문양이 나타난다. 나무 형상의 입식(立飾)은 북방 초원지대의 자작나무를 형상화한 것으로 수지형(樹枝形)이라고 부르기도 한다.

북방의 유목민들은 우주 개념을 이해하는데 결정적인 존재로 순록사슴과 우주수목을 차용했다. 고대 신화에 의하면 우주 순록의 황금뿔 때문에 해가 빛난다고 하며 순록사슴은 그 존재와 함께 햇빛의 운행과정을 나타낸다. 경주에서 발견되는 금관에 해신의 금빛 비상을 사슴뿔 형상으로 정교하게 옮겨 놓은 것을 알 수 있다. 이러한 방식은 527년 새로운 불교신화가 그 자리를 대체할 때까지 지속되었다.

또한 금관에 나타나는 나무는 평범한 자연의 나무가 아니라 영험한 힘을 가진 나무로 우주수목이라고 불린다. 지표에서 제일 높은 우주의 한 중심에 버티고 선 구조물로서 고대인들이 상상했던 하늘 즉 천(天)을 향해 상징적으로 뻗어 오른 나무를 말한다. 코벨은 이들

---

4) 「로마제국의 정복자 아틸라는 한민족」, 이종호, 백산자료원
「게르만 민족 대이동을 촉발시킨 훈족과 한민족의 친연성에 관한 연구」, 이종호, 백산학보 제66호, 2003
「북방 기마민족의 가야·신라로 동천에 관한 연구」, 이종호, 백산학보 제70호, 2004

나무가 북방지역에서 많이 자라는 자작나무라고 설명한다. 그녀는 남한 지역이 북방지역과는 기후가 달라 흰자작나무가 잘 자라지 않는데도 흰자작나무를 금관의 중요요소로 장식했다는 것은 제조자들이 북방지역에 살았던 흔적이라고 인식했다.

추운 기후에 잘 자라는 자작나무는 높이 20미터에 달하고 나무껍질은 흰색이며 옆으로 얇게 벗겨지고 작은가지는 자줏빛을 띤 갈색이며 지점(脂點)이 있다. 잎은 어긋나고 삼각형 달걀 모양이며 가장자리에 불규칙한 톱니가 있다. 뒷면에는 지점과 더불어 맥액(脈腋)에 털이 있다. 나무껍질이 아름다워 정원수·가로수·조림수로 심는다. 목재는 가구를 만드는 데 쓰며, 한방에서는 나무껍질을 백화피(白樺皮)라고 하여 이뇨·진통·해열에 쓰는데 고대인들은 눈처럼 생긴 모양에 신통력이 깃들어 있다고 매우 중요하게 생각했다. 즉 자작나무가 모든 것을 보고 있다는 것이다.

그러므로 자작나무는 매우 중요한 곳에 고의적으로 심었는데 가장 유명한 일화가 돈황 주위에 있는 자작나무이다. 그들은 자작나무가 돈황에서 일어나는 모든 일을 보고 있다고 설명하는데 한 마디로 자작나무가 있는데서 나쁜 짓을 하지 말라는 뜻이다. 도둑질 등은 엄두도 내지 말라는 것으로 돈황에 있는 많은 석굴들이 지금까지도 상당부분 보존되어 있는 것을 자작나무의 효력 때문이라고 믿기도 한다.

한국에서 발견된 동복의 숫자는 적지 않다. 평양 동대원리·정오동 1호 무덤·소라리 토성 등 낙랑 고지에서 발견되며 경주 김해의 가야시대 고분인 대성동 29호분과 47호분, 양동리 235호분에서 동복이 각 1개씩 출토되었다. 그런데 동복은 남한의 백제·신라에서는 발굴되지 않았고 김해에서만 발견되었다. 또한 같은 형태의 철제품, 즉 동이 아니라 철복(鐵鍑)이 김해 양동 유적과 경주 사라리 유적에서 출토되었고 고구려의 첫 번째 수도로 알려진 오녀산성에서도 쇠솥이 발굴되었다.[5] 대성동 29호분과 양동리 235호분의 동복은 3세기말의 것이며 대성동 47호분의 것은 후세로 추정하는데 귀의 단면이 편볼록렌즈 형태다.[6]

이런 형태의 동복은 중국 길림성 북부의 노하심(老河深)과 흑룡강성 남부 일대, 한국인과 강력한 연계가 있다고 추정되는 시라무렌강 연변의 오르도스 지역에서 출토된 것과 유사하다. 가야·신라의 지배족은 북방에서 내려왔다고 강력하게 주장되는 이유 중 하나도 우리나라의 남부 지역에서 발견된 이들 동복 때문이다. 한마디로 동복은 일반인들이 갖는 것이 아니라 흉노 등 북방족의 수장이 자신의 권위를 의미하는 상징적인 물건이므로 동복 한 개에 집단이 포함된다는 것을 뜻한다.

---

5) 『도르릭나르스 흉노무덤』, 국립중앙박물관, 2009
6) 『김해대성동고분군』, 경성대학교박물관 연구총서 제4지, 경성대학교박물관, 2000

제2장 : 편두(扁頭)

1976년에 발견되어 모두 4차에 걸쳐 180여 기의 무덤이 발굴된 4세기경의 김해 예안리 고분군은 분묘의 규모로 보아 최상위 계층이 아닌 일반 서민 계층의 공동묘지로 추정된다. 예안리는 현재 낙동강 삼각주의 북부에 해당하지만 옛날 지형으로 보면 고김해만(古金海灣)의 하부에 속하는 지역으로 190여 평의 좁은 면적에 상하로 4겹 정도 중복되어 있는데 거의 대부분의 무덤 속에 1구, 많게는 10여 구의 인골이 남아 있었다. 부장품인 1,000여 점의 토기를 비롯해 총 2,000여 점의 유물도 나왔다.

현재 부산대학교박물관에 소장되어 있는 예안리 인골은 수적으로도 역사상 유례없는 일이지만 더욱 학자들의 눈길을 끄는 것은 1600여 년 전의 인골이라고 보기에는 보존상태가 매우 양호하다는 점이다. 우리나라의 토양은 대체로 산성이 강하여 부장된 것이 무엇이든 잘 썩지만 예안리 유적은 유적 상부에 형성된 패총의 영향으로 토양이 중화되었기 때문이다.

예안리인들의 형질적 특징으로는 평균 신장이 남성은 164.7센티미터, 여성은 150.8센티미터이며 현대인에 비해 비교적 안면이 높고 코가 좁으며 코뿌리가 편평한 편이다. 또한 전체 사망자 중 남자보다는 여자, 그중 장년층(40대)의 여성 사망률이 높고 12세 이하의 사망자가 전체의 1/3이상이나 되어 당시의 유아 사망률이 높았음을 보여준다.

그런데 학자들의 주목을 크게 끈 것은 모두 10례의 변형 두개골이다. KBS-TV도 2001년에 기획한 「몽골리안 루트」에서 예안리 85호와 99호 고분에서 발견된 전형적인 변형 두개골을 소개했다. 이들 두개골의 머리둘레는 50센티미터 정도에 지나지 않을 정도로 한국인의 정상적인 머리둘레인 57.5센티미터보다 매우 작다.[7] 이렇게 인공 변형된 두개골을 '편두(扁頭, cranial deformation)'라고 부르며 외압에 의해서 두개골이 변형된 것으로 추정한다. 편두에 관한 기록은 진수의 『삼국지』〈위지동이전〉에도 있다.

'아이가 태어나면 긴 돌로 머리를 눌러두어 납작하게 했다. 그래서 진한(辰韓) 사람들의 머리는 모두 편두다.'

기록 속의 진한(辰韓)은 3세기 중엽의 진한과 변한(弁韓), 즉 김해지역의 가야인이 여기에 포함된다. 기록 속에만 존재하던 편두의 실체가 예안리 인골에서 확인된 것이다.

편두 풍습에 대해 일본인 평전구마삼(坪井九馬三)은 고대 인도에서 행

---

7) 『역사스페셜2』, 정종목, 효형출판, 2001.

해진 구습으로 설명했지만, 일반적으로 유목민(코카서스 북부, 터키 등)에게 많이 나타나는 풍습으로 인정한다. 고조선 지역에서도 일찍부터 편두 풍속이 있었다. 『만주원류고(滿洲源流考)』 제2권에서 만주지방에는 옛날부터 편두하는 관습이 있어 어린아이 때부터 와구(臥具)를 이용해 머리통 모양을 인위적으로 편두형으로 만들었다고 기록되어 있는데 일본인 도오랑(島五郎)도 우리나라에서 일찍부터 머리의 앞뒤 최대 길이가 매우 짧은 단두개형(短頭蓋形)이라는 형질인류학상의 측정 결과를 발표하기도 했다.[8]

가야박물관동복

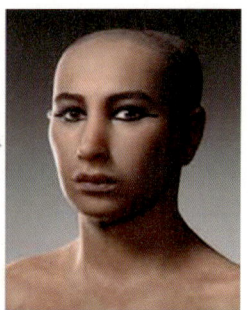
투탕카멘의 복원 얼굴 모습

예안리편두(김해국립박물관)

중국 황하 하류의 산동·강소 북부 일대에서 이른바 동이계 신석

---

8) 『로마제국의 정복자 아틸라는 한민족』, 이종호, 백산자료원, 2005

기시대 문화로 알려진 대문구문화(大汶口文化) 유적의 인골을 분석한 결과 후두부를 인공적으로 변형시킨 편두형 모습도 발견됐다. 이것은 동이족들이 중국인과는 달리 편두 습속을 매우 오래 전부터 사용했다는 사실을 알 수 있다. 또한 러시아의 블라디보스토크대학교의 박물관에도 말갈계의 편두형 인골이 있어 이들이 고대에 같은 문화권이었음을 보여준다.

편두 풍습은 중국과 훈족의 이동로뿐만 아니라 세계 곳곳에서 행해졌다. 남아메리카의 페루, 아르헨티나, 칠레, 에콰도르, 콜롬비아는 물론 멕시코에서도 발견된다. 미국 서남부의 인디언에서도 발견되며 대양주의 뉴기니, 뉴칼레도니아, 뉴헤브리디스제도 등 고립된 섬에서도 보이며 소아시아, 카프카스, 아르메니아, 중앙아프리카, 인도에서도 발견된다. 중앙아프리카의 몸부투는 물론 이집트에서도 보인다. 종교의식에 관련된 것으로 보이는 이집트 조각품은 3300여 년 전의 투탕카멘의 무덤에서도 발견되었는데 복원된 예안리의 편두 얼굴과 여러 면에서 일치한다. 이마 부분이 들어가고 코 부분이 돌출했으며 턱뼈의 각도가 둔각으로 돼 얼굴 앞쪽으로 나오고 뒤통수가 올라붙은 점 등이 전형적인 편두였고 근래 미라를 근거로 컴퓨터 그래픽으로 복원된 이집트의 투탕카멘왕의 얼굴도 전형적인 편두다.[9]

필자가 편두에 대해 기고하자 한 독자가 연락했다. 이집트의 투탕카멘왕이 편두인 것을 볼 때 이집트의 파라오가 한국인이 아니냐

---

9) 『역사스페셜2』, 정종목, 효형출판, 2001.

는 것이다. 이 질문에 독자들이 충분히 답할 수 있을 것이라고 생각한다.

편두는 현대인의 눈에는 다소 기이하게 보일지 모르지만 고대에는 보편적인 풍습이라고 볼 수 있다. 특히 중국의 여러 지역의 무당들이 편두라고 알려져 있다.

학자들은 몽골에서부터 프랑스까지 훈족의 이동경로에서 발견된 묘를 발굴하면서 훈족의 머리가 정상적인 형태가 아니라는 특별한 사실을 발견했다. 훈족은 관자놀이와 이마가 특이하게 눌려 있고 고랑 같은 주름이 머리에 죽 둘러 있었고 머리통이 길게 늘어나 있었다. 두개골이 변형되어 있는 편두였다. 특히 훈족의 본거지였던 판노니아의 기요르(현 헝가리)에서 많은 편두 인골이 발견되었다. 이와 같은 훈족의 특이한 모습은 훈족에 대해 경멸감을 숨기지 않았던 마르켈리누스의 설명이 매우 정확했다는 것을 보여 준다.

헝가리의 마르칙 박사는 뼈가 부드럽고 형태를 갖추지 않은 어린 시절에 아이의 이마 부분에 넓적한 물건을 놓고 두개골 주위를 둘러서 묶으면 이마는 완전하게 납작하게 변형되며 머리는 위쪽으로 뾰죽한 형태로 변형된다고 설명했다. 부산의과대학의 김진정 교수는 아기의 머리 앞뒤로 판자를 대고 끈으로 묶기를 10여 차례 반복하면 아기의 유연한 두개골이 앞뒤로 납작해진다고 한다. 태어난 지 1개월 이내의 아기는 잘 움직이지 않기 때문에 그렇게 할 수 있다는 것이다. 그러나 예안리에서 발견된 편두는 그렇게 한 것이 아니라 『삼국지』〈위지동이전〉처럼 돌을 얹어 그 무게 때문에 눌린 것이다.

앞에 설명한 기마인물형 토기의 주인공도 편두다. 기마인물상의 주인공이 세계적으로 특이한 변형인골 형태를 취하고 있으며 한반도 남쪽과 유라시아 대륙의 끝에서 편두가 발견된다는 것은 이들 민족 간에 강력한 유관 관계가 있다는 것을 다시 한 번 확인시켜 준다.

한편 신라에서 머리가 뾰족한 토용들이 매우 많이 발견되는 것도 특이한 일이다. 토용을 기원전 7~8세기 전부터 현 터키 지역에 거주했던 프리기아인들이 초원을 따라 이동해왔으며 그들이 고깔모자를 쓴 것으로 해석하는 견해도 발표되었으나 학자들은 이들 토용이 진한과 변한의 풍습이었던 편두들을 형상화하여 조각한 것으로 추정한다.

편두를 만드는 방법은 여러 가지다. 당연히 만드는 방법에 따라 머리 모양도 다르게 변형된다. 첫째 유형은 식물을 꼬아 만든 새끼줄이나 가죽 끈으로 이마, 관자놀이, 침골 부위를 돌려 묶는 것이다. 이 방법은 머리 모양이 전체적으로 길고 좁아지며 뒤통수도 비교적 직선에 가깝다. 이러한 형태를 '환형 편두'라고 하는데 북경 산정동인, 길림성 전곽현에서 발견된 기원전 5600년 전의 신석기인에게서 발견된다. 이 형태는 북미 인디언, 페루에서도 발견된다.

둘째는 딱딱한 판자를 머리 앞뒤에 대고 끈으로 묶어두는 것으로 이렇게 하면 이마와 뒤통수가 편평해지고 머리가 길어져서 옆에서 보면 이마뼈가 편평한 나무판처럼 보이며 정수리 쪽으로 기울어져 있다. 이 형태는 기원전 8000년경의 흑룡강 인근에서 발견되며 아무르강 하류에서도 발견되었는데 이들은 신석기인들이다.

셋째는 중국의 대문구유적지에서 발견된 편두로 바닥에 딱딱한 물건을 깔고 유아기의 아이를 장시간 눕혀두는 것으로 머리 뒤쪽이 편평하게 된다. 이를 첨형 편두라고 하는데 왼쪽 뒤통수가 더 기울게 했다. 지금도 산동성과 강소성 북부에서는 아이머리 밑에 책 같은 딱딱한 물건을 받쳐놓아 뒤통수를 납작하게 한다. 이들은 이렇게 하여 머리 모양이 사방형으로 되면 아이가 똑똑해 보인다고 생각한다.[10][11][12][13][14][15]

가야지역에서 편두는 4세기경 일정한 시기에 한해서 시행되었다고 추정하는데 부산대학교 정징원 교수는 하층민에게서 편두가 보이는 것은 당시 미인의 기준이거나 특별한 습속일지 모른다고 추정했다. 언론인 안태용은 신분을 구별하기 위한 방편일지도 모른다고 말했다. 일부 학자들은 편두가 일부에만 국한되었기 때문에 무당과 같은 일종의 특수 신분의 여성들에게 행해진 것이 아닌가 추정하고 있는데 큰 틀에서 편두는 북방민족의 기본 습성으로 이해한다.[16]

---

10) 『소호이야기』, 김인희, 물레, 2009
11) 『역사스페셜2』, 정종목, 효형출판, 2001.
12) 『황금의 나라 신라』, 이한상, 김영사, 2004
13) 以姓參釋種 偏頭居寐錦至尊 語襲梵音 彈舌足多羅之字.
14) 『발해를 다시 본다』, 송기호, 주류성, 2003
15) 『로마제국의 정복자 아틸라는 한민족』, 이종호, 백산자료원
「게르만 민족 대이동을 촉발시킨 훈족과 한민족의 친연성에 관한 연구」, 이종호, 백산학보 제66호, 2003
「북방 기마민족의 가야·신라로 동천에 관한 연구」, 이종호, 백산학보 제70호, 2004
16) 『역사스페셜2』, 정종목, 효형출판, 2001.

제3장 : 각배(角杯)

　가야의 유물 중 잘 알려진 간판은 각배(角杯)이다. 가야의 4~6세기 고분에서 각배가 많이 출토되는 것도 특징인데 각배는 원래 소나 물소의 뿔 또는 코끼리의 상아로 만든 잔을 뜻하나 흙이나 금속을 이용해서 만든 같은 형태의 그릇도 뿔잔 또는 각배라고 한다.

　서양에서는 이런 모양의 용기를 리톤(Rhyton)이라 말하며 각배는 왕-지혜-초(超)자연성과 연관되어 지배자인 왕이 주변 세력들의 부정한 일을 알아내는 힘, 즉 초자연적인 능력을 발휘하게 만들어 주는 물건으로 간주되었다. 특히 한반도에서 금관이 사용되던 시기에 매장의식의 음주가무용으로 사용되었을 것으로 추정한다.

　유럽에서 각배는 기원전 3000년 전 황소를 본뜬 토제품(土製品)이 크레타(Creta)섬에서 만들어졌을 정도로 오래부터 사용되었다. 그 후 에게(Aege)문명권에서 성행하여 근동·이집트에까지 미쳤는데 그리스-로마 시대에 유달리 유행했는데 불가리아의 파나규리슈트에서 출토된 금제품들도 그리스의 수출품이었다.

　각배는 스키타이들의 무덤에서 많이 발견되며 북(北)카프카스의 크루간에서도 발견되는데 이는 북방민족들의 전형이라고도 볼 수 있다. 각배는 그리스-로마세계에서 유달리 유행했는데 각배에 얽힌 다음과 같은 신화가 있다.

'제우스신이 젖먹이 시절에 아말테이아 산양의 젖을 먹고 자랐다. 그 인연으로 아말테이아의 뿔을 가진 자가 원하는 것은 무엇이든, 꽃이든 과일이든 마실 것이든, 그 뿔 안에 가득차게 되어 풍요의 뿔이 되었다.'

유산65-44-2
(가야시대 각배 국립중앙박물관)

유산65-44-1-1
(각배 숭실대학교 이종호)

가야각배(김해국립박물관)

라틴어로 '코르투코피아(cornucopia)'는 풍요로운 뿔이라는 뜻이다. 또한 강의 신 아켈로가 소 형상을 변신하여 헤라클레스와 싸우다가 부러진 뿔이 코르누코피아라 불려서 원하는 것은 무엇이든 그 뿔에서 넘쳐났다는 신화도 있다. 전설에 의하면 그리스로마 세계에서는 각배가 원하는 것은 무엇이든 들어주는 '풍요의 잔' 즉 최고의 행복을 가져다주는 용기로 신봉되었음을 알 수 있다.

각배의 형태는 여러 가지로 단순히 뿔의 모양을 흉낸 것과 잔의 아가리 바로 밑에 좁은 문양대를 둔 것이 있다. 받침은 고배(叩拜)의 배신(杯身)에 구멍을 뚫어 끼운 것과 고리를 만들어 끼운 것, 대각(臺脚)에 납작한 판을 붙이고 그 위에 고리를 만든 것, 꽃모양 접시 바닥에 고리를 만든 것 등이 있다. 또한 대각 위에 바로 뿔잔을 붙인 형태도 있으며, 대각 위에 동물을 만들고 그 위에 뿔잔을 붙인 형태도 있다.[17]

각배는 우리나라의 경우 기원전 약 5000~4000년경에 해당하는 신석기시대의 이른 시기로 추정되는 부산 동삼동 유적에서 흙으로 구운 뿔잔이 처음으로 나타난 후 보이지 않다가 역사시대에 들어와서 주로 낙동강 유역인 가야·신라를 중심으로 갑자기 나타난다.

각배가 세계 각지에 분포될 수 있었던 요인은 스키타이와 흉노 등 기마민족들의 활동 반경이 매우 넓었다는 것을 반증해주는데 특이하게도 신라·가야와는 달리 고구려·백제 지역에선 각배를 사용하지 않았다. 고구려와 백제의 지배층은 대흥안령산맥 동쪽에 살던 부여계(夫餘系)이고, 신라와 가야의 지배층은 대흥안령산맥 서쪽에

---

17) http://m.blog.naver.com/PostView.naver?isHttpsRedirect=true&blogId=chdml2&logNo=140034583488

서 알타이산맥에 이르는 북방민족 출신으로 보는 증거로도 인용된다. 한마디로 북방민족이 한반도로 남천했다는 뜻인데 고구려와 백제도 큰 틀에서 북방계이지만 고구려·백제와 신라·가야가 서로 다른 부족이기 때문으로 추정한다.

여하튼 각배는 신라·가야의 주민사회에서 금관이 사용되던 어떤 의식에 반드시 함께 동반하는 음주가무 행사에 사용되었을 것으로 김병모 박사는 설명했다.

한반도에서 고인돌을 만들던 사회에서는 각배가 사용되지 않았는데 삼국시대에 갑자기 각배가 등장한다. 한국에서 각배를 처음 사용한 사람은 석탈해이다. 『삼국유사』〈탈해왕〉조에 다음과 같은 글이 있다.

'어느날 토해가 토함산에 오르다가 목이 말라 하인에게 물을 떠오라고 했는데 하인이 주인 몰래 물을 마셨다. 그랬더니 각배가 하인의 입에 붙어버렸다. 토해가 이를 보고 하인을 추궁했더니 잘못을 뉘우쳤다. 그래서 각배가 입에서 떨어졌다고 한다.'

토해는 신라 4대왕 석탈해를 말한다. 『삼국사기』에 의하면 석탈해는 왜국 동북천리에 있는 다파나국인으로 완하국(琓夏國) 함달왕(含達王)의 부인이 낳은 알에서 태어나 배를 타고 남하하여 가락국에 도착했다. 그 당시 가락국의 왕은 수로였다. 석탈해는 왕권을 놓고 수로와 다투다가 재주 겨루기에 패하여 신라땅 아진포에 도착했다. 『삼국유사』에 이들 재주겨루기에 대해 다음 같은 내용을 전한다.

'탈해가 바다를 좇아서 가락국에 왔다. 키가 3척이요 머리 둘레가 1척이나 되었다. 그는 기꺼이 대궐로 나가서 왕에게 말하기를, "나는 왕의 자리를 빼앗으러 왔소."하니 왕이 대답했다. "하늘이 나를 명해서 왕위에 오르게 한 것은 장차 나라를 안정시키고 백성들을 편안케 하려 함이니, 감히 하늘의 명(命)을 어겨 왕위를 남에게 줄 수도 없고, 또 우리 국민을 너에게 맡길 수도 없다." 탈해가 말하기를 "그렇다면 술법(術法)으로 겨뤄 보려는가?"하니 왕이 좋다고 하였다. 잠깐 동안에 탈해가 변해서 매가 되니 왕은 변해서 독수리가 되고, 또 탈해가 변해서 참새가 되니 왕은 새매로 화하는데 그 변하는 것이 조금도 시간이 걸리지 않았다. 탈해가 본 모양으로 돌아오자 왕도 역시 전 모양이 되었다. 이에 탈해가 엎드려 항복한다. "내가 술법을 겨루는 마당에 있어서 매가 독수리에게, 참새가 새매에게 잡히기를 면한 것은 대개 성인(聖人)께서 죽이기를 미워하는 어진 마음을 가진 때문입니다. 내가 왕과 더불어 왕위를 다툼은 실로 어려울 것입니다." 탈해는 문득 왕께 하직하고 나가서 이웃 교외의 나루터에 이르러 중국에서 온 배가 대는 수로(水路)로 해서 갔다. 왕은 그가 머물러 있으면서 반란을 일으킬까 염려하여 급히 수군(水軍) 500척을 보내서 쫓게 하니 탈해가 계림(鷄林)의 땅 안으로 달아나므로 수군은 모두 돌아왔다. 그러나 여기에 실린 기사(記事)는 신라의 것과는 많이 다르다.'

상식적인 이야기이지만 인간이 새가 될수는 없는 법이다. 그러나 인간이 동물로 변신하는 이야기는 시베리아 야쿠트족의 샤만들 간의 등급 배기기 작업으로 널리 유행하였다. 이 말은 석탈해와 김수로의 변신 경쟁 내용의 정신적·문화적 고향이 북방 또는 알타이 지역이라는 것을 유추케한다.

석탈해와 각배와의 이야기를 보면 각배가 왕의 소유였고 기원 1세기경 부정한 일을 알아내는 힘을 지닌 초자연적 능력을 지닌 물건으로 인식되었음을 보여준다. 원래 탈해는 신라인이 아니고 배를 타고 바다를 건너온 외국인으로 지혜가 뛰어나 남해왕이 자기 딸을 주고 사위로 맞아들인 인물로 유리이사금이 죽고 나서 신라 제4대 왕이 되었다. 한마디로 지혜롭고 비범하여 왕에 오르는 사람이 각배를 사용했다는 것은 그만큼 각배의 성격을 이해하는데 중요한 단서가 된다.

중국에서도 각배를 사용했다는 기록이 나타나는데 각배는 일상 용기로 사용되기보다는 특수한 경우에 사용되었다고 추정한다. 한자로 쓰여진 옛날 술잔의 명칭에는 반드시 '뿔 각(角)'자가 들어가는데 이는 고대 중국인들이 동물의 뿔로 술잔을 만들어 사용했음을 의미한다. 그런데 주나라 이후 중국에서는 각배의 사용이 유행하지 않았는데 그 이유는 각배가 북방유목민들의 의기(儀器)로 간주되었기 때문이다.

학자들은 각배의 기능을 다음과 같이 설명한다.

① 각배는 사회지도층이 사용하는 용기다. 이스라엘 지역에서는 대관식 때 왕의 머리에 붓튼 기름을 각배에 담았으며 신라의 왕인 석탈해도 각배를 갖고 있었다. 또한 고신라나 가야 왕족의 무덤에서 금관과 함께 각배가 발견된다는 것은 각배가 지도자와 관련됨을 알 수 있다.

② 각배는 물과 직접 연계된다. 중앙아시아 지역에서 각배는 샘물이 나는 곳을 찾는 페가수스(Pegasus)를 조각했으며 석탈해는 동악에서 샘물을 찾을 때 각배를 사용했다. 물은 인간에게 매우 중요하므로 과거부터 샘을 파는 일은 매우 존경받는 기술로 각배가 생명을 유지시키는 어떤 상징적인 물건임을 암시한다.

③ 각배는 신성한 동물과 연계된다는 점이다. 그리스에서는 말, 중앙아시아에서는 말과 산양, 황소 그리고 신라·가야에서는 말과 관련이 있다. 이런 동물들은 인간에게 도움을 주는 동물을 뜻하는데 이들을 신에게 바치는 희생의식에 사용했음을 볼 때 신라나 가야에서도 말을 희생의식에 사용했을 가능성이 높다.

각배를 사용하는 풍습은 중앙아시아와 동북아시아의 스키타이·흉노족으로 연결되는 스텝(Steppe) 지역의 기마민족들 간의 충돌로 인해 발생한 문화 접촉, 그리고 한족들의 세력 확장에 따른 민족이동 과정에서 한반도로 내려왔으므로 가야·신라에서만 각배가 발견될 수 있었다는 뜻이다.

한편 김병모 박사는 각배가 유목민족이 '폭탄주'를 만드는 데도 사용된 것 같다고 설명했다. 현재도 몽골에서 마유주(馬乳酒)를 담은 양푼에다 알코올 도수 100%의 독한 증류주(蒸溜酒)인 '사밍'을 채운 작은 은잔을 던져 넣어 돌려가며 마시는 풍속이 있다. 과거에는 은잔 대신 각배에 '사밍'을 담아 마유주가 든 가죽 포대에 집어넣었다고 한다.[18]

---

18) 『금관의 비밀』, 김병모, 고려문화재연구원, 2012

제4장 : 순장(殉葬)

　현대인들에게 가장 금기시되는 행동은 살인이다. 어떠한 경우라도 살인은 정당화되지 않는다는 것은 자살을 엄밀한 의미에서 살인으로 간주하는 것으로도 알 수 있다. 그만큼 일단 태어난 생명은 어느 누구라도 함부로 빼앗을 수 없다는 인식을 기반으로 한다. 그러나 이러한 현대인들의 상식적인 생각이 과거에도 통용된 것은 아니다. 가장 잘 알려진 것이 살아있는 사람을 죽여서 무덤에 묻는 순장(殉葬)이란 제도인데 이러한 풍습을 지역에 따라 아름다운 미풍양속으로 여기기도 했기 때문이다.

　근대까지 잘 알려져 있는 풍습은 인도의 순장이다. 인도에서는 남편이 죽으면 아내가 따라 분신자살하여 순장되는 '사티'라는 풍습이 있었는데 1829년 법으로 금지되었지만 아직도 일부 지역에서 시행되고 있다. 이 습속은 원래 의례적으로 왕이 죽은 뒤 왕비도 따라 죽음으로써 두 사람이 저승에서 다시 부활한다는 신화와 연결되어 있다. 이와 같이 죽은 사람을 위해 산 사람을 함께 매장한다는

순장(영남일보)

순장(이지펜)

것은 죽은 뒤에도 피장자(被葬者)의 평상시 생활이 재현된다는 믿음에서 나온 것으로 고대세계에서는 매우 익숙한 풍습이다.

순장의 원래 발상지는 고대 오리엔트로 추정된다. 신석기시대인 기원전 7000년경의 예리코(Jericho)유적에서 발견된 남자 시체가 순장된 것이라는 주장도 있지만, 대체로 기원전 3000년경 메소포타미아 지역에서 본격적으로 시행되었다고 추정된다. 예를 들어, 유프라테스강 하류의 우르 유적의 왕묘에서는 59인의 순장자가 발견되었는데, 그 중 6인은 완전무장한 병사, 9인은 화려한 장신구를 가진 여자였다.

오리엔트의 고대문명은 다른 지역으로도 파급되었는데 아프리카, 북아메리카, 인도네시아, 오세아니아 등에서 순장의 흔적이 많이 보인다. 유럽에서는 고대 갈리아(지금의 프랑스)·아일랜드인·불가리아인·슬라브인들에게서도 순장 또는 순사(자원하여 묻히는 것) 풍습이 있었던 것으로 알려졌다.[19]

동양으로 한정한다면 고대 중국에서는 순장제도가 지도자에 따라 생겼다가 없어지는 일이 반복됐다. 중국에서 순장이 성행한 시기는 상나라(은나라)와 서주(西周) 시대였다. 보통 한 무덤에 백 명 가까운 사람들이 순장됐는데 순장자의 수만큼이나 묻힌 방법이 다양하다. 두개골만 매장된 구덩이가 있는가 하면 꿇어앉은 채 살해된 순장자들도 있다. 한 구덩이 안에서 수십 명씩 포개져 매장된 순장자도 발견된다.

순장 풍습은 서주 이후 급격히 감소하는데, 사마천의 『사기』에는 진(秦)나라 무공 20년(기원전 678년)에 66명을 순장했다는 기록이 있다. 학자들에 따라 이 기록을 순장 기록의 시초라고 간주하지만 중국의 하건민(何健民) 박사는 서주 선왕(宣王, 기원전 827~781년)대에도 순장 기록이 있다고 주장했다.[20]

순장제도는 진나라 헌공 원년인 기원전 385년에 폐지됐는데, 진시황이 죽고 난 뒤 즉위한 2세 황제 호해 때 다시 등장했다. 다소

---

19) 「순장」, 한국민족문화대백과사전, 한국정신문화연구원
20) 「중일에 비해 본 한국의 순장」, 김정배, 백산학보 제6호, 1969

과장되었다는 지적도 있지만 그는 시황제의 첩과 지하 황릉을 만든 기술자들을 포함하여 무려 1만여 명을 생매장한 것으로 알려졌다. 그 후 한나라부터 원나라까지는 순장제도가 사라졌다가 명대에 부활한다. 명나라 태조 때 많은 궁인들이 순사했고 성조·인종·선종 때도 순장했다. 청나라 때도 세조가 사망하자 후궁 30명이 순장되었고, 성조(聖祖)때도 40명의 궁녀를 순장하려다 성조가 심히 싫어하여 금지했다는 기록이 있다.

일본의 경우도 순장이 성행했다. 『고사기』에 죽은 사람이 능묘 주위에 담 구실을 한다는 기록이 있을 정도이며, 『일본서기』에는 순사자들을 생매장하였는데 이를 고풍(古風)이라고 적었다. 이는 순장이 일본에 매우 성행했다는 뜻이다. 한국에서의 순장에 대한 기록은 많지 않지만 순장에 대한 실질적인 증거는 상당히 많다.[21]

한국에서 순장의 간판은 가야이다.

가야 지역인 양산군 양산읍 북정리 부부총, 금관가야의 대성동 고분군, 1982년 우연하게 발견된 경상북도 경산시 임당동 고분군에서도 순장의 흔적이 나타난다. 순장묘의 주인공들은 살아 있는 사람들의 목숨까지 무덤 속으로 가져갈 수 있는 절대적인 권력이 있다고 볼 수 있다. 임당동 고분은 5세기에 축조되었는데 당시 신라 경주에서는 대릉원 고분군이 만들어질 때인데 이들은 적석목곽분을 사용한 흉노 계열이다. 학자들은 임당동 지역은 당시에 신라

---

21) 『고분연구』, 강인구, 학연문화사, 2000

에 복속돼 있었다고 설명한다.[22] 물론 임당동고분의 경우 순장의 경우로도 인식할 수 있으나 추가장도 완전히 배제할 수 없으므로 순장이 아닐 수도 있다는 지적도 있음을 첨언한다. 추가장이란 특정한 무덤이 조성되고 그 첫 매장이 이뤄지고 난 뒤에도 추가로 다른 사람을 매장하는 일을 말한다.[23]

유명한 경주의 황남대총의 경우 고분의 구조상 적석목곽분은 추가장이 불가능한데 15세 전후의 여성 치아 16개와 150센티미터 미만의 키를 가진 여성의 뼈가 관 밖에서 수습되었다. 반면에 60세 전후의 남성 머리뼈와 치아 12개가 관 안에서 수습되었다. 그것은 분명 '순장(殉葬)의 흔적'이다. 그런데 근래 순장된 사람이 단 한 사람이 아니라 대략 8~9명에 이르는 순장 흔적이 드러났다고 발표되었다. 애초 발굴단은 순장자가 1명이라고 발표했으나, 1990년대에 들어와 그 유물과 발굴 당시 도면 등을 정리하는 과정에서 무려 10구 가까운 순장자가 있었음이 뒤늦게 밝혀진 것이다.[24][25][26]

<현대인과 다른 고대인의 생각>

순장자들은 어떻게 죽임을 당했을까도 의문이다. 외국의 경우 칼과 같은 무기로 살해하는데 고구려 동천왕의 경우 자발적으로 죽음을 요청했으므로 무덤에 산 채로 들어간 후 영원히 주피장자와 함

---

22) 「순장, 과연 생매장이었나」, KBS역사스페셜7, 효형출판, 2003
23) 「고분연구」, 강인구, 학연문화사, 2000
24) 「순장자들은 어떻게 죽임을 당했을까?」, 김태식, 연합뉴스, 2007.12.30
25) 「역사의 비밀」, 한스 크리스티안 후프, 오늘의 책, 2001
26) 「흉노」, 사와다 이사오, 아이필드, 20079966

께 매장되었을 가능성이 있다.

　일반적으로 순장당하는 사람들은 집권자들로 보아 중요하지 않은 노예나 포로이며, 지배자들이 이들을 강제적으로 순장했다는 것이 정설이다. 그런데 대부분의 순장에 대한 기록은 왕들에 관한 것이므로 순장자들은 거의 궁인·처첩·친속·기타 주종관계의 인물로 구성되어 있다. 이와 같이 현대인들의 상식과 다소 어긋나는 순장자들의 성격은 고대인들의 사후세계에 관한 믿음과도 관련된다. 고대인들은 대부분의 경우 자신이 죽은 후에도 내세에서 현세와 동일하게 살 수 있다고 생각했다.

　왕과 같은 지배자들의 경우 죽어서도 현세와 동일한 신분을 계속 유지할 수 있다고 믿었으므로 무덤에 주인공이 사용하던 물건들을 함께 묻었다. 이들 부장품들을 무덤에 묻는 것으로 모든 것이 해결되는 것은 아니다. 주인공이 생전에 귀한 신분이므로 많은 부장품을 갖고 묻혔지만 이들 부장품들이 죽은 주인공에게 제공되지 않으면 의미가 없었다. 이것은 주인공이 죽어서 매장되었을 때 사후에 누가 그를 보좌하고 섬겨주느냐로 귀결된다. 당연히 이들 부장품을 주인공들을 위해 제공할 사람들이 필요한데 주인공 관점에서 생각한다면 자신이 살았을 때 지근에 있었던 처첩이나 신하들이 직접 관리해준다면 더할 나위 없다고 생각했을 것이다. 그러므로 학자들은 주인공과 함께 매장된 순장자는 노예나 포로 등 주인공과 직접적인 관련이 없는 사람들이 아니라, 주인공과 가장 가까운 사람이

며 신분상 집권층이라고 추정한다.[27]

순장은 가야에서 성행했는데 주체는 연맹장(왕)을 비롯한 가야 소국들의 최고 지배층을 위한 장례 풍습으로 인식한다. 학자들은 순장의 사례를 볼 때 가야 사회가 왕이나 소국 지배층을 비롯한 귀족과 평민 및 노예 등의 3계층 이상으로 이루어져 있었다고 설명한다. 그런데도 국가체제를 만들지 못했다는 것을 미스테리로 인식한다.

그런데 근래 학자들의 순장에 대한 생각은 매우 놀랍다. 순장이 마냥 현대처럼 살인으로만 치부할 수는 없다는 것이다. 순장을 고대 노예제 사회나 전쟁 노예의 성행으로 간주하는 것보다 오히려 순장은 왕이 천신(天神)의 후손으로 여겨지던 세계관과 관계가 깊으며, 당시의 왕권은 주민들의 반(半)자발적 복종에 상당히 의존했다는 것이다.

순장제는 전형적인 중앙 집권적 고대 국가 체제를 완성하지 못한 초기 국가나 그 이전의 소국 연맹체 단계에서 나타난다는 것이다. 그러므로 가야에서 다른 3국보다 유독 순장제가 크게 성행한 것은 각 단위 소국의 권력 및 연맹장의 권력이 강화되었지만 아직 중앙 집권적 지배 체제로는 발전하지 못한 상태에서 나온 현상이라고 인식한다.

김정배 박사는 순장자가 몇 백에서 몇 천 명에 달하는 경우 노예일 경우가 많지만 몇몇 사람에 한정할 경우 노예일 가능성이 낮다고 지적했다. 여기에서 주목할 만한 것은 중국의 『서경잡기』에 피장

---

[27] 「중일에 비해 본 한국의 순장」, 김정배, 백산학보 제6호, 1969

자는 남자 1인인데 100여 명의 순장자 모두 여자라고 기록되어 있다는 점이다. 이것은 주인공인 왕에게 수많은 처첩들이 있었는데 이들을 거의 모두 순장시켰다는 것을 뜻하기도 한다.[28]

이와 같은 설명은 현대인들의 기준으로 볼 때 죽은 뒤에도 살아 있을 때의 생활이 그대로 지속된다는 고대인들의 내세관이 순장이라는 고약한 풍습을 낳았다는 것으로 귀결되기 십상이다. 당연히 순장당하는 사람들이 슬픔과 고통으로 마지못하여 죽음의 길로 들어섰다고 생각한다.

일반적으로 순장당하는 사람들은 집권자들로 보아 중요하지 않은 노예나 포로이며, 지배자들이 이들을 강제적으로 순장했다는 것이 정설이다. 그런데 대부분의 순장에 대한 기록은 왕들에 관한 것이므로 순장자들은 거의 궁인·처첩·친속·기타 주종관계의 인물로 구성되어 있다. 이와 같이 현대인들의 상식과 다소 어긋나는 순장자들의 성격은 고대인들의 사후세계에 관한 믿음과도 관련된다. 고대인들은 대부분의 경우 자신이 죽은 후에도 내세에서 현세와 동일하게 살 수 있다고 생각했다. 당시의 지위와 신분이 사후세계에서도 이어진다면 어차피 죽어서도 현재의 주인에게 봉사해야 한다고 생각하는데, 그렇다면 주인을 따라 죽는 것이 오히려 유리하거나 당연하게 생각했을지도 모른다는 것이다.[29]

---

28) 「중일에 비해 본 한국의 순장」, 김정배, 백산학보 제6호, 1969
29) 「가야 (加耶)」, 한국민족문화대백과사전

제5장 : 북방민족의 한반도 진출 이유

역사적 자료에 의하면 중국과 흉노가 혈투를 벌이는 와중에서 흉노의 일파가 나뉘어 한 일파가 서천하면서 훈족이라는 이름으로 게르만족을 공격하여 게르만족 대이동을 촉발시켜 결국 서로마의 멸망(476년)을 초래했으며 다른 한 일파가 동천하여 가야와 신라 지역에 유입되었다고 설명한다.[30]

가야의 김수로와 신라의 김알지가 흉노계로 한반도로 내려와 정착했다는 것은 가야와 신라사를 이해하는데 결정적인 자료가 되는데 여기에서 한 가지 의문이 생긴다. 중국과의 전투 와중에서 흉노에 속했던 한 부류가 유럽지역으로 서천하여 훈족으로 성장하여 유럽의 게르만민족 대이동을 촉발시켰다는 것은 이해할 수 있지만 또 한 부류가 동천하면서 하필이면 한반도 남부인 진·변한 지역에 정착했는가이다.

흉노의 본거지에서 진·변한 지역으로 내려오기 위해서는 육로와 해로가 있는데 두 경로 모두 만만한 일이 아니다. 진·변한 지역

---

30) 「게르만 민족 대이동을 촉발시킨 훈족과 한민족의 친연성에 관한 연구」, 이종호, 백산학보 제66호, 2003

인 경우 육로로는 우선 막강한 고구려의 영토를 지나 백제를 거쳐야 한다. 물론 강원도를 넘어오는 방법도 있지만 여하튼 이들 장거리 지역을 다수의 사람, 소위 피난민들이 아무런 견제 없이 진·변한 지역까지 도달한다는 것이 만만치 않다는 뜻이다.

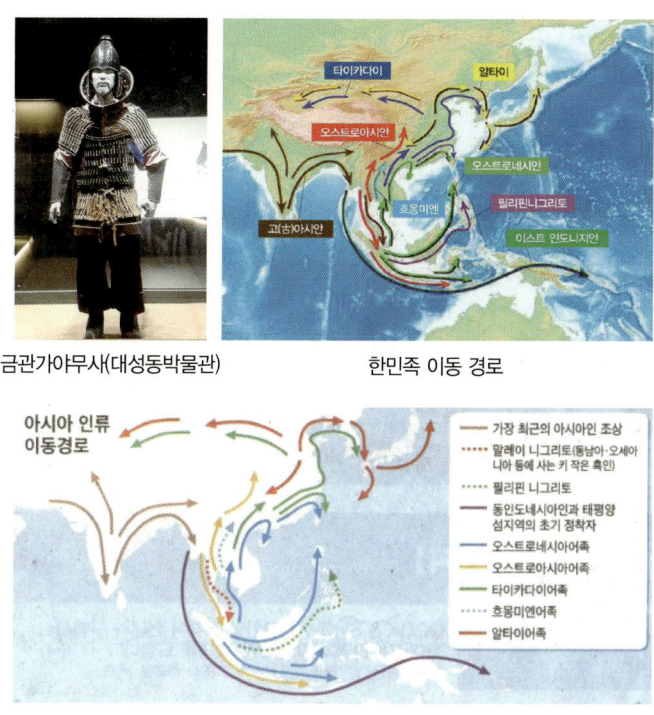

금관가야무사(대성동박물관)   한민족 이동 경로

한민족 이동 경로

해로의 경우도 어려운 것은 마찬가지이다. 중국 연안 지역에서 선박을 타고 왔다면 상식적으로 항구가 있는 백제 지역을 우선할 수밖에 없다는 설명이다.

그러나 중국 북방에서 육지를 통하여 내려왔을 경우 고구려와 백제 지역(강원지역 포함)을 어떻게 통과할 수 있느냐는 의문은 이들 유이민의 숫자가 한 번에 얼마인가에 따라 달렸다고도 볼 수 있다. 과거의 국경이 현재와 같은 체제로 운용되지 않았음은 자명한 일이다. 특히 고구려의 경우 거점 위주로 국가를 운용했으므로 이들 거점을 피하여 소수 집단이라면 한반도까지 내려오는 것이 불가능한 것은 아니라고 볼 수 있다.

그럼에도 불구하고 북방민족의 유이민들이 한반도의 최남단인 진·변한 지역을 최종 종착지로 삼았다는 설명에는 어떠한 연유로 진·변한 지역을 목표로 삼았느냐는 의문이 들게 마련이다. 이 점을 확인해주는 것은 진한 지역에 근거지를 정한 신라 세력의 진입으로 『삼국유사』〈탈해왕〉에 이 당시의 정황을 추론할 수 있는 기록이 있다.

'말을 마치자 그 사내아이는 지팡이를 짚고 두 노비를 이끌고는 토함산 위로 올라가 석총(石塚)을 만들었다. 7일 동안 머무르며 성 안의 살 만한 곳을 살펴보니 초승달처럼 생긴 한 봉우리가 있었는데, 오래 살 만한 땅이었다. 곧 내려가서 살펴보니 바로 호공(瓠公)의 집이었다. 이에 계책을 써서 몰래 그 옆에 숫돌과 숯을 묻어놓고 이튿날 이른 아침에 그 집 문에 이르러서 말하기를, '이곳은 우리 할아버지 대에 살던 집이다'라고 하니, 호공은 아니라고 했다. 다툼이 결판나지 않아서 관에 고하니, 관에서 말하기를, '무슨 근거로 너의 집이라고 하느냐?'라고 하였다. 그 아이가 말하기를, '나는 본래 대장장이인데, 잠깐 이웃 고을에 간 사이에 그 사람이 차지하여 살고 있는 것입니다. 청컨대 땅을 파서 조사해 보십시오'라고 하였다. 그 말대로 하니 과연 숫돌과 숯이 나왔으므로 석탈해는 호공의 집을 빼앗아 자기 집으로 하였다.'

이 이야기는 단순히 탈해가 바다로부터 와서 호공의 집을 빼앗아 왕위에 올랐다는 데에 그치지 않는다. 그가 숫돌과 숯을 가진 대장장이라는 사실은 철기를 가진 이주민을 상징하는 것으로 해석된다. 또한 그가 토함산에 올라가 호공의 집이 살만한 곳이었음을 살펴보았다는 대목은 군사적 요충지를 점령하려 했던 이주 세력의 입장을 잘 보여준다.[31]

결국 호공이라는 기존 토착세력은 이주 세력인 탈해에게 자신의 집과 땅을 빼앗겼다고 볼 수 있다. 이를 풀어서 설명한다면 당시 새로운 철기를 갖고 있다는 것은 강력한 힘과 무기를 가진 것이나 다름없으므로 토착세력들을 제압하는 것은 어려운 일이 아니었을 것으로 추정된다.

김알지와 김수로 시대에 다소 늦은 3세기의 『삼국지』〈위지동이전〉의 글도 진·변한 지역의 중요성을 말해준다.

'이 나라(변진)에서는 철이 생산되는데, 한(漢)·예(濊)·왜인(倭人)들이 모두 와서 가져간다. 시장에서 물건을 사고 팔 때는 철로 이루어져서

---
31) 『조선과학인물열전』, 김호, 휴머니스트, 2003.

마치 중국에서 돈을 쓰는 것과 같다. 이 철은 또 낙랑과 대방의 두 군에도 공급한다.'

이 사료에 의하면 한반도 남부가 동시대에 유력한 제철기지였음을 보여준다.

당시 철기는 북방기마민족으로보아 가장 중요한 전략자원이므로 그들에게 가장 중요한 것은 제철기지를 확보하는 것으로 볼 수 있다. 진·변한 지역에 질 좋은 철광석이 많이 생산된다는 것을 어떤 경로로든 알고 있었다면 북방에서 출발한 석탈해와 김알지, 김수로 등 유이민들이 한반도의 다른 지역을 제치고 가야·신라를 최종 목적지로 삼았다는 것을 이해할 수 있다.

그렇다면 한반도 중부 이남 지역의 어디에서 철이 많이 생산되었는지가 관심사이다.

경기도 가평군 마장리와 양평군 대심리의 철기 유물을 제외하면 삼한(진·변·마한) 지역에서의 최대 제철 유적은 1994년 11월에 발견된 진천 덕산면 석장리 유역이다. 석장리는 차령산맥에서 뻗은 산지 서쪽과 역시 차령산맥 지맥 두타산 동쪽 사이 해발 70~75미터 언덕에 자리 잡고 있다. 황규호는 대지상구릉(臺地狀丘陵)에 자리 잡은 거의 완벽한 '철의 언덕'이라고 적었다.

석장리유적이 한국사에서 중요한 위치를 차지하고 있는 것은 한반도에서는 처음으로 철광석에서 쇠를 뽑아내는 제련에서부터 쇠

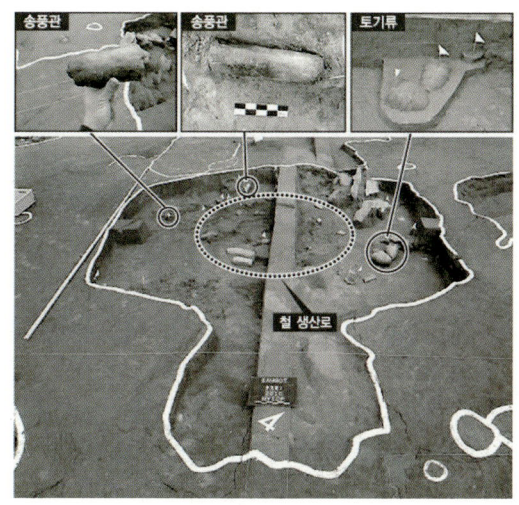

진천 덕산면 석장리 유적

를 도가니에 넣어 녹이는 용해, 쇠를 달구어 두드려서 필요한 물건을 만드는 단야(鍛冶)까지 모든 공정을 다 갖추고 있기 때문이다. 이곳에서 발견된 유적은 각가지 철 생산과 철제품 제작 관련 구조만 모두 36터나 된다.

유적에서 발굴된 화덕 가운데는 도랑이 달린 긴 사각형 상형로도 보인다. 도랑은 쇠 찌꺼기를 빼낸 상형로의 배재구(拜滓溝)로 추정한다. 지름 1.3미터의 원형로 하나는 화덕 벽 한쪽이 트인 채 발굴되었다. 이는 화덕의 열을 올리기 위해 풀무로 바람을 불어넣는 송풍관 설치 공간으로 사용하기 위해 일부러 비워 둔 것이다.

가장 주목을 끈 유물은 완형의 철기를 유적에서 직접 제작하는 데 쓴 것으로 짐작되는 거푸집의 안쪽 틀 범심(范芯) 조각들이다. 쇳물을 부어 쇠도끼를 찍은 것으로 보이는 범심 조각도 발견되었다.

제2부 : 가야의 미스터리 117

이곳에서 송풍관 조각과 쇳물을 녹일 때 사용한 도가니도 나왔다. 도가니는 용해로(鎔解爐)가 존재한 사실을 뒷받침한다.

철의 언덕 석장리를 과학자들이 또 달리 주목하는 것은 철에 관한 과학성이 깃들어 있기 때문이다. 쇠를 녹일 때 쓰기 위해 준비했던 석회석과 짐승뼈, 조개껍질 등이 발견되어 철 생산의 과학성을 입증한다. 이들은 쇠에 함유된 탄소를 낮추는 탈탄제(脫炭劑)나 쇠가 녹아내릴 때의 용융점을 떨어뜨리는 용매제로 사용했다고 추정된다. 쇠의 원료인 철광석과 냇바닥에서 채취한 사철 알갱이도 발견되었다.[32]

이 유적은 3~5세기 무렵의 백제시대의 것으로 밝혀졌지만 고구려에 병합되어 통치된 적이 있으므로 고구려의 영향을 받은 것으로 추정한다. 또한 진천은 철산지가 아니므로 우리나라 3대 철산지 중에 하나인 충주에서 철을 옮겨갔을 것으로 추정한다. 정종목은 고구려·백제·신라가 중원을 중심으로 각축을 벌인 이유 중에 하나가 바로 철 생산 때문으로 추정했다.[33]

<철의 나라 가야>

진천 등을 제외하면 지금까지 발굴된 철기의 유적은 주로 경주지방과 김해 지방에 집중되어 있는데 경주지방은 경주 월성리, 구정리, 임실리 등에서 발견되었고 김해지방은 김해군 양동리, 회현리,

---

32) 「한반도 최대의 석장리 제철유적」, 황규호, 내셔널지오그래픽, 2004년 6월
33) 「역사스페셜(2)」, 정종목, 효형출판, 2000.

동래, 마산 등지에서 발굴되었다.[34]

오늘날 경상남도 남부지방에는 사철이 많이 매장되어 있고 동래와 김해 지방에서 철 생산지들이 발견되는 것도 이 지방이 철광업의 중심 지역의 하나였음을 알려준다. 경남 양산의 물금광산에서는 1990년대에도 철광석을 생산했는데 이곳도 가야의 철산지로 추정한다. 이 일대의 철광석은 자철광으로 철 함량이 75퍼센트를 넘어 그 질이 매우 우수하다.[35]

진수가 3세기에 저술한 『삼국지』〈위지동이전〉의 글은 변한에서 나오는 철이 한(韓)과 예(濊)·왜(倭) 뿐만 아니라 낙랑·대방군까지 공급되었으며, 철이 중국의 화폐와 같이 사용되었다는 기록되어 있는데 마한과 진한에는 철생산과 관련된 기록이 보이지 않는데 비해, 변한과 관련해 철 생산을 특기했다는 점이다. 이는 3세기에 변한 지역에서 월등하게 철 생산이 활발하게 이루어지고 있었음을 의미하는데 학자들의 질문은 곧바로 이어진다. 이들 철 생산지가 어디이냐이다.

근래 고고학적인 성과는 눈부셔 과거와 달리 많은 자료들이 축적되어 있는데 변한과 가야지역의 철과 관련된 유적으로는 김해 여래리·하계리유적과 창원 봉림동 및 성산패총유적, 부산 낙민동 패총유적, 마산 현동유적이 알려진다.

제련장에서 1차적으로 생산된 철들은 정련 과정을 통해 유통에

---

34) 『유물로 읽는 우리 역사』, 이덕일 외, 세종서적, 1999
35) 『역사스페셜』, 정종목, 효형출판, 2000. 『조선광업사』, 리태영, 공업종합출판사, 1991.

적합한 소재로 가공되는데, 그 대표적인 것이 바로 철정이다. 원삼국시대 분묘에서 출토되고 있는 판상철부 또한 형태나 인부(刃部)의 미가공 양상 등으로 미루어 대체로 유통용으로 철정의 범주에 포함시키기도 한다.

한국인들에게 가야의 놀라움은 고분에서 발견되는 엄청난 철정인데 이는 생산이나 소비지보다는 오히려 무덤 부장품으로 중요성을 갖고 있기 때문이다. 한마디로 고분에서 엄청난 철정이 발견된다는 것은 그만큼 철정을 특별대우했다는 뜻이다. 이곳에서는 근래의 성과인 가야의 철 생산유적을 설명한다.

① 김해 여래리유적

이 유적은 김해시 진영읍 여래리 506번지 일대에 국민임대주택이 건설됨에 따라 조사되었다. 진영읍은 행정구역상 동쪽에는 한림면, 남쪽은 진례면, 서쪽과 북쪽은 창원시 동읍과 대산면에 각각 인접하고 있으며, 김해시의 서북단으로서 낙동강 하류 본류역의 우안에 발달한 대산평야의 남단에 위치한다. 이 유적에서는 수십 여기의 수혈유구들이 조사되었는데 제철생산과 관련된 공방지로 추정되는 수혈도 발견되었다.

② 김해 하계리 제철유적

하계리유적은 김해시 응봉산에서 남서쪽으로 뻗어내린 소구릉의 완만한 구릉사면 말단부에 입지하고 있는데 삼국시대의 제련로 1기가 발견되었는데 상부 일부가 양호한 상태로 가야 지역에서 그 구조를 알 수 있는 중요한 자료이다. 잔존양상으로 추정되는 노의 규모는 외부직경 110cm, 내부 직경 80cm가량이다. 평면형태는 원형이며 하부는 반구형으로 축조되었다. 노벽체는 점토로 만들어졌는데 두께는 약 10cm이다. 수습된 철광석에 대한 분석결과, 1차 가열흔이 확인되어 본격적인 조업 이전에 배소시설에서 먼저 가열하였던 것으로 추정된다.

김해 하계리 유적

③ 부산 낙민동 패총유적

이 유적은 부산 광안리 해수욕장의 해안선에서 약 5.5km 거리의 낮은 구릉인 칠산의 남서쪽 끝자락 경사면과 그 앞 저습지 일대에 입지하고 있다. 1967년에 실시된 1차조사에서 패총 가장자리와 철 생산유구 1기가 확인되었고 1968년에 실시한 3차 조사에서 철 생산유구에 대한 정밀조사가 실시되었다. 소위 '철 생산유구'는 반지하식 구조로서 길이 75cm, 너비 25cm, 깊이 18cm 규모로 남아 있고 이 유구 주변에서 소형 노들이 2기 더 확인되었다.

④ 창원 봉림동유적

이 유적은 해발 293.8m와 해발 254m 구릉 정상부에서 각각 서쪽과 남동쪽으로 뻗은 구릉 사면과 그 사이의 곡부 및 남쪽 창원천의 배후습지를 포함하는 지역에 위치하고 있으며, 유적 인근의 봉림천에서 창원천을 지나 마산만까지 이어지는 수운과 접해 있다. 철광석은 대부분 10cm미만의 편으로 퇴적토와 함께 단단히 굳어 있었고 일부는 산화되어 있었다. 원료로 사용된 철광석은 분석 결과 자철광석으로 판명되었으며, 제련로는 내경이 그리 크지 않아 선철을 직접 생산하기보다는 주로 괴련철을 생산하였던 것으로 보인다.

⑤ 창원 성산 패총유적

진해만에서 약 6.6km 거리에 형성된 낮은 독립구릉의 경사면에 패총이 3개 구간에 걸쳐 형성되어 있는데 서남구(A)에서 무문토기층과 원삼국토기층 사이에서 제철유구가 확인되었다. 깊이 15cm, 두께 3.5cm의 철분 함량이 많은 원형유구로서 굴뚝 하부와 유사한 형태를 가졌으며 쇳물이 잘 흘러갈 수 있도록 경사진 흠통 시설도 확인되었다.

⑥ 창원 현동유적

현동유적은 봉화산에서 남동쪽으로 뻗어 내린 사면 말단부와 연결되는 곡간부에 위치하고 있으며, 제철 관련 유구 1기와 폐기장 등이 조사되었다. 제철유구는 원형 평면에 규모가 길이 160cm, 너비 150cm, 깊이 10cm이다. 출토된 철광석을 의도적으로 세분하였다는 점 등으로 볼 때 일반적인 제련로보다는 선광작업을 위한 선광장이나 배소로로 사용되었을 가능성이 높은 것으로 추정하고 있다.

탄소가 섞이지 않은 순철의 용융점은 1,538℃이며, 탄소가 4.3% 가량 혼입되면 철의 용융점이 1,148℃까지 낮아진다. 고대 사회에서 이처럼 고온에서 철을 녹여 주조에 필요한 선철이나 단조를 위한 괴련철을 얻으려면 충분한 열량을 공급할 수 있는 효과적인 연료는 목탄(木炭)이다. 한마디로 목탄 생산 유적은 철 생산과 불가분의 관계를 가진다. 그런데 현재 가야 지역에서는 이 시기에 사용된 것으로 알려진 목탄 생산유적이 김해 본산리·여래리와 창원 사림동, 함안 신음리 유적 등이다.

문헌자료가 거의 남아 있지 않은 가야에 대한 연구는 1980년대 이후 고고학 조사에 힘입어 그 실체가 상당 부분 밝혀지고 있음은 고무적인 사실이다. 특히 창원 봉림동유적에서는 내경 85cm 규모의 원형 제련로뿐만 아니라 정련이나 단련단야에 사용된 것으로 보이는 단야로 등 철 생산과 관련된 다양한 형태의 노들이 조사되었다. 이로 보아 봉림동유적에서는 제련에서 정련 단야에 이르기까지 일관된 철 생산공정이 이루어졌으며, 생산된 철을 주변지역에 공급하는 중요한 생산기지 역할을 하였던 것으로 볼 수 있다.

지금까지 동남부 가야지역에서는 고분을 중심으로 1,200여 점의 철정이 출토되어 2,000여점 이상이 출토된 신라지역과 함께 중서부나 서남부지역의 출토량을 압도하고 있다. 이러한 철정의 출토량은 신라·가야 지역의 철 생산 양상을 대변하여 주는 것이라 할 수 있다.[36]

대가야 시대의 갑옷과투구
(고령군)

---

36) 「가야 철생산」, 성정용, 가야사총론-연구총서3권, 2018

북방기마민족이 어떠한 연유로든 동천하면서 자신들이 정착할 지역으로 자신들이 보유하고 있는 제철기술이 발휘될 수 있는 지역을 찾는 것은 가장 시급한 일이라 볼 수 있다. 북방민족이 동천할 때 고구려와 마한(백제)은 상대적으로 강력한 국가가 존재하고 있으므로 이들의 영향력이 비교적 미치지 않고 상대적으로 취약한 기반을 갖고 있는 진·변한 지역을 선정하여 신라와 가야의 터전을 마련했다는 것이 자연스러운 추론으로 생각된다.[37)38)]

---

37) 「한국문화의 뿌리를 찾아」, 존 카터 코벨, 학고재, 1999.
38) 「김해대성동고분군」, 경성대학교박물관 연구총서, 경성대학교박물관, 2000

제6장 : 3국에 들지 못한 가야

　가야사의 가장 큰 미스터리는 삼국 즉 고구려·백제·신라와 더불어 한반도에서 몇 백년 동안 존재하고 있음에도 이 기간을 4국시대로 하지 않고 삼국시대로 부른다는 것이다.
　사실 이처럼 골머리 아픈 문제는 없는데 우선 김부식이 12세기에 『삼국사기』를 편찬할 당시 가야에 대한 기록이 남아있었는지는 불분명하다. 가야가 신라에 멸망한 지 500여년이나 지났기 때문에 자료가 거의 없다는 것은 충분히 이해되지만 가야처럼 철저하게 기록이 없다는 것은 비정상적이지 않을 수 없다.
　그런데 가야에 대한 이야기는 『일본서기』 등에 많이 기록되어 있다. 문제는 이들 기록을 전적으로 믿을 수 있느냐이다. 한마디로 기록 자체가 심하게 왜곡되었을 가능성이 높다는 것인데 이는 여러 면에서 충분히 수긍가는 이야기다. 이에 한국학자들이 『일본서기』에 적힌 내용을 비판적으로 이용하면 가야사를 상당 부분 복원할 수 있다고 설명하는데 이는 고고학 자료들이 첨가되기 때문이다.
　가야 지역에 대한 유물 발굴들이 대대적으로 진행되면서 가야가 삼국에 못지 않은 수준에 도달했다는 것이 서서히 드러나는데 특히 가야가 신라에 대등했다고 설명한다. 『삼국사기』에 102년 신라 파사왕 집권시 이런 글이 보인다.

'음집벌국과 실직곡국이 국경 문제로 다투다가 왕(파사왕)에게 와서 결정해 줄 것을 요구하였다. 왕이 이 문제를 해결하기 어렵다고 여기고, 금관국 수로왕이 나이가 많고 아는 것이 많을 것이라고 생각하여 그를 불러와 물었다. 수로가 의견을 내어, 다투던 땅을 음집벌국에 주도록 하였다. 이에 왕은 6부로 하여금 수로왕을 위하여 연회를 베풀도록 하였다.
5부는 모두 이찬으로 우두머리를 삼았는데, 오직 한지부(漢祇部)만은 직위가 낮은 자를 우두머리로 삼았다. 수로가 노하여 그의 종 탐하리를 시켜 한지부의 우두머리 보제를 죽이고 돌아갔다. 보제의 종이 도망하여 음집벌주 타추간의 집에 의탁하였다. 왕이 사람을 보내 그 종을 찾았으나 타추가 돌려 보내지 않았다. 왕이 노하여 군사를 동원하여 음집벌국을 공격하니, 그 우두머리가 자기의 무리와 함께 스스로 항복하였다.'

다소 어지럽지만 내용은 간단하다. 수로왕의 연회에 5부는 모두 신분이 높은 사람을 보내 수로왕을 접대케 했지만 한지부는 신분이 낮은 자를 보내자 수로왕이 발끈하여 군사를 동원해 이들을 응징했다는 내용이다. 이 내용 자체를 믿을 수 없다는 주장도 있지만 여기에서 몇 가지 중요한 사실이 제시된다.

우선 신라왕이 가야왕에게 자기 나라 문제를 부탁하여 해결했다는 점이다. 이는 가야가 주변국인 신라의 문제를 해결해줄 정도로 대외적으로 권위가 있었음을 보여준다. 특히 수로왕이 신라 지도자 한 명을 살해했음에도 신라가 이에 대한 보복조치를 하지 못했다는 뜻인데 이는 가야가 신라보다 우월한 위치에 있었다는 것을 보여준다.

가야가 이처럼 신라에 결코 못지 않은 위세를 갖고 있었지만 한국사는 가야를 조연급으로 출연시킨다. 이 문제를 학자들이 걸고 넘어졌다. 학자들은 어느 시기부터, 변한지역에서 소국들이 결집된 연맹체 전체를 가야라고 불렀다는데 주목한다. 잘 알려진 금관가야, 아라가야, 고령가야, 소가야(고성), 비화가야(창녕) 등도 소국이라 할 수 있는데 가야의 시조인 김수로가 세운 금관가야가 초기에 주도권을 잡았다는데는 이견이 없다.

그러나 여러 정황이 복합적으로 작용하여 532년 금관가야가 신라에 투항하고 이어서 30여 년 후인 562년 대가야가 신라장군 이사부에 항복함으로써 가야는 역사의 무대에서 사라지는데 가야의 발족이 기원 전후로 생각한다면 적어도 500여 년 간 삼국과 함께 존재했음을 의미한다.

가야가 한반도 남부의 낙동강 유역에 흩어져 있던 소국들로부터 출발하였다는 것은 진수의 『삼국지』〈위지동이전〉으로 알 수 있다. 진수는 3세기 경한반도에 마한·진한·변한이 있는데 이들은 각각 54개·12개·12개의 국가들이 있었다고 적었다. 오늘날의 군이나면 단위 정도에 해당하는 이들을 '작은나라'란 의미에서 '소국'이라 불렀는데 소국이란 주변에 있는 다른 소국의 간섭을 받지 않고 모든 문제를 스스로 해결하는 독립적인 정치체였다. 즉 소국 내에 군장(君長)과 관료는 물론 농민, 노비를 비롯하여 각종 공공건물도 갖추고 있었다.

그런데 철기 보급이 확대되면서 소국 내부에도 변화가 일어나기 시작했다. 철로 만든 농기구의 사용으로 노동력이 절감되고 생산력이 증가했고 군사력도 팽창했다. 자연히 소국 간에 소통이 활발해지는데 이는 소국간에 무력충돌로 다른 소국을 제압하거나 제압당했다. 이런 과정이 반복됨으로써 강한 소국이 약한 주변 소국들을 지배하기도 했지만 이들이 소국들을 완전히 흡수하여 직접 지배할 정도의 힘을 갖지 못했다는 점이다. 때문에 주변의 약한 소국들과 연맹관계를 맺어 상호공존의 원칙을 견지했다. 물론 그중에서도 약한 소국들은 강한 소국에 일정량의 공물을 제공했겠지만 과거와 같이 독립적으로 소국을 유지할 수 있었다.

가야와 마찬가지로 고구려·백제·신라도 초창기에는 소국연맹체를 형성했다. 그런데 삼국은 소국연맹체 단계에서 더 나아가 중앙집권적인 국가로 발전하는데 성공했다. 즉 각 연맹의 맹주국들은 세력이 강해지자 자신들의 힘을 바탕으로 주변의 소국들을 완전히 통합한 후 직접 통치했다.

사실 이 문제는 간단한 일이 아니다. 소국연맹 단계에서는 다른 소국들의 독립성을 어느 정도 인정하는 간접통치가 불가피하다. 그러나 보다 효율적인 정치운용을 위해서는 전국을 네트워크화하여 직접 통치하는 것이 가장 합리적이지 않을 수 없다. 이를 위해서 왕권을 강화하고 율령을 반포하여 각종 제도를 정비하고 관리들을 직접 휘하 지방에 파견하여 체제의 기반을 다졌다.

백제는 3세기의 고이왕대부터 본격적을 체제정비에 착수하여 근초고왕 때 일단락을 이룬다. 신라도 4세기 후반 내물왕대부터 왕권을 강화시켜 6세기 법흥왕대에 체제정비를 거의 완료한다. 고구려는 이보다 훨씬 먼저 집권체제를 정비했다.

김해지역은 지리적으로 낙동강 하류에 위치하여 해상과 내륙을 연결하는 교통의 중심지였다. 낙동강을 따라 경상도 내륙지방과 쉽게 교류할 수 있고 바다를 통해 중국 군현이나 왜와 무역할 수 있는 요충지였다.

금관가야는 이런 자원 조건과 지리적 이점을 활용하여 일찍부터 중국의 선진문물을 받아들였다. 또한 철과 함께 이들 선진문물을 여러 가야 소국에 전해주었다. 한마디로 이런 중계무역을 통해 경제력을 갖춘 금관가야는 소국들의 대외교역을 통제하면서 가야연맹 맹주국으로서의 지위를 유지했다.

그런데 5세기 전반 신라의 급속한 성장으로 낙동강 방면으로 세력을 뻗치자 남해안의 가야소국들이 연맹에서 이탈하였고 신라에 항복하는 사태가 벌어졌다. 한마디로 금관가야가 강력한 집권체제를 갖추기 전에 가야연맹이 와해되고 금관가야는 532년 신라에 투항한다.

김해지역을 중심으로 한 전기가야연맹이 해체되자 이를 이어받은 곳이 고령의 대가야이다. 대가야도 연맹체를 구성하여 맹주 노릇을 했으나 554년 백제와 연합하여 신라의 관산성을 공격하였으나 예상치 못한 패배를 당한다. 승세를 굳힌 신라는 창녕지역까지 진출하여 행정관서를 설치하고 대가야를 위협하자 결국 562년 신라에 항복하여 가야는 역사에서 사라진다.

이와같은 격변에 가야가 적절한 대책을 강구하지 못한 것은 전기가야든 후기가야든 연맹체의 주도 세력만 바뀌었을 뿐 멸망할 때까지 연맹형태를 벗어나지 못했다기 때문이다. 한마디로 가야가 고구려 · 백제 · 신라와 구분되어 다루어지는 이유는 삼국과 같은 중앙집권적 통치체제를 형성하는 데 실패했기 때문이다. 즉 가야연맹에 속한 소국들은 각기 정치적인 독자성을 유지한 것은 물론 문화적으로도 다른 지역과 통합을 이루지 못함으로써 국가로 발돋움하는데 근본적인 한계를 갖고 있었다는 뜻이다. 한마디로 가야가 삼국이 아니라 4국의 일원으로 들어가지 못한 이유다.[39]

---

39) 『문답으로 엮은 한국고대사 산책』, 한국역사연구회고대사분과, 역사비평사, 1994

제7장 : 군사 강국 가야, 고구려에게 패배한 요인

중국 세력에 직면하여 고구려는 한편으로는 경쟁하고 다른 한편으로는 으르렁거리며 지냈다. 중국이 타국에 비해 우월성을 보이는 것은 압도적으로 많은 인원을 동원할 수 있는 병력의 수(數)다. 물론 전쟁은 장병의 수만 많다고 반드시 승리하는 것은 아니지만 중국의 역사에서 볼 때 대규모 인해전술과 물량작전을 펴서 실패한 경우는 퍽 드물다. 그러나 중국은 고구려를 상대해서는 거의 모든 전투에서 패배했다. 고구려가 중국에 맞서 싸울 수 있었던 것은 우선 중국보다 앞선 철기문명을 바탕으로 우수한 장비를 부단히 공급할 수 있었고, 산성전투와 청야전투 등을 활용하면서 공격군에게 치명상을 주었기 때문이다.

고구려는 강력한 군사국가였다. 고구려사람 특유의 야망과 기상은 드넓은 중원 대륙을 마음껏 뛰어다니기에 부족함이 없었으며, 한편으로는 끊임없이 도발해오는 외부의 적들을 막아내는 전쟁을 마다하지 않았다. 이와 같이 고구려가 막강한 군사국가로 발돋움할 수 있었던 핵심은 개마무사라는 특수군이 있었기 때문이다. 고조선과 부여의 우수한 철기 제작기술을 이어받고 한층 발전시킨 고구려는 개마에 필요한 철은 물론 각종 장비를 강철로 만들었다. 고구려가 아시아 대륙을 휩쓴 불패의 제국을 건설할 수 있었던 것, 즉 고구려의 불가사의는 다른 나라가 따라올 수 없는 뛰어난 과학기술이 있었기 때문이다.

고구려의 주력부대는 '개마무사(鎧馬武士)'로 구성되어 있었다. '개마(鎧馬)'란 기병이 타는 말에 갑옷을 입힌 것을 말하며 개마에 탄 중무장한 기병을 '개마무사'라고 불렀다. 오늘날 개마무사라는 단어에 익숙하지 않지만, 함경도에 있는 개마고원이 고구려의 개마무사들이 말 달리던 곳이라는 점에서 유래한 지명이라는 점을 고려하면 개마무사라는 단어가 과거에 우리 민족에게 익숙한 단어였음을 짐작할 수 있다.

기병이 아무리 용맹하더라도 말이 부상당한다면 전투력이 저하될 수밖에 없으므로 말의 안전은 기병 못지않게 중요하다. 그러므로 고구려 기병의 경우에는 말까지 철갑옷으로 무장시켰다. 개마무사가 5.4m가 넘는 창을 어깨와 겨드랑이에 밀착시키고, 말과 기사의 갑옷(70여 킬로그램)과 체중에 달려오는 탄력까지 모두 합하여 적에게 부딪치면 보병으로 구성된 적군의 대형은 무너지게 마련이다. 철투구와 철갑옷으로 무장하고 말에게까지 철갑옷을 입힌 고구려의 중무장 기병들은 적에게 공포와 위협의 상징이었다. 개마무사들은 전투 제일선에서 적진을 돌파하는 돌격대였고 방어전에서는 전면에서 적의 공격을 방어하는 방호벽이었다. 개마무사는 현대로 치면 탱크와 같은 역할을 수행했다. 개마무사들은 적의 활 공격은 물론 웬만한 창으로도 피해를 입지 않았으므로 고구려군은 백전백승할 수 있었다.

개마무사3
(철갑으로 무장한 개마무사)

242년 고구려의 동천왕은 철기병 즉 개마무사 5,000명을 동원하여 중국 삼국시대의 위나라를 공격하여 승리했다. 서양에서 개마는 13세기에야 나타난다. 1221년 페르시아의 우르겐지에서 몽고족과 전투를 벌였는데 이때 다량의 개마가 출현한 것이다. 이로 미루어 고구려의 개마가 얼마나 빠른 시기에 도입되었는가를 알 수 있다. 고구려의 경제력과 말 갑옷과 같은 우수한 장비의 대량 생산이 고구려의 국방력을 급속히 강화하고 그 영향력을 세계적으로 펼치는 데 큰 기여를 했다고 볼 수 있다.

개마무사의 철갑옷은 찰갑과 판갑으로 나뉘는데 고구려의 철갑옷과 철모는 대부분 물고기비늘처럼 얇은 철판을 네모나고 잘게 잘라 가죽으로 이어 제작한 찰갑(札甲) 형태다. 반면에 경주와 가야의 땅에서 발견되는 철갑옷은 대체로 너른 철판을 이용한 상체 보호용 판갑(板甲) 형태다. 투구, 목가리개, 손목과 발목까지 내려덮은 갑옷을 입으면 노출되는 부위는 얼굴과 손뿐이다. 발에도 강철 스파이크가 달린 신발을 신는다.

개마무사5-1
(고구려 장수)

철투구와 철갑옷을 입은 무사를 태우는 고구려 개마는 크게 세 부분, 즉 말의 머리에 씌우는 말투구, 말갑옷, 말장구로 나뉜다. 말투구는 말머리 부분을 보호하기 위한 것으로 통철판을 말머리 모양으로 오려서 둥그렇게 감싸 덮었다. 콧구멍 부분은 드러내거나 숨을 쉴 수 있도록 주름을 잡았고 타격을 받지 않는 부분은 그대로 두었다.

말과 사람을 위한 갑옷을 강철로 만든다는 것은 결코 간단한 문제가 아니다. 이를 위해서 개마를 만들 수 있는 철 기술과 아울러

경제력이 뒷받침되어야 한다. 고구려에서 다른 나라보다 먼저 철기가 발달한 것은 고구려에서 질 좋은 철광석이 많이 생산되는데다가 고조선으로부터 뛰어난 제련기술을 이어받은 뒤에 그 기술을 한층 더 발전시켰기 때문이다.

세계적으로 볼 때 기원전 25세기경 현재 이라크의 메소포타미아 지역에서 발달했던 수메르에서 철기를 만들었으며 이란, 팔레스티나 등지에서는 기원전 1200~1000년경에 연철을 열처리하여 강철을 만들었다는 것이 정설이다. 고대 유럽에서 생산된 철기는 전부 연철(시우쇠, 단철이라고도 하며 탄소 함량은 0.035% 이하)이고 주철(선철이라고도 하며 탄소 함량은 1.7~4.5%)은 그보다 늦어 14세기경 독일의 라인 지방에서 처음 대량으로 생산되었다. 강철(탄소 함량 0.035~1.7%)은 선철의 경우 보다 높은 온도 즉 보통 1,500도 이상에서 가열하여 탄소와 그 밖의 원소들을 연소시키는 방법을 사용한다. 강철을 만드는 비법은 철의 용융점이 1,539도이므로 제련로 안의 온도를 1,500도 이상 올려야 한다.

한민족이 생산한 강철이 주목받는 이유는 간단하다. 당시에는 서아시아에서도 강철이 생산되기는 했지만 저급품이었다. 그런데 한민족이 생산한 강철은 고온의 용광로에서 직접 얻은 질 좋은 것으로 세계 어느 나라에서도 확보하지 못한 기술이었다. 그 연대도 무려 기원전 12세기로 거슬러 올라간다.

고구려 동천왕이 개마무사 5,000명을 동원했다는 것이 얼마나 대단한지는 그들을 무장시키기 위한 철의 양을 보아도 알 수 있다. 개마무사 1인 당 말 갑옷 최소한 40킬로그램, 장병의 갑옷 무게

20킬로그램, 기타 장비 10킬로그램을 휴대한다고 해도 최소한 70킬로그램의 철이 소요된다. 이런 식으로 5,000명을 무장시키려면 단순하게 계산하더라도 350톤의 철이 필요하며 예비량을 가정한다면 최소 500여 톤이 있어야 한다. 현대의 제철 기술로는 500여 톤이 그다지 크지 않다고 생각할지 모르지만 약 1800년 전에 이 정도로 많은 양의 철을 생산한다는 것이 얼마나 어려운지를 상상할 수 있을 것이다.[40]

<가야의 패배>

가야는 김수로를 뜻하는 금관가야를 중심으로 3국과 함께 600년 이상 한반도에서 한때 한반도 남부의 패권을 노리던 군사 강국이었다.

학자들은 신라와 가야가 존속했던 초기에 해당 지역에서의 영향력은 신라보다 가야가 더 컸다고 인식한다. 이와 같이 가야가 강국으로 발전할 수 있었던 것은 철 생산을 통해 막대한 부를 축적했고 이것을 바탕으로 군사력을 키웠기 때문으로 추정한다.

4세기 무렵부터는 이전의 무기류 발달에 따른 반작용으로서 무구류가 획기적으로 발달하였다. 사실 철제무기류는 기능적인 면을 빼고 본다면 형태상으로 상당히 단순한 편이다. 철의 내구성을 강화하여 선진무기의 형태를 모방하면서 기능을 증진한 것으로 이해할 수 있다. 반면에 철제 갑주류는 인체의 곡률을 최대한 감안하여 실용적인 디자인을 하지 못하면 착용하기 곤란하다. 따라서 철을

---

[40] 「복천동고분군 이야기」, 부산광역시립복천박물관, 2004

자유롭게 다룰 수 있는 고도의 기술력과 함께 다양한 기술이 접목되어야만 완성할 수 있는 당대 최고기술이 혼합된 기술의 결정체로 볼 수 있다.

무기는 기능에 따라 공격용과 방어용으로 나뉘어진다. 공격용 무기에는 칼, 검, 창, 화살 등이 있고 방어용 무기에는 갑옷, 투구, 목가리개, 방패 등이 있다. 방어용 무기 가운데 갑옷은 장병이 가장 치명상을 입기 쉬운 몸통인 가슴과 등을 칼, 화살촉으로부터 방어하는 중요한 무구이다.

가야갑옷(김해국립박물관)

가야 갑옷과 투구

가야도 기마부대에 철갑을 공급해 중기병을 양성했다. 그런데 가야의 중기병은 고구려와 차이가 있다. 고구려는 말까지 갑옷을 입힌 개마병사인 반면 가야는 그 당시 동아시아의 일반적인 갑주로 비늘모양 철판을 끈으로 연결한 찰갑(札甲)이 아니라 가야의 간판인 여러 모양의 철판을 연전하여 만든 판갑(板甲)을 착용했다.

찰갑은 피갑, 즉 가죽 위에 쇠를 덧씌운 것이고 판갑은 큰 철판을 앞뒤로 이어 몸을 둘러싸는 것이다. 일반적으로 판갑을 착용한 부대를 단순히 중기병이라 하고 찰갑을 사용한 부대를 중갑기병이라고 한다. 찰갑은 창검에 대한 방어력이 다소 떨어지지만 쇳덩이들이 분리되어 있기때문에 착용하고도 비교적 자유롭게 움직일 수 있다.

반면에 가야의 간판인 판갑은 4세기 전엽경에 처음으로 등장한다. 4세기 중엽에는 부산, 김해, 경주 등 영남의 동남지역에서 나타난다. 4세기 후반부터 철판의 종류가 다양해지고 못 또는 가죽끈으로 연결한 갑옷이 만들어진다. 그리고 갑옷의 앞부분 또는 뒷부분에 고사리모양의 철판을 오려붙여 장식한 것도 있다.

판갑옷의 경우 철판은 1밀리미터 가량으로 입고 벗기 편하도록 경첩을 달아 양쪽 판이 열리고 닫히게 되어 있다. 많은 사람들이 사진만 보고 갑옷의 무게 때문에 실전에서 제대로 사용할 수 있을까 질문하지만 생각보다는 무겁지 않고 몸을 움직이는데도 불편하지 않다. 그러므로 가야 무사들이 철투구, 목가리개, 팔뚝가리개, 다리가리개를 하면 거의 완벽한 방어가 가능하다.

김해 퇴래리 판갑옷의 경우 27개의 조각으로 되어 있으며 연결했을 때 곡면처리가 되도록 입체적으로 재단되어 있으며 오늘날 리베팅(rivetting)과 같은 방법으로 연결했다. 갑옷에 사용된 못은 80개가 넘으며 일일이 리베팅했다. 종장판판갑은 비교적 이른 시기의 것으로 긴 철판을 세로로 리베팅했지만 작은 비늘 모양의 철판 조각을 연결하는 등 가죽갑옷이 대부분이던 시기에 이런 철갑옷을 만들었다는 것은 당시의 철기 제작이 얼마나 발달했는지를 알 수 있다.

학자들이 주목하는 것은 종장판판갑은 4세기와 5세기 전반까지 유행하였는데 지역성이 강한 유물로 영남지역에서만 발견된다는 점이다. 대개의 갑옷들이 지역을 초월하여 파급되는 경향이 있음에도 불구하고 종장판갑의 분포지역은 영남지방을 벗어난 사례 즉 실물자료가 아직도 확인되지 않았으므로 가야지역에서 독자적으로 발전된 것으로 추정한다.

여기에서 주목할 것은 종장판갑을 제작할 때 리벳팅기법을 사용했다는 점이다.

철판을 연접하기 위하여 가죽끈을 사용한 것이 아니라 못을 사용하여 지판을 연결한 것이다. 한마디로 당시로서는 엄청나게 독창적인 시도인데 이는 영남지역의 철기제작기술이 다른 지역에 비하여 선진성을 갖고 있었기 때문이다.

여하튼 판갑은 등장과 동시에 영남지방 지배계층의 중요한 개인 방어구가 되었고, 뿐만 아니라 그들의 권위에 대한 상징적인 용품으로 간주되었다. 당시 판갑이 실용품 이상의 의미를 지니고 있음을 보여준다. 그중에 고사리문양과 새모양, 동물 깃털 등으로 장식

대 가야 갑주

대 가야 갑옷과 투구

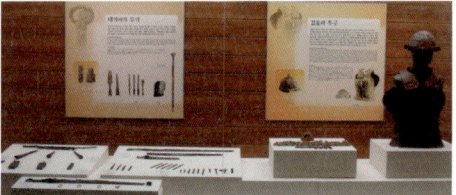
대 가야 무기류

된 것들이 많은데 이것은 착용자로 하여금 상대와 자신을 차별화하는 위신재로서의 기능을 강조한 것으로 추정한다. 전장에서도 착용자의 신분을 강조하는 도구로서 종장판갑의 장식성을 활용하였다. 그러나 종장판갑은 부장용으로 제작되기 이전에 실제로 사용하기 위해 만들어졌고, 이후에 착용자의 사망에 따라 그의 무덤에 부장된 것으로 추정한다.[41][42][43]

가야의 주력군은 기마병으로 경무장의 궁병과 창병, 중무장 보병과 중기병이 혼합된 탄탄한 전력을 갖고 있었다. 여러 해를 거쳐 신라를 공격하던 가야는 마침내 399년 왜와 함께 신라를 공격하여 신

---

41) http://contents.history.go.kr/mobile/kc/view.do?levelId=kc_r100010&code=kc_age_10
42) 「김해대성동고분군」, 가야고분군추진단
43) 「가야문화권」, 국립가야문화재연구소, 2019

라를 거의 멸망의 단계까지 몰아갔다. 이때 고구려의 광개토대왕이 5만의 정예병을 급파했고 고구려군과 가야의 중기병이 격돌했다. 가야는 고구려군을 발견하자 조금도 주저하지 않고 수천 명의 중기병으로 돌격했다. 개마무사는 현대전에서 탱크와 같은 위용을 갖고 있으므로 밀집공격할 때 보병이 대항하는 것은 만만치 않은 일이다.

그런데 그들의 앞에 나선 것은 고구려의 역전의 명사 개마무사가 아니라 맥궁으로 무장한 고구려 궁사들이었다. 중국과의 혈투에서 습득한 노하우로 장착한 고구려이므로 가야에 한 수 위로 대비한 것이다. 그러나 판갑옷으로 무장한 가야의 중기병들은 고구려의 화살들이 판갑옷을 관통할 수 없을 것으로 생각하고 돌격을 멈추지 않았다. 가야군들이 고구려가 자랑하는 활의 위력을 무시한 것은 곧바로 치명상이 되었다. 가야의 중기병들은 하나둘씩 쓰러졌고 결국 무방비 상태가 되자 고구려의 개마무사들이 뛰쳐나와 가야군을 공격했다. 이 전투의 결과 가야군은 중기병과 보병 할 것 없이 거의 모든 병력을 잃었는데 이 전투가 남해안 대전이다. 이 전투를 통해 가야 연맹의 맹주였던 금관가야는 하향곡선을 그리며 현 부산지역에 해당하는 영토를 신라에게 빼앗긴다. 멸망 직전의 신라는 광개토대왕의 도움으로 기사회생하고 영남지역의 패권을 장악하고 결국 삼국을 통일하는 강력한 국가로 발전한다.

물론 가야가 광개토대왕에 패했다 해서 곧바로 멸망한 것은 아니다. 금관가야는 대가야에게 패권을 물려 주었지만 여기에 고구려의 찰갑의 위용을 실감한 가야 여러 국도 찰갑으로 무장했다. 그러나 삼국의 정황은 가야에 유리하게 작용하지 않아 가야의 맹주가 된 대가야는 200년을 더 계속하다 신라에 멸망한다.[44]

---

44) 『조선광업사』, 리태영, 공업종합출판사, 1991
『신라 법흥왕은 선비족 모용씨의 후예였다』, 장한식, 풀빛, 1999
『전통 속의 첨단 공학 기술』, 남문현 외, 김영사, 2002
『전쟁으로 보는 한국사』, 김성남, 수막새, 2005
「완벽한 무장세트」… 韓·中·日 3국 중 첫 발굴」, 최영창, 문화일보, 2009.06.02
「불의 힘, 숯과 다시 통하였는가」, 강숙희, 행복한 E, 2009. 1·2월

제3부

고분의 종류와 구조

제1장 : 옹관묘(甕棺墓)

제2장 : 목관묘(木棺墓, 널무덤, 土壙墓)

제3장 : 목곽묘(木槨墓)

제4장 : 수혈식석곽묘(竪穴式石槨墓)

제5장 : 횡구식석실묘(橫口式石室墓)

제6장 : 횡혈식석실묘(橫穴式石室墓)

고분(古墳)은 지하 또는 지상에 매장 시설을 만들어 시신을 안치하고 그 위에 흙이나 돌 등을 높이 쌓아 올려서 만든 무덤을 통칭한다. 고분은 죽은 자의 안식처로 사람이 사체를 의도적으로 처리한 흔적은 후기 구석기 시대부터 확인된다. 매장 방법은 크게 토장, 수장, 풍장, 화장의 형태로 이루어진다.

우리나라는 신석기 시대, 청동기 시대를 거치면서 인간 집단과 그 구성원 내에 계급이 분화되면서 무덤의 구조, 규모, 부장 유물의 위계화가 나타난다. 신석기 시대에는 토장묘와 옹관묘가 있고 청동기시대에는 고인돌이 주체가 되었으나 기원전 4~기원전 3세기에 한국식동검과 철기문화가 전래된다. 됨에 따라 고인돌 대신에 새로운 묘가 등장한다. 초기 철기 시대 지배자 무덤에는 간혹 동검을 비롯한 각종 철제 무기류와 청동 거울과 청동 방울을 중심으로 한 각종 제의류, 특히 철제 무기류가 두드러진다.

이들 철기분화가 도입되자 그동안 무덤의 주류였던 고인돌은 사라지고 목관묘와 목곽묘, 옹관묘 등이 등장한다. 삼국 시대에 들어오면 가야와 더불어 지배 계층의 고총 고분이 등장하고 부장 유물이 극대화되지만 옹관묘, 목곽묘, 석곽묘의 형식도 이어진다. 특히 신라의 왕릉급 무덤인 황남 대총 남분에서는 3만여 점의 부장유물이 출토되어 고분을 중심으로 당시 사회의 위계, 사회상을 알 수 있어 고분 고고학이라는 새로운 연구 주제가 생겼다. 통일 신라 시대에는 석실분, 골호 등으로 존재하였으며 고려 시대, 조선 시대에도 토광묘, 돌로 사방을 돌리는 방형분, 회곽묘, 옹관묘의 존재도 계속 나타났다.[1]

유네스코 세계유산으로 지정된 '가야고분군'은 한국의 여타 유네스코 세계유산과는 달리 사자의 무덤 즉 고분에 한정한다. 가야고분(加耶古墳)은 낙동강 중하류역, 남강 유역, 섬진강 유역에 걸쳐 있는 삼국시대 가야의 무덤으로 한국의 고분 중 남다른 특이성

---

1) 「고분」, 김형곤, 디지털창원문화대전

이 있다는 뜻이다. 공간적 범위는 낙동강 중하류역과 남강 유역이 중심이지만, 가야 전성기인 5세기 후반 대~6세기 초엽 가야의 영역은 섬진강 유역권까지 이른다.

가야고분군 분포지도

학자들은 가야의 고분으로 크게 옹관묘(甕棺墓) 또는 독널무덤, 목관묘(木棺墓) 또는 널무덤, 목곽묘(木槨墓) 또는 덧널무덤, 수혈식석곽관묘(竪穴式石槨墓) 또는 구덩식돌덧널무덤, 횡구식석실묘(橫口式石室墓) 또는 앞트기식돌방무덤, 횡혈식석실묘(橫穴式石室墓) 또는 굴식돌방무덤 등을 거론한다.

가야 문화는 대체로 신라 문화와 동질적인 문화 기반에서 출발하였으나 낙동강을 경계로 차츰 문화의 차이가 뚜렷해졌다고 설명한다. 신라 문화가 돌무지덧널무덤(적석목곽분), 직선적인 맵시의 토기, 화려한 금제품으로 대표된다면, 가야 문화는 돌덧널무덤, 부드러운 곡선미의 토기, 은상감 제품 등으로 특징지을 수 있다. 가야와 신라가 흉노로 대별되는 김일제로부터 유래되어 김수로, 김알지로 이어졌으므로 터전이 유사하지만 현장 접목에서 달라졌다는 뜻이다.

여하튼 가야는 삼국시대에 고구려, 백제, 신라와 함께 우리나라 고대사의 일부였지만, 삼국과 달리 문헌 사료가 매우 빈약하므로 고고 자료, 특히 가야고분에 대한 조사·연구가 필수적이다. 고분 자료로 당대의 실상을 상당 부분 설명할 수 있기 때문이다.

학자들은 무덤 형식과 토기 양식을 토대로 가야 여러 나라 중에서도 김해, 고령, 함안, 고성, 창녕, 남원 등 유력 가야 세력이 있었으며 이들이 자신의 근거지에 위세높은 왕묘역(王墓域) 등을 건설했다고 설명한다. 가야고분의 특징은 옹관묘를 제외하면 널무덤, 덧널무덤, 수혈식석곽관묘, 횡구식석실묘 등 소위 순차대로 형식이 변화한다는 점이다.[2]

---

2) 「가야고분(加耶古墳)」, 한국민족문화대백과사전

제1장 : 옹관묘(甕棺墓, 독널무덤)

옹관은 청동기시대부터 삼국시대까지 만들어진 무덤 구조 중 하나로 조선시대에도 사용될 정도로 한국에서 가장 오래된 역사를 갖고 있다. 청동기에는 한반도 전체에 걸쳐 보편적으로 만들어졌으나 삼한시대와 삼국시대에는 특정 지역 또는 대형 무덤 주위에 만들어졌다.

옹관은 항아리(독)로 만든 관(棺, 널)으로 옹관묘란 두 가지가 사용되었다. 옹관만으로 독립 묘제로 존재하는 경우와 다른 묘제의 부속적인 묘로서 설치되는데 보통은 후자의 경우이다. 한강 유역에서도 옹관이 발견되는데 가락동 2호분의 분구 내의 하나의 매장시설로 존재한다.

일반적으로 옹관의 형식에는 옹의 입을 어떻게 막았느냐에 따라 합개식(合蓋式)과 합구식(合口式)으로 분류하고, 옹을 몇 개 사용하였는가(이음식, 단독식)와 옹을 어떤 형태로 매장하였느냐로 분류하기도 한다.

부여와의 경계지점인 공주 남산리(南山里)에서는 길이 1.8m, 너비 90cm, 깊이 40cm의 토광 속에 2구를 합구하여 관을 형성하였

복천동내성10호 옹관

대가야 개마무사

옹관묘

는데, 토기는 와질토기(瓦質土器)로 3세기경으로 추정된다. 부여 염창리(鹽倉里)에서는 지표 아래 30cm 깊이에 길이 1.5m, 폭 1.1m, 깊이 1.2m의 U자형 토광 안에 기고 97cm의 대형호(大形壺)에 매장한 형식이 발견되었다. 이 옹관묘는 북쪽으로 3m 떨어진 곳에서 발견된 평사천정식의 판석조석실분과 같은 분구 안에 매장되었는데 석실에는 부(夫), 옹관에는 부(婦)를 각각 매장한 것으로 생각된다.

소아 사망률이 높았던 시기에는 전세계적으로 죽은 아이를 일상용 항아리에 넣어 묻는 것이 일반적이었고 우리나라에서는 근세까지 어린 아이를 그렇게 묻기도 하였다. 하지만 성인을 옹관에 넣어 묻는 것은 드문 일인데 삼국시대 영산강 일대의 옹관은 다른 시대, 다른 지역에서 찾아볼 수 없는 독특함을 보인다.

학자들은 삼한 사회의 옹관묘는 기존 옹관묘와 별도로 발해만 지역의 철기문화가 확산되면서 목관묘와 함께 파급되었다고 설명한다. 일반적으로 목관묘는 성인용으로 사용되고 옹관묘는 소아용으로 사용되면서 같은 묘역에 공존하였다. 그런데 영산강 유역에서 3세기초부터 성인용 대형 옹관묘를 사용하기 시작했다. 처음에는 목관으로 시작되었던 분구묘에 옹관이 추가되다가 점차 목관 대신 옹관이 중심을 이룬다.

성인용 대형 옹관묘가 어떻게 시작되었는지에 대해서는 잘 밝혀져 있지 않다. 옹관이 알과 같이 부활을 의미한다고 인식하여 생과 사를 단절로 보지 않는 사생관에 기인한다는 설명도 있다. 하지만 그와같은 사생관은 대형 옹관묘가 없는 지역에서도 찾아볼 수 있으므로 영산강유역에서만 대형 옹관묘가 성행하였던 까닭을 충분히 설명해 주지는 못한다.

이를 다음 세 가지로 설명한다.

① **기술적 요인**

영산강유역에서는 양질의 황토를 이용하여 다양한 종류의 토기들이 제작되었는데 수확한 곡물을 저장하기 위해 대형 항아리도 많이 만들어졌으므로 기술적으로 대형 옹관을 제작하는 것은 어려운 일이 아니다. 현재 광주 지역 등에서 곡물 저장용 대형 항아리들이 발견되는데 그 규모나 형태에 있어 성인 매장용 초기 옹관과 큰 차이가 없을 정도로 보편적이다.

② 경제적 요인

대형 옹관을 만드는 것이 목관이나 목곽을 제작하는 것보다 상대적으로 수월하고 경제적이다.

③ 문화적 요인

영산강유역에서는 하나의 분구묘를 같이 쓰는 가족장이 성행하였으므로 추가장이 이루어지는 과정에서 기존에 안치되었던 목관이나 목곽이 썩고 시신이 훼손되는 상황을 목격하자 더 이상 시신이 훼손되지 않는 방안을 찾았는데 그것이 바로 썩지 않는 항아리라는 뜻이다.

한국의 옹관묘는 시작과 확산에 있어 시기별, 지역별 차이가 있다. 삼한 시기까지 성행하였던 소아용 옹관묘는 황해 연안지역에서 먼저 시작하였다는 점에서 해양을 통한 확산 가능성을 점친다. 영산강 유역에서 성행하였던 대형의 성인용 옹관묘는 국내에서는 유일한 것이지만 황해 건너 중국 산동지역과 일본 규슈지역에서 확인된다. 그러므로 바다를 사이에 둔 서로 비슷한 사회적, 문화적 배경에서 시간차를 두고 각각 독립적으로 발생하였을 가능성을 높게 본

다.³⁾

영산강 하류지방인 나주군(羅州郡) 반남면(潘南面)과 영암군(靈岩郡) 시종면(始終面) 일대에 옹관묘가 다수 분포되어 있다. 이들 묘는 거대한 분구 속에 대형옹관이 함께 다장(多葬)으로 형성되었는데 연대는 3~6세기로 삼국시대를 의미한다. 특히 사적 제77호 고분으로 지정된 나주시 반남면 신촌리와 대안리 고분군과 그리고 사적 제78호로 지정된 덕산리 고분군에서 옹관이 발견되는데 신촌리 9호분에서는 국보 제295호인 금동관과 환두대도, 금동신발 등이 출토되었다.

반남면 일대에 흩어져 있는 고분들은 대부분 원형이거나 윗부분이 잘린 피라미드 형태로 대개 땅 위에 거대한 봉분을 쌓아 올린 후 그 꼭대기에서 2~3m 내려간 곳에 옹관을 묻었다. 이때 사용된 옹관은 1m 70cm가량 되고 입의 지름도 1m 넘는 대형 옹관 하나를 사용한, 경우도 있지만, 주로 두 개의 옹관을 이은 것들이 많다. 삼국 시대의 고분들 가운데 옹관묘를 사용하면서 왕릉처럼 거대한 봉분을 만든 곳은 나주 반남면과 영암 시종면 고분 등이다.⁴⁾

영산강 일대에서 발견되는 옹관은 일단 크기가 압도적으로 길이가 2미터를 넘으며 옹관 중 큰 것은 4미터가 넘는다.⁵⁾ 사람 1명이 온전히 눕고도 남는 공간으로 오직 무덤에만 사용하기 위해 만들었다. 청동기시대 옹관과 삼국시대 다른 지역에서 사용한 옹관은 평소에 사용하는 큰 항아리를 그대로 사용하였는데 영산강 일대에서

---

3) 「마한 옹관묘」, 조진선, 광주일보, 2020.07.01
4) 「기획연재」 마한의 옹관 문화세력 일본으로 가다」, 이석우, 괴산타임스, 2019.12.18
5) http://contents.history.go.kr/mobile/nh/view.do?levelId=nh_008_0050_0070_0020_0060

는 오직 무덤에만 사용하기 위해 옹관을 만들었다.[6] 이와 같이 거대한 옹관이 발견되는 것은 대형 전용 옹관의 제작 생산이 고도의 기술로 이루어졌다는 것을 알려준다. 더불어 대형 옹관은 그 크기로 인해 기존의 토기 가마가 아닌 전용 가마에서 구웠다.

용관은 백제 영역의 다른 지역과 공통성도 있지만 지역적 독자성도 갖고 있다. 공통성은 원삼국기에 접어들어 새로운 토기의 제작 기술이 한반도 전역에 걸쳐 퍼지면서 나타난 현상으로 추정되며 지역적 특성을 갖게 된 것은 토기의 생산과 유통이 국지적으로 행하여졌음을 설명해준다.

더불어 옹관묘의 부장품의 종류는 재질에 따라 토기와 철기, 구슬 등의 장식품들인데 놀라운 것은 다음 단계의 석실고분에서는 마구 자료가 속출하고 있는데 반해 옹관묘의 출토유물 중에 기마와 관련된 자료가 전혀 없다는 점이다. 이 말은 옹관묘의 조형 당시 육상활동에서의 기동성이 필요하지 않았다는 것을 의미한다. 한마디로 옹관묘의 조영하는 곳에서는 활발한 수상 활동의 전개로 사회적으로 기마에 의한 육상활동의 기민성이 크게 요청되지 않았다는 것을 암시한다. 이는 당대에 생활화되지 않았던 기마의 풍습이 도입되었다는 것을 알려준다.[7]

---

6) 「고대인의 타임캡슐, 독널을 열어보다」, 조용환, 박물관신문, 2023년 7월
7) 「영산강유역 옹관고분의 문화적성격」, 성낙준, 3한의역사와문화(자유지성사), 1997

제2장 : 목관묘(木棺墓, 널무덤, 土壙墓)

　목관묘(널무덤)은 서기전 1세기부터 서기 2세기까지 주로 축조되며 가야의 기원인 변한과도 관련된다. 선사시대부터 사용되던 분묘의 일종으로 유해를 직접 넣거나 목관이나 목곽에 유해를 넣고 그 위에 흙을 쌓아 올린 무덤을 뜻한다.

　그러나 『한국민족문화대백과사전』은 일반적으로 널(棺)이나 덧널(槨)과 같이 일차적으로 유해를 보호하는 시설(葬具)이 있는 종류는 널무덤에 포함시키지 않기도 하지만 관용적으로 나무널(木棺)과 나무덧널(木槨)을 사용했어도 이미 부패해 존재유무를 확인하기 곤란한 때에는 널무덤 즉 목관묘에 포함시키는 경우도 있다고 적었다.[8]

　다소 헷갈리는 해석이지만 널무덤은 인류사회에 있어 가장 원초적이고 보편적인 묘제로서 세계적으로는 중기 구석기 시대부터, 중국에서는 신석기시대부터 유행하였다. 우리나라에서는 약간의 지역적인 편차가 있기는 하나 초기 철기시대부터 출현하여 삼국시대 전기까지 유행한 묘제로 정의된다. 대표적인 유적으로는 평안남도

---

8) https://encykorea.aks.ac.kr/Article/E0012614

탑동 21-3,4번지 유적 목관묘(탑동 널무덤 1호)
한국문화재재단

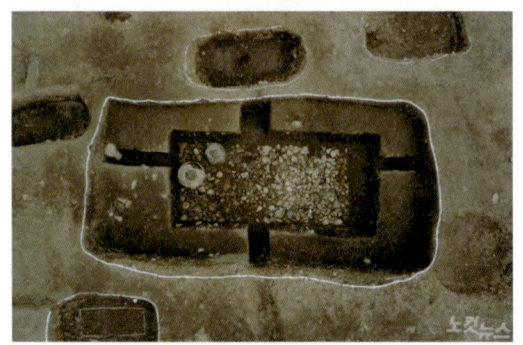

창원 현동지역에서 발견된 839호 나무덧널무덤
(문화재청)

아라가야 구덩식돌덧널무덤

평양시 태성리, 황해도 은율군 운성리, 경상북도 경주시 조양동, 경상남도 김해시 예안리 널무덤군(群)이 있다.

태성리 유적은 서기전 1세기 이후의 유적으로서 평안도 재래의 동검문화(銅劍文化)와 중국 전한문화(前漢文化)가 복합된 유물상을 보여, 세형동검과 철기, 전한계 토기가 함께 출토되었다. 널·덧널과 같은 장구도 검출되었다. 영남 각지에서는 서기전 1세기 초를 전후해서 목관묘가 군집을 이루며 조영되기 시작하였다. 목관묘는 주로 구릉의 경사면 아래 또는 평지에 만들어지며 공동묘지의 형태를 띤다. 무덤의 방향은 시신의 머리를 동쪽으로 두는 특징이 있다.

　목관묘의 규모는 길이 3m 내외, 너비 1m 내외가 일반적인 크기로서 그 규모가 비슷하다. 다만, 일부 목관묘에서 철기와 청동기, 칠기, 토기 등은 원거리에서 수입된 장신구와 위세품이 다량으로 부장된 경우가 있다. 이러한 목관묘의 군집화는 진한·변한의 성립을 의미하는 증거이면서도 가야의 기원과 밀접히 관련되어 있다.

　경주에서 기원전 2~1세기 목관묘가 발굴되었는데 이는 목관묘가 한반도에 매우 오래 전부터 사용되었다는 것을 뜻한다. 경북 경주 탑동 단독주택 신축 예정지 일대 발굴조사 중 목관묘에 칠기부채 호형대구(虎形帶鉤·호랑이 문양의 허리띠 버클) 칠초동검(銅劍) 등이 다량 출토됐다. 특히 널무덤을 채운 흙인 충전토에서 기원전 2~1세기 이 지역 대표 토기인 우각형파수부호(쇠뿔 모양 자루가 달린 항아리)와 양이부호(두 귀가 달린 항아리)가 나왔다.

　탑동 목관묘(木棺墓) 1호라고 불리는 목관 내부에서도 시신 얼굴을 가리는 데 사용한 것으로 추정되는 칠기 부채와 옻칠을 입힌 나무 칼집에 동검이나 철검을 끼운 칠초동검과 칠초철검, 청동촉, 호형대구와 함께 북방계통 유물인 쇠솥인 철복과 철모 재갈 등이 다량 출토되어 기원전 1세기 중후반 조성된 신라 건국세력의 주요 수장급 인물의 묘로 추정됐다.

경주 탑동 목관묘는 중요성을 인정받았는데 진한(辰韓) 12국 가운데 경주에 있었던 소국(小國)으로 훗날 신라의 모체가 되는 사로국(斯盧國)의 무덤으로 비정되었다.[9] 널무덤이 경주 시내에서 확인되었다는 데 큰 의미를 부여하는데 신라 건국 세력의 수장급 분묘가 경주지역 외곽에서 그동안 확인됐으나 경주 시내에서도 발견되어 초기 신라 세력의 실체를 밝히는 데 큰 중요성을 부여했다는 것이다.[10]

여하튼 목관묘는 초기 매장 형태인데 가야 권역에서 목관묘가 밀집된 유적이 많지 않다는 점에서, 군집된 목관묘 유적을 가야 전기의 유력 정치체와 관련짓는다. 목관묘는 내부에 안치된 널의 재질 및 형태에 따라서 두 유형으로 구분할 수 있다. 즉, 널을 통나무나 판재로 만들었는데 통나무관이 판재관보다 먼저 등장한 것으로 보인다. 반면에 편두가 발견되는 예안리 유적은 4세기 때의 유적으로서 덧널이 장구로 사용되었으며, 철기와 도질토기(陶質土器)가 함께 출토되었다.

김해 대성동고분군(사적 제341호)에서 발견된 초기 구야국의 구지로 12호 목관묘는 내부에 인골의 흔적이 잘 남아 있었는데 주인공은 놀랍게도 180cm에 이를 정도의 거구에 머리에는 철띠를 두르고 유리

---

9) 「집 짓다 발견한 문화재들, 사로국과 신라의 비밀」, 이한영, 우리문화신문, 2022.06.20
10) 「경주서 기원전 1세기 목관묘 발굴」, 남차우, 국제신문, 2010.06.18

구슬 목걸이와 청동팔찌 등의 장신구를 착용했다. 또한 무덤의 내외부에 철기와 토기 등을 부장하여 목관묘 시대에 이미 대성동에 상당한 재력과 신분의 소유자가 등장했음을 알려준다.

제3장 : 목곽묘(木槨墓, 덧널무덤)

신석기시대말 중국에서 만들기 시작한 목곽묘(木槨墓) 또는 덧널무덤은 중국의 동북지역에서 한반도 남부로 전해졌다고 설명된다. 널을 넣어 두는 널방을 나무로 짜 맞춘 무덤양식으로 덧널무덤·목곽봉토분·목곽분·나무곽 무덤으로 설명된다. 덧널무덤을 목곽묘라고 하지만 특히 봉분의 형태가 뚜렷하면 목곽분(木槨墳)으로도 부르기도 한다.

나무널과 덧널사이에는 여유가 있는 형태인데 지상에 설치한 것도 있으나 묘광 안에 설치한 것이 주류이다. 2세기 후반경 목관묘와 함께 사용되다 3세기부터 본격적으로 등장하는데 중부지역에서 발견되는 초기의 목곽묘는 너비가 좁고 길이가 긴 형태의 목곽 내에 널을 설치하며 목곽의 뒤쪽 또는 사방에 도량을 만들었다.

2세기 후반경에 영남 지역에서 만들어지기 시작한 목곽묘는 방형에 가까운 긴 네모꼴의 구덩이를 파서 그 안에 각재 또는 판재로 목곽을 만들고 널 없이 시신을 매장하는 구조였으나 4세기부터 부산–김해와 경주를 중심으로 하는 동해안 지역 간에 차이점이 보인다. 시신을 묻은 덧널 외에 여러 가지 부장품을 넣기 위한 딸린덧널도 있는데 덧널의 벽과 천장을 지탱하기 위해 덧널 안쪽에 4개 또는 6개의 나무 기둥을 세웠다. 덧널을 만든 목재가 남아 있는 예가 발견되지 않았지만 판재를 사용했을 것으로 추정한다.

4세기에 축조된 대형 목곽묘
(39호분(가야고분군세계유산등재추진단))

우리나라 목곽묘의 기원은 명확하게 밝혀져 있지 않지만 오래 전부터 중국과 남부 시베리아의 스키타이 그리고 몽골 초원지대와 유럽에서도 이러한 무덤이 알

수혈식석곽묘(영남문화재연구원)

려져 있다. 또한 유구 내용이 명확하게 밝혀져 있지 않지만 한반도 각지, 특히 발굴 기수가 많았던 서북부의 한국식동검(細形銅劍) 출토 무덤은 보통 목곽묘로 보고 있다. 지리적으로 가깝고 시기적으로 가장 오래된 동이적 문화인 기원전 4천 년의 중국 산동성의 대민구문화(원전 4천 경의 大汶口文化)의 내부형태는 상자 모양이다. 은·주(殷周)시대에는 각재 또는 목판으로 만들고, 한(漢) 이후는 주로 중국 화북의 덧널

형태가 이어진다.

　한반도 초기 철기시대 이래 목곽묘는 먼저 낙랑(서기전 108년~서기 313년) 무덤에서 나타난다. 낙랑 무덤은 땅을 깊게 파서 내부시설을 만들고 방대형의 봉분을 갖추는 것이다. 낙랑 덧널의 평면 형태는 폭이 좁은 세장방형(細長方形)과 너른 방형(方形)으로 구분되고, 구조 형식은 구덩식(竪穴式)이 일반적이지만 앞트기식(橫口式)인 것도 있다. 처음에는 한 사람의 널을 담을 수 있는 세장방형으로 앞쪽에 부장 칸을 두었다. 다음에는 앞쪽의 부장 칸을 생략하고 그만한 공간을 확보하는 무덤으로 변하는데 널 하나를 추가할 때는 그 곁에 추가 덧널을 붙이거나 별도의 묘광을 파서 나란하게 설치하고, 또한 아예 추가로 널을 넣을 수 있도록 처음부터 폭을 넓게 하여 평면 방형으로 설치하기도 한다.

　세장방형보다는 방형이 상대적으로 늦게 출현하며 추가장(追加葬) 방식이 적용된 합장용(合葬用) 구조로 발전된 형태가 된다. 그리고 묘광 벽면과 덧널 사이에는 충전토로 채운 구덩식이 일반적이다. 합장용은 방형으로 짜 맞춘 큰 외곽(外槨 : 귀틀곽이라고도 부름)을 갖추고 그 안에 방형·장방형 덧널이 있는 구조가 주류를 이룬다. 외곽을 갖춘 구덩식이 주류라고 할 수 있는데, 덧널 안의 널 수는 둘 혹은 셋이며 그 곁에 별도로 장방형 덧널을 추가로 붙인 것도 있다.

　이어서 덧널의 북편에 부장덧널(副葬槨)이 딸린 덧널무덤이 등장한다. 이 구조는 횡장방형(橫長方形) 전실(前室)이 딸린 앞트기식벽돌방무덤(橫口式 塼室墳)의 한 유형을 답습한 것으로 추정된다.

한반도 중·남부에서 목곽묘는 2세기 중엽부터 삼국시대의 5세기 전엽을 전후한 시기까지 나타나는데, 일부 지역에서는 소형 무덤에 석재를 부가한 형태로 5세기 말경까지 지속된다. 영남지방영남지방에서는 별도의 부장덧널과 순장 그리고 무장구인갑주(甲冑)를 비롯하여 다양하고 많은 부장품을 갖춘 후장(厚葬)이 성행하였다.

이는 목곽묘가 기본적으로 대형이므로 무덤을 만드는데 많은 인원과 비용이 소모되는 것과 더불어 많은 물품을 부장할 수 있기 때문이다. 그러므로 신분이나 사회적 지위에 따라 무덤에 차별화가 있으며 묘역까지도 엄격하게 구분했다.[11]

평면 형태는 이른바 김해식이라고도 하는 장방형과 경주식이라고 하는 세장방형으로 나타나는데, 장방형계의 분포 범위가 넓다. 삼국시대덧널무덤은 지역에 따라 시기차가 있으나 이후 수혈식석관묘, 횡구식석실묘 대체되며 대형 옹관묘가 5세기에 유행하기도 한다.[12]

학자들은 가야라는 정치체의 실상을 본격적으로 보여주는 묘제로 덧널무덤 즉 목곽묘로 설명하는데 가야 수장층(首長層)에 의해 대형 목곽분이 축조되는 시기는 대략 3세기 후반경에 해당한다. 이때에 이르러 김해 대성동고분군에서는 입지와 규모, 부장 유물 등에서 이전 시기와 큰 차이를 보이는 대형 목곽분이 등장한다.

특히, 대성동 29호분은 구릉 상부에 입지한 대형 목곽분으로 순

---

11) 『대성동고분박물관』, 대성동고분박물관, 2008
12) https://encykorea.aks.ac.kr/Article/E0015455

장이 최초로 확인되고, 피장자의 발치 쪽에 토기를 다량 매납한 부장 공간을 마련했다. 이어서 축조된 대성동 13호분부터는 피장자 발치 쪽에 주곽(主槨)과는 별도의 부곽(副槨)을 설치한 이혈주부곽식(異穴主副槨式) 목곽묘로 발전하는데, 이를 소위 신라식 목곽묘라 불리면서 경주와 그 주변 지역에서 유행한 동혈주부곽식(同穴主副槨式) 목관묘와 대비된다.

목곽묘의 규모가 커지고, 무덤의 축조에 많은 인원과 물품이 부장되는 것은 장례 행위를 통해 권력을 과시하고 사회적 통합과 지배를 이루고자 하였기 때문이다. 목곽묘는 목관묘보다 부장품을 훨씬 많이 부장할 수 있다는 장점이 있다.

대형 목곽묘의 규모는 길이가 8~10m에 이르며 4세기에 들어서면 무덤은 깊이가 더욱 깊어지고 덧널의 높이도 높아진다. 그리고 무덤 구덩이를 팔 때 나온 흙과 외부에서 반입된 점토를 피복하여 높은 봉토를 의도적으로 만들었다.[13]

2020년 김해 대성동고분박물관은 제10차 발굴을 통해 목관묘, 목곽묘, 옹관묘 등 70여기에 대한 정밀 발굴조사하였는데 그동안 조사된 100여기의 대성동고분군 무덤 중 보전 상태가 가장 온전한 3세기 후반 또는 4세기 초반에 만들어진 108호분 목곽묘를 발굴했다.

108호분은 무덤 내부를 덮은 목개(무덤 나무뚜껑)가 그대로 남아있어 가야시대 목곽묘의 세부 구조를 파악할 수 있는 최초의 자료로 이

---

13) https://encykorea.aks.ac.kr/Article/E0015455

목을 받았다. 한마디로 이 무덤을 보더라도 가야 형성기 사회상 파악에 중요자료가 될 것으로 기대된다는 뜻이다.[14]

---

14) 「목곽묘 구조 밝힐 최초 무덤 발견..김해시, 대성동고분군 발굴 조사」, 신상오, 한국정경신문, 2020.02.17

제4장 : 수혈실석곽묘
(竪穴式石槨墓, 구덩식돌덧널무덤)

　수혈식석곽곽묘(竪穴式石槨墓) 또는 수혈식고분(竪穴式古墳), 구덩식돌덧널무덤이라고 설명하는데 고분의 발생적인 측면에서 본다면, 원초의 분묘는 모두 수혈식이라고 설명한다. 지하에 토광을 파고 매장하는 모든 형식이 수혈식이기 때문이다.

　그러므로 일단 토광을 파고 다른 재료를 사용해 토광의 내벽에 대는 시설, 즉 목재를 재료로 하는 목곽, 돌을 재료로 하는 석관 또는 석실, 전(塼)을 재료로 하는 전곽 또는 전실 등 여러 종류가 있다. 그 중 토광은 가장 원시적인 구조이며 모든 형식의 시초가 된다는 의미에서 인간이 거주하는 모든 지역에서 거의 자생적으로 발생하였다고 할 수 있다. 즉, 분묘의 발생은 바로 이 토광의 발생과 같은 의미로 설명된다는 것이다.

　한반도의 토광은 두 가지로 분류되는데 하나는 가장 간단한 구조로서 토광을 얕게 판 것이다. 또 하나는 같은 방법으로 광을 만들기는 하나 규모가 크고 광을 길게 파는 것이다. 이 형식은 중국의

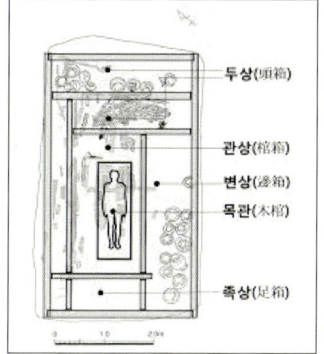

수혈식석곽묘

황하(黃河)유역의 중원지방에서 발달해 한반도에 영향을 미친 것으로 보인다.

  이들 토광은 기본 묘제(墓制)로서 전 지역에 분포되어 현대까지 면면히 계속되어 올 정도로 지속성을 유지하고 있다. 한반도의 경우 청동기시대 후기문화, 즉 대동강유역에서 많이 발견되며 낙동강유역의 영천·경주·울산지방, 영산강유역의 화순 등지에서도 발견된다.

삼국시대에 토광은 서민용으로 활용되었는데 통일신라시대를 거쳐 고려시대에 와서는 다른 시대보다 발달된 토광이 유행하였다. 예를 들면, 질이 뛰어난 청자(靑磁)를 부장한 고분 중에는 토광이 상대적으로 많이 보인다.

돌을 재료로 한 수혈식은 크게 두 가지로 나뉜다. 하나는 청동기문화에서 흔히 발견되며 다른 하나는 삼국시대에 크게 유행한 형식이다. 모두 토광을 파고 광벽에 대어서 깬돌(割石)이나 냇돌(川石)을 사용해 내벽을 쌓았다.

청동기시대의 수혈은 장방형 석곽의 길이 2m 미만, 깊이는 1~2m 정도이다.

삼국시대에 소형의 석곽들이 경주, 낙동강 유역, 부여 등지에서 많이 발견되는데 청동기시대의 수혈식인 석곽에 비해 깊이가 얕은 것이 특징이다. 하나의 돌로 만든 수혈식은 삼국시대에 크게 유행하였다. 특징은 청동기시대의 석조수혈식에 비해 광과 석실의 길이가 길어져 4m, 6m, 8m 등의 세장(細長)한 것도 많이 발견된다. 그러나 깊이는 길이 등 규모에 비해 얕아져 2m 미만이 일반적이다.

일반적으로 수혈식고분이라고 하면 세장형석실을 말하며 길이와 너비의 비율이 5:1 이상을 의미한다. 그런데 가야를 대표하는 수혈식 무덤은 구조가 수혈식으로 되어 있어도 목곽·전곽 구조를 가진 것은 수혈식고분의 개념에 포함시키지 않는 것이 일반적이다. 여하튼 수혈식은 목곽보다 기술적으로 발달된 무덤인데 돌을 채취하고 운반하며 돌의 가공과 가공된 돌을 무너지지 않게 쌓아올리는 기술이 필요하기 때문이다.

수혈식석곽묘는 4세기 후반 대에 김해 지역 일대에서 먼저 출현하여 6세기 중엽 가야 멸망기까지 존속하였는데, 이 시기는 후기가야에 해당하는데 이런 무덤은 가야의 전 지역과 백제의 일부지역, 고구려, 신라지역에서도 일부 발견되나 중심은 가야지역이다. 한마디로 고구려, 백제, 신라의 무덤 형식과 구분되는 특징적인 가야의 무덤 양식으로 설명된다.

4세기 후반부터 덧널무덤에서 수혈식석곽묘가 등장하는데 김해 양동리, 예안리고분군 등이 그 예이며 이들 모두 부산·김해를 중심으로 한 낙동강 하류역에서 나타난다.

이들 무덤은 벽은 막돌을 이용하여 시계 반대방향으로 2~3단을 쌓아 동시에 4벽을 만들고 각 모서리 부분은 각을 없애 둥글게했다. 그러나 덧널을 쌓는 방법에 어떤 규칙이 있는 것은 아니며 사용하는 돌의 크기도 방향성을 찾을 수 없다. 석곽의 길이는 1미터 내외이며 나무뚜껑이 걸쳐진 것으로 추정한다.

여하튼 5세기를 전후하여 가야무덤은 수혈식으로 전환되기 시작하였고, 이후에는 거대한 봉분을 갖춘 고총으로 발전하였다. 이어서 가야권 곳곳에 수혈식 무덤을 매장 주체부로 한 고총고분군이 조영되었는데 시신을 위에서 아래로 내려 안치하는 매장 방식을 따르고 있어 석실묘(굴식돌방무덤)와 달리 추가장이 불가능하다. 그러므로 시신과 부장품을 안치하고 석개 또는 목개로 영구 밀봉한다.[15]

---

15) 「목곽묘 구조 밝힐 최초 무덤 발견」,김해시, 대성동고분군 발굴 조사」, 신상오, 한국정경신문, 2020.02.17

제5장 : 횡구식석실묘 (橫口式石室墓)

 수혈식석곽묘로 설명되는 가야 후기는 대형의 분구들이 축조되는데 가야 말기인 6세기 대에 수혈식석관묘의 한쪽 단벽 일부를 입구로 개조하여 만든 횡구식석실묘(앞트기식돌방무덤)가 등장한다. 562년 대가야의 멸망 전까지 낙동강 동안지역에서만 유행했는데 묘실 내에 묘길(羨道)을 갖춘 형식과 설치하지 않은 형식으로 구분된다.
 처음에는 주로 대형묘에 국한되고 한쪽 단벽 전체 또는 일부를 입구로 이용했는데 대부분 한 사람만 매장되었고 일부 무덤에서 순장이 확인된다.
 횡구식석실묘는 수혈식석관묘에 입구를 만든 것이지만 수혈식석관묘에 없었던 길이 마련되고 매장방식도 차원을 달리한다. 수혈식석관묘에는 돌덧널을 만든 후 시신을 안치하고 그 후에 뚜껑돌을 덮고 봉토를 올림으로써 매장이 끝난다. 그러나 횡구식석실묘는 돌방과 뚜껑돌, 그리고 봉토 축조가 끝난 후 무덤길과 입구를 통하여 시신을 안치하고 입구와 무덤길을 막음으로써 매장행위가 끝난다. 한마디로 무덤을 만든 후 입구를 통해 여러 명을 매장할 수 있는 묘

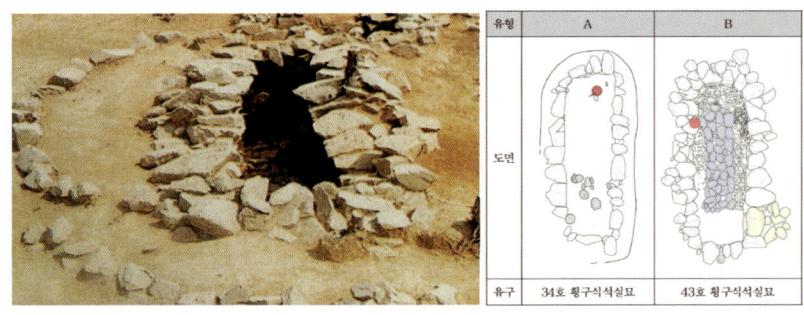

횡구식석실묘

제로 6세기에서 9세기까지 축조된 무덤이다.

 큰 틀에서 수혈식 구조에 횡혈식석실(橫穴式 石室)의 장법을 수용하여 입구를 만든 묘제로, 시신을 무덤 안으로 들여놓기 위한 입구가 있으므로 하나의 무덤에 여러 명을 매장할 수 있는 점에서 유사하나 현실(玄室)로 들어가는 무덤 안길이 없다는 점이 다르다.

 묘도와 입구는 석실 바깥에서 현실까지 주검과 부장품을 이동하는 공간이며, 현실은 주검을 안치하며 부장품을 격납하는 공간이다. 더불어 봉토 축조라는 집단의 노동력이 투여된 후에 매장이 행해지므로 새로운 장례 의식을 수용할 수 있는 묘제를 탄생시켰다는 점에 그 의의가 있다. 학자들은 횡구식석실묘의 등장으로 유교적 장례의식을 수용할 수 있는 발판이 마련되었다고 높이 평가한다.[16]

 초기에는 고위층만 사용했으나 6세기부터 보편적으로 사용되는 일반적인 무덤이 되었고 추가장도 가능하여 1인만 매장하여 영구

---

16) http://busan.grandculture.net/Contents?local=busan&dataType=01&contents_id=GC04206851

밀폐하는 수혈식석관묘와는 달리 사후세계에 대한 관념이 달라진 무덤이라고 설명한다. 한가족을 같은 무덤에 매장할 수 있으므로 가족무덤이라고도 불린다.[17)]

이들 묘는 크게 2개 유형으로 구분되는데 첫 번째는 고령 고아동 벽화고분을 조형으로 하는 일명 고아리(고아동)식 석실로 좌·우편재형 널길과 장폭비 2:1 내외의 장방형 평면 형태가 기본 구조이고, 천장은 궁륭형(穹窿形) 또는 터널형에 해당한다. 두 번째는 진주 수정봉 고분군진주 옥봉고분군을 조형으로 하는 일명 수정봉식 돌방으로 중앙 널길과 장폭비 3:1 내외의 세장방형 평면 형태가 기본 구조이고, 벽면 및 천장 형태는 수직 또는 사다리꼴에 해당한다. 고아동식 돌방은 주로 고령, 합천 지역의대가야권역에서 주로 확인되고, 수정봉식 돌방은 고성, 진주, 의령, 함안 등아라가야에서 주로 확인된다.[18)]

고령 고아리 벽화 고분은 가야 유일의 벽화고분으로, 구조와 축조 방식은 백제 중앙의 묘제를 답습한 대형 무덤이다. 대가야의 주 고분군인 고령 지산동 고분군과 남동쪽으로 약 500m 떨어져 위치한 고아리 고분군에 소속되어 있지만 범 고령 지산동 고분군에 포함된다. 무덤의 주인은 고분의 규모와 정밀성 및 벽화 등으로 보아 대가야 말기의 최고위 왕과 왕비로 추정된다.

---

17) 『복천동고분군 이야기』, 부산광역시립복천박물관, 2004
18) 『가야고분(加耶古墳)』, 한국민족문화대백과사전

벽화는 표면의 면회가 채 마르기 전에 프레스코 기법으로 그렸는데 현실과 연도의 천장돌에는 홍색·녹색·흑색·갈색 안료로 그린 8판 2중의 연화 12개가 남아 있다. 벽면에는 일부 채색 자국과 당초문(唐草紋) 또는 초화문(草花文)과 유사한 모양의 채색이 희미하게 관찰된다. 한편 회가 탈락된 부분에는 점토를 발라 보수한 흔적도 보이는데 이는 추가로 매장한 여성 피장자를 안치하기 직전에 이루어졌을 것으로 추정된다. 고아리 벽화는 가야의 무덤 중에서 유일하다는 중요성과 한반도와 일본 열도의 고분 문화에서 차지하는 비중을 감안하여 국가 사적으로 지정되었다.[19]

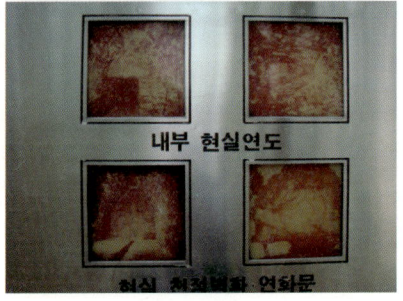

고아동벽화

---

19) 「고령 고아리 벽화 고분」, 한국학중앙연구원, 향토문화전자대전

제6장 : 횡혈식석실묘(橫穴式石室墓)

　횡혈식석실묘(굴식돌방무덤)는 고분의 측면에 입구를 설치하여 석실 입구의 개폐를 통해 추가장을 할 수 있는 매장시설이다. 기본적으로 추가장이 불가능한 수혈계 매장시설과 구조 원리가 완전히 다른 점이 특징적이다.

　횡혈식석실은 주검을 안치하는 현실(玄室)과 그곳으로 들어가기 위한 통로인 연도(羨道), 묘도(墓道)로 구성되어 있다. 현실은 안벽(내벽, 후벽, 오벽(奧壁)), 좌우 측벽, 입구벽(전벽(前壁)), 천장, 바닥, 관대 또는 시상대로 구성되어 있는데 연도와는 현문을 경계로 이어져 있다. 대부분 현

횡혈식석실묘

실 너비보다 현문의 너비가 좁지만 위치에 따라 전체 평면이 달라진다.

횡혈식 석실분은 3종으로 나누어지는데 첫째는 장방형 묘실로 연도는 장벽의 한쪽 끝에 붙여서 설치하였고 천정은 평천정식이다. 둘째는 묘실의 평면은 방형이고, 연도는 남벽의 중앙 또는 한쪽에 편재하여 설치하였다. 원래 고구려처럼 궁륭천장을 목표로 하였으나 천정을 곡면으로 축조할 기술이 미비하여 높게 올렸다. 셋째는 묘실의 평면은 방형이고, 연도는 중앙과 편재가 골고루 섞여 있으며, 천정은 완전한 궁륭상 천정식이다. 이런 형식은 한반도에서 경주에만 특징적으로 보이는데 횡혈식 석실분의 완성형이라고 설명한다. 연대는 대략 6세기 후반에서 7세기경에 유행했는데 신라통일 후에도 성행하고 내부에 화장골호(火葬骨壺)를 격납하는 것이 보통이며, 불교와의 관계가 깊다.[20]

횡혈식석실묘를 잘 보여주는 것은 경남 의령 벽화산성고분군 1호분이다. 이 고분은 매장주체부는 세장방형 현실 중앙에 연도를 설치한 전형적인 가야지역의 특징을 보여주는 횡혈식석실묘이다. 도굴로 인해 동장벽은 석실 내부로 상당히 많이 기울어져 있는 상태이나 서장벽은 원상을 잘 유지하고 있다.

석실의 규모는 바닥을 기준으로 길이 640㎝, 너비 220㎝이며 최대 높이는 190㎝, 천정의 너비는 100㎝인데 피장자는 6세기 의령지역 최고 지배층일 것으로 추정된다. 대부분 도굴되었지만 일부

---

20) http://contents.history.go.kr/front/nh/view.do?levelId=nh_008_0050_0070_0030_0040

수습된 토기들은 아라가야, 대가야, 소가야 계통으로 이들 지역과 활발한 교류를 보여준다. 벽화산성고분군은 의령읍 벽화산 벽화 산성 아래 능선 정상부에 위치한 가야 시대 고분군이다.[21]

같은 가야 지역 내의 유적이라도 경남 의령이나 고성 등지의 것은 평면 장방형의 평천정, 중앙 연도 등의 구조를 가지고 있으나 낙동강 하류역에서는 방형 현실, 좌편수식(左片袖式) 연도, 궁륭 천정으로 된 구조를 가지고 있다. 시기적으로 6세기 후반경에 횡구식 석실묘와 함께 고분군 내에 조영되다가, 7세기 경에는 독립분으로 발전된다.[22]

학자들은 횡혈식석실이 갖고 있는 사회정치적 의미가 매우 크다고 설명한다. 특히 국가권력이 영역지배를 관철하는 과정에서 처음으로 등장한다는데 주목한다. 이 단계의 횡혈식석실묘의 규모가 크고 부장품의 질과 양이 증가하는데 이는 현지에 국한되는 것이 아니라 중앙 국가권력과의 직접적인 관계를 수립함으로써 나타나는 반사효과가 작용한 것이라는 설명이다.

물론 여러 묘를 분석해보면 횡혈식석실의 발생 단계에서 모두 중앙 권력의 간섭, 영역화 개념을 적용하기는 곤란하다는 설명도 제기되었다. 그러므로 횡혈식석실은 지역사회 단위의 사회 구성이 특정 혈족을 중심으로 재편되어 가는 사회적 변화와 이러한 묘제의 선진지역과의 정치 사회적 관계 등이 복합적으로 작용하면서 나타

---

21) 「의령 벽화산성고분군서 가야 지배층 '횡혈식석실묘' 확인」, 박정현, 연합뉴스, 2021.12.22
22) https://m.cafe.daum.net/asasfafa/2hTz/21

났다고 추정한다.

　김낙중 박사는 매장시설이 횡혈식석실로 단일화되고 규격에 따라 사용에 제한을 둔 군집분이 등장하는 것은 왕권이 직접적으로 미치는 범위가 유력가장층(有力家長層)까지 확대되었음을 반영한다고 설명한다.[23]

---

23) 「횡혈식석실(橫穴式石室)」, 김낙중, 한국고고학사전

제4부

유네스코 세계유산 가야 고분군

제1장 : 남원 유곡리와 두락리 고분군(사적 제542호)

제2장 : 고성 송학동 고분군(사적 제119호)

제3장 : 함안 말이산 고분군(사적 제515호)

제4장 : 김해 대성동고분군(사적 제341호)

제5장 : 창녕 교동과 송현동 고분군(사적 제514호)

제6장 : 합천 옥전고분군(사적 제326호)

제7장 : 고령 지산동 고분군(사적 제79호)

깐깐하기 그지없는 유네스코 선정위원회에서 가야고분군을 유네스코세계유산으로 인정했다는 것은 가야고분군이 지구촌의 걸작품임을 알려주는 핵심이라는 뜻이다. 그동안 가야가 한국사에서 홀대받은 점은 있지만 유네스코세계유산 지정으로 가야에 대한 이해를 높이는 계기가 되었음은 물론이다. 이한상 교수는 가야의 고분에 대해 다음과 같이 말했다.

'가야의 무덤을 보면 가야가 어떻게 성장했으며, 어떤 과정을 거쳤는지, 당시 동아시아에서 어떤 위상을 차지했는지 등을 정확하게 파악할 수 있는 일종의 타임캡슐이다.'

가야의 독특성은 백제, 신라와 문화적 특징이 구분된다는 점이다. 또한 가야 토기라 하더라도 창녕, 고령, 함안 등 각 지역에 따라 각각의 유형, 스타일이 다르다. 이들에 대한 정보는 거의 모두 고분에서 발견된 것을 기초로하여 정리한 것이다.

한마디로 유네스코세계유산으로 지정된 가야고분군의 덕분이 아닐 수 없는데 세계유산으로 지정된 7개 가야고분군의 특징과 의미는 다음과 같다.

① 1~6세기에 걸쳐 한반도 남부에 존재했던, 지금은 사라진 고대왕국, 가야의 존재를 고고학적으로 증명함.

② 한반도 남부 해안과 내륙 분지에 위치하는 가야 최상위 지배층 고분군으로 가야 연맹('가야문화권'으로 대체되어야 한다는 의견이 있음)의 정치체계를 잘 보여줌.

③ 각 정치체의 중심지에서 잘 바라다보이는 위치에 오랜 기간 조성되어, 가야연맹을 이르었던 정치체간의 동질성을 보여줌.

④ 가야식 고분과 가야토기는 가야 장례문화의 공통적인 특성을 보여주고 가야연맹의 지리적 범위를 알려주는 지표가 됨.

⑤ 가야고분군에는 다양한 정치·사회 문화 요소가 함축되어 있어 가야 문명을 이해하는 데 매우 중요한 정보를 제공함.

⑥ 가야문명의 문화적 전통, 성립과 발전, 소멸의 과정을 알려주는 증거이며, 동아시아 고대 문명의 한 유형을 보여주는 유적임을 인정.

유네스코 선정위원회에서 이들 가야고분군의 특징과 의미를 인정하여 '가야고분군'을 세계유산으로 지정했다는 뜻으로 이렇게 세계적으로 인정받은 가야고분군 모두를 답사하면서 보다 생생한 자료를 살펴보는 것이 이 책의 주제이다. 가야고분군 7곳을 모두 답사하는 대장정은 서울에서 출발하며 다음 일정으로 진행한다.

1. 고령 지산동고분군(사적 제79호) : 고령군 대가야읍 대가야로 1203(대가야박물관)
2. 합천 옥전고분군(사적 제326호) : 합천군 쌍책면 성상리 산 23(합천박물관)
3. 창녕 교동과 송현동고분군(사적 제514호) : 창녕군 창녕읍 창일로 34(창녕박물관)
4. 김해 대성동고분군(사적 제341호) : 김해시 가야의길 126(김해국립박물관, 대성동고분박물관, 야외전시관)
5. 함안 말이산고분군(사적 제515호) : 함안군 가야읍 고분길 153-31(함안박물관)

6. 고성 송학동고분군(사적 제119호) : 고성군 고성읍 송학로 113번길 50(고성박물관)

7. 남원 유곡리와 두락리고분군(사적 제542호) : 남원시 인월면 성내길 35-4

가야 고분군을 답사하는데 장점은 7개 고분군 중에서 '남원의 유곡리와 두락리고분군'을 제외하고 박물관이 설치되어 있다는 점이다. 각 박물관에서 고분군에 대한 발굴 과정 등을 비롯하여 고분의 상세들을 자세하게 전하므로 사전에 박물관을 방문하여 고분군에 대한 정보로 무장한 후 인근에 있는 고분군을 답사하면 새로운 느낌을 받을 것이다.

특히 현재 각 문화재 담당 부처는 '문화재 주요 유형별 안내판 디자인 개선사업'으로 초보자라도 쉽게 이해할 수 있도록 문화재들을 설명하고 있으므로 이를 적극적으로 활용하면 우리의 문화유산을 이해하는데 큰 도움이 될 것으로 생각된다. 특히 이 책에서 설명되는 가야고분군의 설명을 지참하여 현장에서 비교해보며 유네스코 세계 유산들을 살펴보면 더욱 이해가 빠를 것임은 물론이다.

제1장 : 고령 지산동 고분군(사적 제79호)

대가야는 가야사를 헷갈리게 만든 장본인으로 유명한데 이는 그동안 전래된 김수로의 가야 시조설을 정면으로 부정하기 때문이다. 일부 학자들은 가야의 시조를 김수로에서 끌어내려 자신이 김수로의 형이라고 주장한 이진아시왕의 기록이 있다는 자체가 가야를 폄훼하는 결정적인 요인이 되었다고 설명하기도 한다.

경북 고령 '지산동 고분군' (문화재청)

여하튼 대가야는 기원후 42년 시조 이진아시왕이 나라를 열어 562년 신라에 멸망했다고 설명되는데 기원후 42년은 김수로가 가야를 창설했다는 바로 같은 년도로 내용은 간단하다. 42년에 형인 이진아시왕이 대가야, 동생인 김수로가 금관가야를 개국했다는 것이다.

금관가야와 대가야는 년대 문제에서 차이가 뚜렷하다. 한마디로 전기 가야를 주도했던 김수로의 금관가야가 쇠퇴하자 5세기부터 대가야가 크게 성장해 후기 가야사회를 주도했다는 것인데 대가야에서의 주장처럼 정말 이진아시왕이 김수로의 형이냐는 껄끄러운 문제가 제기된다. 일부 학자들이 한마디로 역사는 승자의 기록이라고 보지만 대가야가 금관가야의 김수로를 동생으로 차용했다는 자체를 역사 왜곡의 전형이라고 지적하기도 하는데 이 문제는 여기에서 다룰 여지가 아니므로 부연하지 않는다.

학자들은 삼한 때까지 반로국(半路國)으로 불린 고령지역의 정치세력은 주변 지역과 동일한 문화 기반 위에 있었다고 설명한다. 그런데 4세기에 들어서 고령의 세력은 야로면(冶爐面) 일대의 철광을 발견한 후부터 획기적으로 성장하여 반로국에서 가라국(加羅國)으로 국명을 바꾸었다. 5세기 초에 들어 대가야는 왕도를 대가야 읍내로 옮겨 안정화를 꾀함과 동시에 본격적으로 주변 세력을 결집하고 영역 확장에 박차를 가해 대국으로 성장한다.

잘 알려진 이야기이지만 400년 광개토대왕이 신라의 구원요청을 받아들여 남정함으로써 금관가야를 비롯한 낙동강 하류의 가야 세력들이 큰 타격을 입자 이 틈에 낙동강 중류에 위치한 고령세력이 가야의 여러 세력들을 규합하여 새로운 맹주로 떠올랐다는 것이다.

이는 여러 가지 면에서 증명되는데 학자들은 대가야가 후기가야의 맹주로서 다른 가야보다 한 단계 높은 위치에 있으면서 집권국가로 다가서는 기틀을 다졌지만 결국 신라와 백제의 전쟁 틈바귀에서 더 이상 버티지 못하고 562년에 멸망하여 가야 자체가 소멸되었다고 설명한다.

<김수로의 형 이진아시왕>

대가야의 중심지로 잘 알려진 고령지역에서 약 4만 년~13만 년으로 추정되는 구석기 시대의 석기들이 채집되어 적어도 이 시기부터 사람들이 살았던 것으로 생각된다. 또한 고성 각지에서 발견되는 고인돌은 물론 선돌(立石)을 통해 청동기 시대에는 많은 사람들이 집단을 이루고 살았음이 확인된다. 특히 고령지역에는 양전동암각화를 위시하여 윷판형 바위그림은 물론 별자리형 바위구멍 등이 확인되어 명실상부한 '암각화의 고장'으로도 알려진다.

대가야가 위치한 고령지역은 최상의 농업 입지조건을 갖고 있다. 이중환의 『택리지』에는 다음과 같이 적었다.

> '골 바깥 가야천(伽倻川) 주변은 논이 아주 기름져 종자 한 말을 뿌리면 소출이 120~130말이나 되며 적더라도 80말이 넘는다. 물이 넉넉하여 가뭄을 모르고 또 밭에는 목화가 잘 되어 이곳을 의식(衣食)의 고향이라 일컫는다.'[1]

---

1) 『대가야의 역사와 문화』, 대가야박물관, 2006

최초로 성립한 국은 반로국(半路國)인데 진수의 『삼국지』〈위지 동이전〉에 나오는 변진반로국(弁辰半路國), 『일본서기』의 반파(伴跛), 『양직공도』의 반파(叛波)를 뜻한다. 반로국 단계의 왕호는 험측(險側) 또는 번예(樊穢)를 칭하였고 4세기 중엽 이후 크게 성장한 반로국은 국호를 가라국(加羅國)으로 고치고 382년에 가라국왕 기본(己本)이 한기(旱岐)를 칭한다.

5세기 초에 대가야는 왕도를 대가야읍 내로 옮겨 안정화를 꾀함과 동시에 본격적으로 주변세력을 결집하고 영역 확장에도 박차를 가한다. 새로운 성장의 계기는 400년 신라 구원을 명분으로 가야지역을 공략하는 고구려 광개토대왕 남정의 결과이다. 이로 인해 금관가야의 세력이 쇠퇴하자 대가야는 아라가야와 함께 가야연맹체 내에서 대국으로 성장하게 된다.

5세기 후반에 이르면 백제와의 유대를 공고히 하며, 최고지배자의 칭호도 왕(王)으로 개칭하였다. 479년 가라왕 하지(荷知)가 남제에 사절을 파견하며 당시 남제로부터 '보국장군본국왕(輔國將軍本國王)'의 칭호를 얻는 등 국가 위상 정립과 함께 발전을 가속화했다. 더불어 영역 확장도 활발히 진행되어 5세기 중엽에는 전북 동부와 서부 경남 지역을 경제적 교역권으로 형성하고, 6세기 초에는 합천·삼가·거창·함양·하동 등을 직접 지배하며, 서진하여 호남 동부지역까지 영향력을 행사하며 대가야의 최전성기에 이른다.

6세기 초에는 신라가 금관가야를 병합한 후 가야지역에 대한 공세를 강화한다.

백제도 487년경부터 진안 → 장수 → 임실을 시작으로 금강과 섬진강 상류지역으로 군사 진출을 하며, 513년경 남원의 운봉지역, 529년 하동지역을 병합한다. 529년『일본서기』에 섬진강 하류의 하동지역으로 비정되는 다사진(多沙津)을 백제에게 빼앗길 당시 가라왕은 "다사진은 우리가 사용하던 곳이다."라고 한 것으로 보아 이 시점에 대가야의 해상교통로는 모두 상실된 것으로 보인다. 위기에 빠진 대가야는 신라와의 관계 개선을 위해 522년 이뇌왕이 신라 이찬 비조부의 딸과 결혼하며 동맹을 맺지만 529년에 파탄이 나며, 562년 도설지왕을 마지막으로 신라에 멸망하여 가야 전체가 사라진다.

<지산동 고분군>

『신증동국여지승람』에 지산동고분군에 대한 기록이 있다. 『신증동국여지승람』에서는 '현의 서쪽 2리 남짓 되는 곳에 옛 무덤이 있는데, 세간에서 금림왕릉이라고 일컫는다'라고 대가야왕릉으로 설명했다. 지산동고분군은 대략 4세기 말 5세기 초부터 6세기 중엽까지 조성됐는데 이 시기는 정식 국명을 가라(加羅)라고 했던 대가야가 본격적으로 국가 형성을 시작해 5세기 후반에 고대국가로 변모한 후 562년 최종 멸망하기까지의 기간에 해당된다.

학자들은 대가야 전성기의 위력은 상당하여 다라국이 위치한 합천의 옥전 고분군과 반계리 고분군, 함양 백천리 고분군, 남원 원산

리 고분군들이 이들의 영향력 안에 들어 있었다고 설명한다.[2]

지산동고분군은 5~6세기 가야 북부지역을 통합하면서 성장한 대가야를 대표하는 고분군으로 대가야가 본격적으로 성장하는 대가야 지배층의 모역이다. 특히 지산동고분군은 대가야가 번성하기 시작한 5세기 초에 주산성 및 궁성과 함께 왕도건설의 일환으로 사전 기획되어 조성되었다는데 특징이 있다. 대형분은 가지능선의 말단부에서 시작되어 주산 정상 방향으로 조성되고, 중형분은 가지능선의 정선부에, 소형분들은 중·대형분의 주위와 전역에 고루 분포하는 양상으로 높은 구릉지 위에 고분군이 밀집하여 장관을 이루고 있어, 연맹의 중심세력으로서 대가야의 위상과 함께 가야연맹의 최전성기를 보여준다. 대가야는 내륙의 철 자원을 바탕으로 성장하여

고령지산동

지산동고분군

2) 「국립김해박물관」, 국립김해박물관, 1998

5세기부터 가야연맹을 주도하였다.

고령 지역은 협소한 산간지대인데도 불구하고 고령가야가 한 때 강국이 되어 5세기 후반부터 6세기 전반에 걸쳐 가야의 중심이 된 이유도 철 생산지이기 때문이다. 고령 인근에 있는 '야로(冶爐)'라는 지명 자체가 철기 생산과 밀접한 관련이 있으며 실제로 조선시대의 대표적인 철 생산지였다. 『세종실록』〈지리지〉에는 '이곳에는 많은 철이 생산되어 일년에 세공으로 정철 9,500근을 바쳤다'라는 기록이 남아 있다. 세금으로 9,500근을 납부했다는 것은 얼마나 많은 철을 생산했는지 가늠할 수 있다. 여하튼 철이 풍부한 이 지역을 확보하고 있었던 고령가야가 지리적 약점을 극복하고 후기 가야연맹의 주도적인 국가로 성장할 수 있었던 동력이다.[3]

묘제는 5세기초~6세기 후반까지는 수혈식의 석곽·석실이 주류를 이루며, 6세기 전엽에는 횡구·횡혈식 석실이 도입된다. 대가야 멸망 이후인 6세기 말경에는 대가야식 묘제에 신라토기가 부장되거나 신라계 횡혈식석실로 완전히 변화하며 주로 능선하단부나 골짜기에 조성된다.

한국의 가야사에서 왕도 중심의 지산동고분군이야말로 많은 정보를 제공하고 있다는 점이다. 고령군 일대는 대가야의 중심지로 많은 고분군이 분포하고 있는데 고령군을 가로지르는 대가천, 안림천, 회천 일대와 낙동강에 접한 능선 일대를 따라 49개소의 고분군이 분포하는데, 그중에서도 대표적인 것이 대가야의 왕도를 배경으

---

[3] 『유물로 읽는 우리 역사』, 이덕일 외, 세종서적, 1999

로 조성된 지산동고분군이다.

　지산동고분군은 주산(主山, 310m)의 남편 능선과 읍내 쪽의 가지능선 등을 포괄하는 대가야 왕도의 중심고분군으로 해발 210m 정도의 산정에서 해발 40m의 골짜기에 이르기까지 고분이 밀집되어 있다.

　대가야의 중심지를 감싼 배후산지의 북쪽 정상부에서 남쪽 끝자락까지 약 700여기의 봉토분이 분포한다. 지산동고분군은 높은 구릉지 능선을 따라 늘어선 거대한 봉토분들로 각계의 주목을 받아 현재에 이르기까지 오랫동안 고대 가야의 중심지로 알려져 왔으며

지산동 30호분

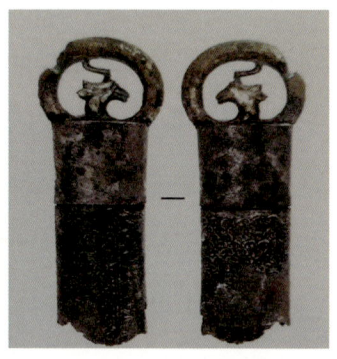
지산동 32호 고리자루칼

지산동 73호 발굴유물

20세기 초부터 발굴조사되어 가야 고고학 연구에 있어 중추적인 역할을 하고 있다. 가야 멸망과 함께 지산동고분군의 축조는 중단되었지만 가야 멸망 이후 시대에도 고령은 가야의 옛 땅으로 인식되었다.

대가야의 왕도를 배경으로 조성된 지산동고분군은 하나의 산성과 조합을 이루며 5세기 대에 들어와 고총 축조를 시작으로 6세기 대에 들어와 집중적으로 군집을 이룬다.

대가야의 정신세계는 건국신화의 변화 모습을 통해 살펴볼 수 있다.
제1단계는 대가야국 탄생으로부터 5세기 후반 어느 시점까지 사용된 신화로 가락국기와 동일한 내용이다. 시조가 알에서 태어난다는 난생설화의 모습을 표명하여 가야의 공통된 건국신화를 도입했다.
제2단계는 가야연맹체의 최대 세력으로 부상한 위상에 걸맞게 대가야 중심의 새로운 건국신화를 창조한다. 즉, 가야산신 정견모주와 천신 이비가 사이에서 태어난 형인 뇌질주일이 대가야왕이 되었고, 동생인 뇌질청예가 김해의 수로왕이 되었다는 내용으로 이는 대가야가 가야연맹체의 새로운 맹주국이 되었음을 잘 보여준다.[4]
묘제는 5세기 초 이후 수혈식의 석곽 및 석실이 주류를 차지하고, 6세기 전엽 이후에는 횡구·횡혈식 석실이 도입되기 시작한다. 봉토는 석곽이나 석실의 장축방향으로 약간 긴 타원형을 이루며, 호석을 갖춘 것이 많지만, 6세기 대로 넘어가면 소형분에서 호석이

---

4) 「고령 지산동고분군과 대가야의 건국신화」, 배성혁, 가야사총론-연구총서6권, 2020

사라지고 지형을 원형으로 깎아 봉토를 높게 보이려고 하는 삭토방식이 유행한다.

지산동고분군은 대략 4세기 말 5세기 초부터 6세기 중엽까지 조성됐는데 대가야인의 순수한 집단 무덤군으로 대가야 문화의 정수를 단적으로 보여주는 기념물이자 대가야의 사후세계관을 잘 보여주는 내세공간이다. 이 시기는 정식 국명을 가라(加羅)라고 했던 대가야가 본격적으로 국가 형성을 시작해 5세기 후반에 고대국가로 변모한다. 지산동고분군이 가야고분군 중에서 차별성을 갖는 것은 사전 기획하에 만들어진 의도된 공간으로 왕도를 병풍처럼 둘러싸며 형성된 주산의 가장 높은 곳에는 왕도를 방어하는 산성을 축조하고 주변으로 거대한 고분군을 조성했다는 점이다. 한마디로 산성과 고분군의 조합이라는 독특한 문화경관을 보여주고 있다.

지산동고분군에서 보이는 대가야 묘제의 가장 큰 특징은 봉분 축조공정에 반영된 토목기술, 주·부곽의 배치형태, 순장곽의 존재 등에서 다른 가야국과 차별성을 보인다는 점이다.

지산동 고분군은 일제강점기에 7차례에 걸쳐 발굴조사를 실시하였고 해방이후 1977년 44·45호 고분을 시작으로 2021년까지 봉토무덤 14기를 발굴조사했다.

대가야의 봉토 축성기술은 지산동 제73~75호분으로 두드러진다. 73호 고분은 현재까지 확인된 지산동 고분군 중 가장 빠른 시기에 축조된 대형무덤이다. 무덤에서는 고리자루칼과 관꾸미개가 출토되어 당시 대가야의 위상을 보여준다.

축성시 초기에는 금관가야와 일정한 관련성을 가지며, 점차 대가야 고유기술로 발전시켜 나간다. 특징적인 것은 제73호분+제74호분의 경우 두 고분의 연결성토층에 호석이 겹치지 않고 1m 정도 떨어져 축조된 점과 후축분을 축조할 때 연접성토층 중에는 공통적으로 대호를 매립했다는 점이다. 이와 같은 연접방식은 다수의 연접분이 확인되는 신라권역에서도 아직 확인된 바 없으므로 대가야 고

고령 개진면 반운리
굽다리쇠뿔손잡이항아리

고령지 산동갑옷과 금관

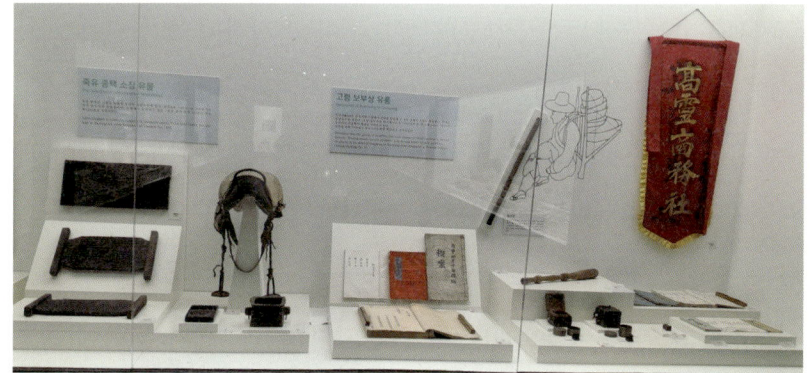

고령 보부상 유품

유의 지산동식 연접방식으로 설명된다.

제73호분은 지산동고분군에서 매장주체부가 목곽으로 밝혀진 유일한 예로 저분구의 봉토를 가진 김해 대성동 1호분과 연결선상에 위치한다. 고령지역 목곽묘 성행기에는 저봉분이 일반적인 형태였는데 제73호분의 목곽봉토분 구조는 목곽묘에서 수혈식석실분(제75호분)으로 이행하는 과도기적 형태로 추정한다. 특히 목곽 벽체와 묘광 사이를 할석으로 빼곡하게 채워 쌓아 넣거나 순장곽이 석곽을 취하는 형태는 목곽묘 축조기에서 볼 수 없는 새로운 축조기술이다.

더불어 주목되는 것은 봉토 축조 시 다양한 구획방식이 적용되었다는 점이다. 구획에 맞추어 순장곽, 동물매장시설, 작업로, 제사시설 등을 조성했다는 점은 봉토 축조가 기본 기획 아래 체계적으로 진행되었음을 보여준다. 또한 봉토 축조 시 사용된 다양한 토목기술은 지산동고분군 만의 특징을 보이므로 지산동식 봉토 축조기술로 설명한다.

지산동고분군에는 5세기부터 봉토분이 군집하여 조성되기 시작한다. 특히 대형 고분은 능선을 따라 연속적으로 분포하고 중소형 고분은 사면부에 분포해 있어 고분의 군집과 배치를 통한 가야 지배층의 계층분화양상이 나타난다. 가장자리에 돌을 쌓아 원형의 평면을 만들고 그 안에 주곽, 부곽, 순장곽을 구분하여 축조하는 가야식석곽묘의 가장 발달된 유형이 발견되며 특히 5세기 후반에 축조된 44호분은 직경 27m의 대형 봉토분으로, 중앙에 주곽을 배치하고, 2기의 부곽과 32기의 순장곽을 가장자리에 배치하였다.

지산동고분군의 유물 문화는 그 지역 일대에 일원적으로 확산된다는 특징을 지닌다. 합천 옥전·번계제고분군, 산청 중촌리고분군, 함양 산백리·백천리 고분군, 남원 월산리 고분군, 장수 삼고리 고분군 등에서 출토된 5세기 후반 이후의 유물들의 유사성이 엿보이기 때문이다.

고령에 중심을 둔 가라국은 5세기 전반 말에 서쪽 합천, 거창, 함양, 산청 북부, 남원 운봉을 거쳐 장수지역까지를 거느린 연맹의 맹주국으로 성장했고 5세기 후반에는 점차 그 지역들을 지방으로서 지배해 나가면서 늦어도 5세기 말에는 그 세력을 섬진강 하구의 하동과 순천 등지까지 확대하는 등 고대국가로서 꾸준한 성장과 발전을 계속했다.

6세기 전반에는 고령계 유물 문화의 전파가 더욱 심화되어 진주 수정봉·옥봉고분군, 고성 율대리고분군, 함안 도항리고분군에까지 고령계 토기가 확산됐다. 그러면서도 고령 지산동고분군의 유물은 다른 지역들에 비해 질과 양의 측면에서 우월성을 유지하고 있어 해당시기에 고령이 당대의 맹주로 부각하였음을 알 수 있다.

지산동고분군의 주된 무덤양식은 수혈식이며 늦은 시기의 일부 무덤은 횡구식석실묘 등이며 봉토분은 약 700기에 달한다. 지름을 기준으로 크기에 따라 고총을 나누어 보면 40m 이상 1기, 40~30m 5기, 30~25m 6기, 25~20m 6기, 20~15m 18기, 15~10m 87기, 10m 미만 581기이다. 지산동고분군은 대가야영역

안은 물론이거니와 가야 전역에서도 최대 규모와 숫자를 자랑하는 고분군이다. 학자들은 원래 봉분이 없거나 남지 않은 소형 석곽묘 등을 포함한다면 전체 고분의 수는 수만 기에 달할 것으로 추산한다.5)6)

<가야의 간판 순장>

가야의 특징이 순장이라는 것은 잘 알려진 사실이다.

순장이란 산 사람을 죽은 사람과 함께 매장하는 것이므로 단순하게 산 사람을 묻는 것은 아니다. 한마디로 매장의례는 입지 선택, 묘곽 축조와 더불어 시신의 매장행위 과정에서 죽은 사람과 영원한 이별을 고하는 동시에 살아있는 사람들에게 사자와의 관계를 확인시켜주는 매우 중요한 정신적 습속이다.

사자의 무덤을 만들면서 사람이나 동물을 함께 죽여서 매장하는 장례행위는 죽은 뒤에도 살아있을 때의 삶이 그대로 지속된다는 계세사상(繼世思想)이 반영된 것으로 볼 수 있다. 그러므로 또한 종교적 행위의 하나로 시작된 희생의 한 범주로 진행하는 인신희생과는 엄밀하게 다르다. 순장은 인간을 제의의 제물로 인식하여 희생하는 인생(人牲)과는 달리 주인을 위해 함께 죽이는 것으로 인순(人殉)이라고도 한다. 인생이 원시종교의 사상에서 기원하여 조령(祖靈)에게 음식을 제공하지만 순장 즉 인순은 주인이 사후에도 인력을 사용하기

---

5) 「[가야문화의 뿌리를 찾아서]④고령 지산동 고분군」, 배병일, 경남도민신문, 2022.12.26
6) http://contents.history.go.kr/front/km/print.do?levelId=km_005_0060_0020_0040&whereStr=

위해 데려간다는 개념에서 시행되는 것이다.

대가야 순장모습

순장은 신석기시대에서 시작하여 최근까지 이어져 온 전 세계적인 매장풍습으로 고대사회에는 이집트와 근동지방, 스키타이, 인도, 중국 등에서 대규모로 이루어진 사례들이 확인된다. 우리나라 최초의 순장기록은 3세기 중엽 경 『삼국지』 위지 동이전에 나오며 부여에서는 100여 명을 순장하였다고 한다. 『삼국사기』에는 신라 지증왕이 502년 순장을 금하는 내용이 있어 이전 시기 신라에서 순장이 이루어졌음을 알 수 있다. 실제로 경주의 황남대총에서 순장의 증거가 발견된다.

가야의 특징으로도 설명되는 순장 양상은 고분의 규모에 상관없이 5세기초에 시작하여, 5세기 중엽으로 가며 점차 늘어나고, 5세기 후반 경에는 순장곽과 순장자의 수가 최대가 된다. 김해의 금관가야에서는 주곽과 부장곽에 순장자를 매납하는 경우가 보편적이며, 묘광 측면의 충전석 부분에서 순장자가 확인된 경우도 있다. 그리고 함안을 비롯한 아라가야지역에서는 한 봉분에 수혈식 석실 1기만 축조하고 한 석실 안에 주인공과 순장자를 함께 매장하는 형태를 보인다.

순장곽의 배치 형태는 제73·75호분에서는 묘광 내에 다수, 봉토 외부에 소수 배치된다. 다만, 제73호분에서는 묘광 내에 3기, 봉토 중에 1기를 배치한 데 비해, 제75호분에서는 묘광 내에 7기, 봉토 중에 3기를 배치하여 전체적으로 수량이 증가한다. 제30호분에서는 주곽 바닥에 1기가 확인되는데, 이는 이전 단계인 묘광 내에 순장곽을 배치하는 것과 동일한 의미로 보인다. 이후 5세기 중엽경인 제74호분 단계부터는 묘광 내에 별도의 순장곽을 설치하지 않는다. 마지막 단계인 제518호분에서는 봉토 최외곽을 따라 순장곽이 방사상으로 배치되며, 순장곽 외에도 배장곽을 덧붙였다. 전체적으로 보면, 순장곽은 대체로 고분의 규모가 클수록 많이 배치되며, 6세기 전엽 이후에는 서서히 사라지고 배장곽으로 대체됨을 알 수 있다.

현재까지 조사된 석곽묘가 400여 기인데 비해 순장곽이 배치된 사례는 14개소로 이를 감안하면 왕족들을 제외하고 순장에 일정한 제약이 있어 이를 시행할 수 있는 계층은 소수였음을 알 수 있다. 한편 소형분으로 순장곽의 크기가 아주 작은 것도 있는데 이들은 순장으로 인식하는데 5세기 말을 지나 6세기 초를 거치면서 순장자의 숫자는 점차 줄어든다.

지산동고분군을 중심으로 한 대가야지역에서는 신라나 여타 가야지역과는 다르게 주인공이 들어가는 주곽과 부장곽에도 순장자를 매장하지만, 별도의 순장곽을 마련하고 그 안에 순장자를 매장하는 차별화된 특징을 보인다. 대가야의 순장은 상대적으로 규모가 큰 고분에 월등히 많은 수의 순장자를 두고 있어 다른 가야에 비해 상대적으로 정치력이 강력했다는 증거로 제시된다. 대가야에서 적어도 4세기 중·후반 경에는 시작된 것으로 추정한다. 이 시점은 대가야의 최고지배자가 한기를 칭하기 시작한 시점과 비슷하며 대가야 멸망 직전인 6세기 중엽 무렵까지 유지되었을 가능성이 높다

현재까지 자료에 의하면 가장 이른 시기인 제73호분에서 11인 이상을 시작으로 5세기 말의 제44호분은 가야고분 중 최고 위계를 자랑하는데 37인 이상이 확인될 정도로 많은 가야인들이 주인과 함께 매장되었다. 이는 당대의 건실한 국가 체계를 갖고 있던 신라의 순장자 수가 10인을 넘지 않는데 비해 상대적으로 순장자의 수가 많다는 점은 대가야 순장의 가장 큰 특징이다.

44호분의 봉토 중앙에는 길이 9.4m의 주석실이 견고하게 파여져있는데 그 남쪽과 서쪽에 부장품을 쌓아둔 부장석실이 한 개씩 배치되었다. 주석실을 덮은 돌은 모두 12개로 1년 열두 주석실 주위로 32기의 작은 석곽이 부채살과 원주모양으로 둘려져 배치되었는데 그 숫자가 최소한 37인이다. 이것은 지산동 고분의 특징으로

주곽이나 부곽 외에 순장된 사람들을 위한 별도의 순장곽을 만들었다는 것이다.

순장자 위치는 주곽 피장자의 족부, 부장곽의 단벽부, 묘광 내 주변부의 순장곽 혹은 목관, 봉분 내 순장곽 등 여러 곳이 있으며, 모두 신체의 훼손 없이 신전장을 하고 있다는 공통점이 보인다. 이러한 순장방식은 지산동고분군 뿐 아니라 인근의 합천·함양 등 대가야 영역권에서 주로 발견되므로 대가야식 순장이라도 부른다.

순장자는 남녀노소 모두가 대상이 되며, 한 기의 순장곽 안에 복수의 인물을 함께 매장한 경우도 있다. 그리고 순장 위치, 착장품 및 지참물로 볼 때 순장자는 피장자 생전에 각자 맡고 있던 역할을 그대로 부여받은 상태로 순장되었을 것으로 보인다. 한편, 비교적 높은 신분도 보이는데, 제73호분 서순장곽의 금동관식이 달린 비단모자를 착용한 순장자, 제75호분 봉분 내 순장곽의 철재 전입식이 달린 비단모자를 착용한 순장자, 제30호분 남순장곽의 금동관을 착용한 어린 순장자 등이 그들이다.

상당한 직급의 순장자들도 많이 보이는데 직능상으로 보면 왕을 호위하던 장군, 호위무사, 비첩, 시녀, 창고지기, 의복 및 음식 담당자, 물품관리인, 마부, 농부 등 다양했을 것으로 추정된다. 주곽의 경우 주로 호위무사와 의례관계자, 비첩이 순장되고, 부곽의 경우 재산관리자,

순장곽에는 시비나 비첩, 말을 다루는 시종, 무사 등 다양한 직능을 가진 계층이 순장되었다. 순장 연령은 10대 이하부터 60대까지

다양한데 순장자들의 관계는 가족, 부부, 부녀, 형제자매, 동녀 1쌍 등으로 추정되었다. 한편, 최근 신라권역인 경산 조영동고분군에서 확인된 순장자의 DNA 분석에서 부부와 그들의 여아, 아버지와 10세 안팎의 여아, 남매가 함께 순장된 것으로 밝혀져 대가야에도 유사한 가족 단위의 순장이 이루어졌을 가능성을 보여준다.

그런데 지산동 고분군에서 발견된 인골의 치아 감정을 맡았던 추광 교수는 타살 흔적이 곳곳에서 나왔다고 발표했다. 두개골에 구멍이 뚫리거나 뼈 일부의 색깔이 바뀐 경우도 많았다는 것이다. 주광 박사는 할복과 납 중독의 가능성을 제기했다. 8세 여아의 두개골은 둔기로 맞은 흔적이 있고 상당수 인골에서 독극물로 인한 변색이 나타났다는 것이다. 더불어 무사의 것으로 보이는 일부 인골은 두개골과 몸통뼈 일부가 외부가 외부요인에 의해 분리된 것으로 나타나 할복의 가능성이 있다고 지적했다. 이 말은 큰 틀에서 순장자들이 별다른 저항없이 죽임을 당했다는 것을 의미한다.[7]

학자들은 지산동고분군에 있어 이런 순장이야말로 계세 사상의 단면을 잘 보여주는 것이라고 설명한다. 이는 순장자가 공양물이나 희생물과 같은 제물로서가 아니라, 내세에서도 주인의 시중을 잘 들겠다는 믿음의 발로라 볼 수 있다.

<출토유물>

매장의례는 봉토를 축성하는 과정에서 다양한 형태로 나타나는

---

7) 『잃어버린 왕국 대가야』, 매일신문특별취재팀, 창해, 2004

데, 가장 일반적으로 보이는 것이 봉토 축성 시 행해지는 제사 관련 유물이다. 그중에서도 매장주체부를 덮는 과정에 보이는 장송의례로 봉토의 규모와는 상관없이 대호, 기대 등이 파쇄된 상태로 확인되는 사례가 많다. 제44호분의 경우에는 봉토상에 10개체 이상의 통형기대 및 발형기대, 제73호분 호석 외곽에서는 대호 2점과 장경호 및 발형기대, 제30호 주구 내에서 대호, 통형기대, 발형기대, 장경호, 고배, 개, 어망추 등이 모두 파쇄되고 흩어진 상태로 확인된다. 소형분에서는 봉토 축성 시 이루어진 제사행위로 기대류를 깨뜨린 후 뿌려놓은 양상이 많이 확인된다. 이처럼 부장품을 훼손하는 훼기는 북방민족의 유습으로 죽은 사람이 다시 살아 돌아오지 못하는 조처라고 설명되기도 한다. 특히 44호분의 순장석곽 3기 (17~19호) 사이의 정지면에서 출토된 말의 이빨과 말머리가 발견되는데 이는 북방민족의 유습이며 북방기마민족의 간판으로 불리는 동복 역시 깨트려져 있다.

대가야양식 토기는 지산동 고분군의 5세기 초로 발형기대와 장경호, 이단투창고배, 개배, 평저단경호 등에서 고유의 특색을 보이기 시작한다. 5세기 중엽 이후에는 형식의 안정화를 이루며 넓은 대각을 가진 고배와 삼각투창과 송엽문

가야 고령 지산동 32호분 금동관

이 새겨진 발형기대, 판상파수가 달린 대부파수부완, 궐수문손잡이의 대부파수부호, 저평통형기대가 새로 등장하여 대가야의 기술을 보여준다. 5세기 말~6세기 초에는 대외적으로 넓게 확산되는데, 북부가야권의 주변지역으로 서진하여 호남 동부지역까지도 전파된다. 6세기 중엽 이후에는 주요 기종의 퇴화가 급속히 진행되고 6세기 말에는 신라토기로 대체되는 경향을 보인다.

지산동고분군의 명성은 금관과 금동관에 있다.

대가야는 가야 여러 나라 중 유일하게 왕관을 사용했다.

1978년 계명대가 발굴한 지산동 32호분에서 가야 최초의 금동관이 출토됐고 거의 원형 상태의 갑옷과 투구가 출토되자 학계가 놀란 것은 과언이 아니다. 이어서 후속 발굴로 놀라운 유물들이 발견되어 고령가야가 가야의 맹주국, 즉 대가야라는 것이 입증되었다. 지산동고분군은 일제강점기에 이미 중요성이 인정되어 1939년 「조선보물고적명승천연기념물보존령」에 의해 고적 제112호로 지정했고 1963년 문화재보호법에 따라 고적이 사적으로 전환되었다. 이러한 조처 등으로 20세기 초까지 구릉지 일대의 봉토분은 잘 보존될 수 있었다.

1971년 대가야 금관으로 추정되는 금관이 호암콜렉션으로 국립중앙박물관에서 전시되었는데 국보 138호이다. 또한 1978년 계명대가 발굴한 지산동 32호분에서 금동관이 발견되었는데 이 금동관은 판모양의 솟은 장식 1매를 이마쪽 정면에 배치한 광배형으로 형태상으로 신라의 '출(出)'자나 새날개 모양의 솟은 장식과 뚜렷히 구분된다. 1994년 지산동 30호분에서 띠고리 길이 15cm인 작은 금동관이 출토되었다. 금동관은 3~11세 가량의 어린이로 소아용 금동관은 이례적이다.

대가야에서 발견된 관은 지산동 30호분, 32호분만이 아니다. 고령에서 출토된 것으로 전해지는 대가야 금관은 호암콜렉션으로 1971년에 국립중앙박물관에서 전시되었는데 곧바로 국보 138호로 지정되었고 더불어 도쿄박물관 소장 금동관 3점이나 된다. 5세기 전반에서 6세기 중엽에 걸쳐 왕이나 왕족 신분과 함께 묻힌 금관, 금동관들은 금관가야가 물러간 뒤 대가야가 서서히 세를 모아 최고의 세력으로 군림하던 기간에 제작된 것으로 추정한다.

한편 지산동 32호 무덤에서 출토된 금동관은 관테의 중앙에 불상 광배 모양의 솟은 장식을 세웠는데, 일본 후쿠이 현(福井縣)이본송산(二本松山) 무덤에서 나온 은제도금관(銀製鍍金冠)과 형태가 유사하여 서로 교류하였음을 짐작하게 한다.[8]

더불어 각종 금속품과 장신구도 대가야의 특징을 보여준다. 금속품은 주로 피장자의 신분을 나타내므로 매우 중요시하는데 부장품으로 금동관, 용봉문·용문·봉황문 환두대도, 안장, 갑옷과 투구, 금은제 이식, 구슬목걸이 등 다양하다. 특히, 정교한 금은제 장식품이나 장식대도 등은 대가야에서 직접 생산한 것으로 보이므로 대가야인의 뛰어난 세공기술 및 기술자 집단의 존재를 확인해 준다.

학자들이 놀라는 것은 32호분 인근의 석곽묘(32NE-1)에서 발견된

---

[8] http://contents.history.go.kr/front/km/print.do?levelId=km_005_0060_0020_0040&whereStr=

고리자루 큰 칼이다. 그런데 이 칼에서 은으로 상감한 당초문양이 발견되었다. 한마디로 상감기법을 사용한 것으로 합천군 옥전고분군에서는 이런 칼이 다섯 자루가 출토되었다.

　박장식 교수는 가야의 철기술은 전통적인 로마식 기술체계를 따르는데 백제는 중국식 기술체계를 도입했다. 가야의 철기는 대체로 철 소재를 망치 등으로 두드려 형태를 만드는 과정, 제철로에서 달군 숯 속에 소재를 꽂아 탄소를 주입하는 과정, 담금질을 통한 열처리 과정을 거쳤다. 즉 단조에 의한 형태가공, 표면침탄법을 통한 제강공정 그리고 열처리 등 3단계로 제작된 것이다. 이런 공정은 신라의 철기 기술 체계와 비슷하지만 제강공정을 먼저 거친 후 형태를 가공하는 백제 방식과는 정반대의 공정이다. 한마디로 가야는 낫, 칼을 만드는 기술에서 나아가 상감기법을 활용하고 갑옷, 투구, 금관까지 만들어낸 고도의 제련, 제강 기술을 갖고 있었다는 뜻이다.[9]

　주산성에서 남으로 이어지는 정선부에 위치한 대형분인 제1~5호분은 많은 학자들이 왕묘로 비정한다. 김용성 박사는 이 대형분들이 앞 시기의 고총과는 달리 일정한 간격을 두고 배열되었고 주변으로 소형분들이 거의 없다는 점은 각 왕묘 전면에 단독의 배례공간이 마련되었음을 의미한다고 설명했다. 왕묘+배례공간의 구조로 보면 공통적인 양상으로 볼 수 있다는 것이다.

　학자들은 5세기 말부터 비로소 지산동고분군이 특정 수장계열의

---

9) 「잃어버린 왕국 대가야」, 매일신문특별취재팀, 창해, 2004

왕묘역으로 기능하기 시작한 것으로 보고 있다. 이는 복수집단의 공립에 의했던 대가야 왕권이 특정 수장계열에 고정되는 과정을 반영하며, 이 시기를 대가야의 내외적 획기적인 발전기로 평가한다.

그러므로 여러 가지 정황을 감안하여 44호분의 경우 특별대우를 한다. 5세기 말에 조영되었고 최소한 37인의 순장자를 가졌으며 각종 위신재와 함께 두 기의 대형부곽을 갖춘 대형 석곽 안에 매장된 점 등으로 보아 479년 남제로부터 본국왕으로 책봉된 가라왕으로 대가야양식 장경호에 새겨진 대왕과 같은 존재로 생각한다. 피장자를 하지왕으로 비정할 수 있으며 45호분의 경우에는 하지왕의 배우자로 추정한다.

그러나 지산동고분군에 있어 왕묘에 비정되는 고분을 직경 20m 이상의 대형분이 무려 19기나 되어 이들을 왕과 왕비, 왕의 직계가족 등의 무덤으로 비정한다.

제45호분은 석곽으로 대형의 주·부곽이 병렬배치되었고, 순장곽은 봉분에 방사상으로 11기가 조성되었으며, 순장자는 13인 이상으로 추정된다. 주곽에는 신라산 은장환두대도와 은장도자 각 1점, 갑옷과 목가리개, 금동제 관형장식 1점, 금동제 수식부이식 2세트, 은제이식 1점, 경식 및 곡옥, 금동 및 은동제 마구류일습 등 고급 위신품이 출토되었는데 절정의 세공기술로 제작되어 당시 대가야의 기술 수준을 잘 보여준다. 또한 순장곽에서는 금동제 수식부이식. 곡옥, 도자 등이 출토되어 순장자의 계층이 다양했음도 알려준다.

특히 5세기에 출현한 대가야식 토기는 물결문양장식의 장경호,

뱀모양장식이 붙은 기대 등이 특징으로 5세기 후반에 가야 각 정치체로 확산되어 가야토기 양식의 공통성 형성에 영향을 준다. 대가야는 5세기부터 주변국과 활발히 교역하였는데 지산동 44호분에서 출토된 3점의 청동그릇은 백제, 73호분에서 출토된 새날개모양 관장식은 신라, 44호분 출토 야광조개 국자는 일본에서 유래한 것이다. 또한 백제나 중국계의 것으로 보이는 등잔도 한 점 출토되었다.

한편, 제물로서 토기 속에 음식물을 넣어 두기도 하는데, 지산동고분군에서도 제물로 사용된 음식물은 닭이나 꿩과 같은 조류, 대구와 같은 바다생선, 바닷게, 두두럭고둥 등이 있다. 그 외 민물어류인 누치가 많이 출토되어 당시의 어로 대상을 짐작케 해주며, 곡물인 볍씨와 기장도 출토되었다. 조류는 머리와 다리가 잘린 채 장만되어 닭 한 마리 또는 반 마리를 담은 경우가 확인되고, 해산물들은 염장되어 이동된 것으로 추정된다.

<유네스코세계유산으로 등재>

고령 지산동 대가야고분군이 세계 문화유산으로서 갖춘 탁월한 보편적 가치는 세 가지로 요약된다.

첫째, 고령 지산동고분군은 고대국가 형성기 대가야 사회 지배층의 공동묘지라는 점이다. 특히 왕을 포함한 지배층이 이승과 저승을 별개로 구분되지 않고 하나라는 내세관을 토대로 자신들의 무덤을 생시에 살았던 도읍 내 취락 및 평지가 바라다 보이는 인접 구릉에 집단적으로 축조한 유적이다. 한마디로 지산동고분군이 소재한 구릉 전체가 바로 대가야 왕과 귀족의 내세공간이라는 뜻이다. 즉 지산동고분군은 대가야 지배층이 고대국가 초기의 아주 독특한 내세관과 그에 따른 장의문화를 자연경관에 맞추어 실현했음을 말해주는 유례를 보기 드문 유적이라는 설명이다.

둘째, 고대국가 형성기 대가야 지배층이 지산동고분군에 무덤을 축조하면서 자신들의 혈통적·정치사회적 정체성을 표현했으므로 당시 사회의 조직적 특성이 응축되어 있는 유적으로 평가된다는 점이다.

셋째, 지산동고분군의 무덤 축조에는 자연적·문화적 경관에 대한 인식을 토대로 당시 개발된 뛰어난 토목기술이 적용되었다. 대가야의 지배층이 살았던 때의 거주지와 방어시설, 그리고 사후의 공동묘지를 일정한 장소 안에 배치하는 등 독특한 문화경관을 만들어냈다는 것이다.

지산동고분군은 단지 고령 지역 대가야의 중심 고분군에 그치지 않고 호남 동부까지 세력을 떨치고 가야 지역 태반을 넘는 북부 및 서부를 호령한 대가야 국가를 대표하는 고분군이라는 성격을 동시에 갖고 있다. 이런 사실은 지산동고분군에서 출토되는 토기와 똑같은 고령산 토기 및 동일 양식 토기들과 대가야식금제 귀걸이가 그 영역 내 지방 각지의 고총군에서 출토되는 사실로 미루어 알수 있다. 그런 귀걸이는 왕도 고령의 지배층이 지방 각지 수장층의 생전에 그 지위를 인정하는 표시로 하사했으며 고령산 토기들은 그들의 장례에 정치적 조문을 하면서 보낸 선물의 성격이라고 설명한다. 학자들은 이런 유물들이 선물이었다는 점은 그것들에 대한 답례의 형식으로 막대한 양의 식량 등 공납물이 고령 지역에 보내졌다고 추정한다. 한마디로 지산동고분군은 궁극적으로는 대가야 국가 영역 내 각지의 물적 자원을 기반으로 조영된 것이라는 의미다.

무덤들에서는 대가야의 독특한 토기와 각종 철기, 말갖춤을 비롯해 금동관과 금귀걸이 등 장신구가 출토됐다. 지산동고분군이 자리 잡은 공간은 대가야의 왕을 비롯한 왕족 및 귀족 등 지배층 사람들이 묻힌 망자 전용의 공간으로서 신성구역이었다는 뜻이다.

대가야가 남다르게 건국신화조차 만들었지만 주체적 기록을 남기지 못하여 신라에 패망한 뒤 역사의 패자로서 그 역사가 철저히 사라진 것은 사실이다. 그러나 지산동 고분군 등이 대가야의 찬란했던 문화와 국가로서의 위용을 전해주고 있는 것은 사실이다. 유네스코세계유산으로 지정된 이후의 연구결과로 대가야의 찬란한 문화를 전 세계에 널리 알릴 수 있는 계기가 되었다고 설명된다.[10]

가야고분군은 박물관에서 해당 고분군의 정보를 자세하게 전해준다는 것이 장점이다. 왕릉 전시관 바로 옆 30호분은 어린아이의 금동관이 발견되어 유명세를 갖고 있으며 전시관 뒤편 주능선 구릉지대에 32호분에서 35분이 배치되어 있는데 이들 모두 400년대 초엽에 축조됐다. 국명도 '반로'에서 '가라'로 공식화된 시점이다.

---

10) 「[가야문화의 뿌리를 찾아서]④고령 지산동 고분군」, 배병일, 경남도민신문, 2022.12.26

32호와 33호는 아래위가 아닌 동서로 나란히 배치되었고 34호와 35호는 호석과 봉토가 서로 연결되어 있다. 34호는 남선, 35호는 여성 무덤으로 왕과 왕비의 무덤으로 비정한다. 금동관, 갑옷과 투구 그리고 큰 칼이 나온 32호와 귀고리, 옥류가 나온 유물도 무덤 배열을 볼 때 부부묘일 가능성이 있다.

44, 45, 47호분은 가라국이 중국과 왜에 사신을 보내는 등 왕성한 활동을 보인 시기를 반영한다. 사실 이들 무덤 축조가 만만치 않다는 것은 현장의 무덤만 보아도 알 수 있다. 이같이 커다란 무덤은 대규모 인력을 동원하고 지배체제를 굳히는 계기로 활용했는데 우선 시신을 가매장한 후 묘터를 조성해 본매장을 하기까지는 상당의 인력과 수개월의 기간이 걸린다. 가야도 고구려, 백제처럼 3년상을 치뤘으며 순장자를 선정한 후 전문기술자와 주술사를 동원하여 장례의식을 벌임으로써 강력한 권위를 과시했다. 이들 44호, 45호분에서 각기 32기와 11기의 순장용 널이 발견되었다는 것은 그 위세를 알 수 있는데 학자들은 이 두 무덤의 주인공을 중국에 사신을 만든 '하지왕'이나 가야금을 만들게 한 '가실왕'으로 비정한다. 한편 47호분은 '금링왕릉'으로 전해지며 지산동 고분군 중 최대임을 현장에서 느낄 수 있을 것이다.

대가야를 이야기하면 3대 악성(우륵, 왕산악, 박연) 중 한 명인 우륵을 연상하는 한국인들이 많을 것이다. 우륵은 대가야의 성열현 출신으로 가실왕의 명을 받아 현 우륵박물관이 위치한 금곡에서 가야금을 만들고 후에 대가야의 명운이 기울면서 우륵이 신라로 망명한 후 그

곡수는 185곡으로 늘었다고 알려지지만 현재는 가야금 12곡의 이름이 전해진다. 통일신라 때에는 신라금이라는 이름으로 일본에 전해졌고 현재도 일본 정창원(正倉院)에 당시의 가야금이 보존되어 있다.

대가야왕인 가실왕은 여러 고을의 방언이 다르므로 소리도 같지 않다며 고을마다 소리를 따로 만들라는 명령했다. 한마디로 분열된 가야를 음악으로 통일코자 한 것이다.

우륵은 백제의 10줄 현악기(마한시대, 광주 신창동 출토), 중국 남제에서 가져온 쟁(箏)도 아닌 대가야 고유의 악기를 만들었다. 가야금은 오동나무 앞뒤 판, 명주실 12줄, 돌배나무 안족 등 순수한 자연의 재료로만 만들어 줄이 물러 음역이 넓고 자연의 물소리, 새소리도 흘러나온다. 12줄은 1년 열두 달을 상징한다. 중국과 일본이 현악기를 앞에 두고 손톱으로 연주한다면 우륵은 금을 몸에 밀착하고 손가락 살로 현을 뜯는다.

문제는 당대의 정황이 만만치 않다는 점이다. 532년 금관이 신라에 투항했고 월광태자는 '월광사'를 건립하여 속세를 떠나자 우륵도 제자 이문을 데리고 신라로 향했다. 신라 진흥왕은 국원(충주) 탄금대에 보금자리를 마련해주었고 551년 3월 우륵은 당성(청주)에 행차한 진흥왕 앞에서 12곡을 연주했다. 대가야의 가야금은 신라의 소리로 바뀌었고 고령, 경주, 충주를 거쳐 이젠 세계로 뻗어나가고 있다.

우륵박물관은 대가야박물관 인근에 있는데 전시 자체가 음악을 기초로 하였으므로 다른 박물관과는 이색적이다. 전시장은 '고대 음악의 세계', '대가야와 우륵', '우륵의 음악 예술', '우리 악기의 어울림', '가야금의 변천사', '한민족의 악기 가야금' 등으로 대가야박물관을 방문할 때 빠트리지 말기 바란다.[11]

---
11) 「우륵박물관」, 우륵박물관

제2장 : 합천 옥전고분군(사적 제326호)

 낙동강 하구에서 물길을 따라 100km 거슬러 올라가면 서쪽에서 흘러들어오는 황강을 만난다. 황강을 따라 다시 7km 남짓 들어가면 북쪽 야트막한 능선이 있는데 이곳이 옥전고분군(玉田古墳群)의 터전이다. 황강을 건너 남쪽 5km 거리에 5만 년 전 운석 충돌로 형성된 초계분지가 있고 서쪽으로 10km거리에 대야성이 있는 합천읍이 있다.

옥전고분군

경상남도 합천군 쌍책면 성산리에 위치하는데 유네스코 세계유산으로 등재된 것은 목관묘, 목곽묘, 석실묘(돌방무덤. 石室墳) 등 다양한 종류의 무덤이 존재하며 풍부한 유물이 출토되는 가야 지역의 대표 무덤 중 하나이기 때문이다.

옥전고분군이란 이름은 고분군에서 고대에 제작된 구슬이 많이 출토되었고 고분군에 인접한 마을의 지명이 구슬과 관련되므로 '구슬이 많이 나는 밭'이라는 의미로 '옥전(玉田)'으로 명명한 것이다.

가야의 중심고분군은 대체로 도성과 인접하여 굽어 보는 위치에 자리잡고 있다. 옥전고분군 역시 도성으로 알려진 성산토성에 인접한다. 더불어 이들 위치는 황강과 낙동강이 만나는 교통로라는 점이다. 황강을 통해서 내륙, 낙동강을 통해서 가야와 신라까지도 교류할 수 있었다. 그러므로 북으로 고령의 대가야 권역, 남으로 김해의 금관가야와 함안의 아라가야 권역, 삼가지역의 소가야 권역과 이어지며 함양·생초-남원을 통해 백제, 비야가야를 통해 신라와도 교류할 수 있는 교통의 요충지라는 이점을 갖고 있었다.

그런데 가야의 다라국으로 불리는 옥전고분군은 20세기 중반까지 숲으로 덮여 있었으나 황강 상류의 합천댐 수몰지역에 대한 지표조사에서 다수의 선사 가야유적이 발견되자 경상국립대학교에서 1985년부터 황강하류 지역에 대한 유적조사에 착수했다. 고고학 지표조사를 통해 가야 시대의 고분군으로 밝혀졌고 묘제와 부장품을 통해 가야 시대 고분으로서의 중요성이 인정되어 1988년 사적으로 지정되었고 이어서 세계유산으로 지정된 것이다.

다라국은 『양직공도(梁職貢圖)』와 『일본서기(日本書紀)』에 전해져 온다.

『양직공도』는 중국 남북조시대 양나라 원제에게 526~536년 무렵 조공을 바치러 온 외국의 사신들과 그 나라의 풍속을 간략하게 그림으로 해설한 도서인데 백제를 따른 나라로 다라(多羅)가 포함되어 있다. 『일본서기』에는 다라국은 가야의 한 소국이며, 다라국이 관직 제도를 갖춘 사회구조였다고 적었다.

합천은 경남 서북부에 위치하는데 동부는 고령·창녕, 서부는 거창·산청, 남부는 의령, 북부는 성주와 접하고 있다. 가야산, 시리봉, 산성산, 오도산으로 둘러 싸여져 있는데 이들 산지에서 발원한 하천은 대부분 거창의 산간에서 발원한 황강으로 유입된 후 낙동강에 합류한다.

다라국 토성과 접하고 있는 황강 수계는 낙동강 본류와 합류하여 고령, 창녕, 김해, 나아가 남해까지 연결되는 등 요충치에 위치하므로 이 일대 정치, 경제, 군사, 문화의 중심지였다고 볼 수 있다. 다라국의 흥망성쇠는 다음과 같이 설명된다.

① 다라국 성립 이전

다라국이 성립되기 전부터 이곳에 사람들이 살고 있었다. 옥전고분군 주변에서 1~4세기 때의 목관묘와 목곽묘가 확인된다.

② 성립기

성립기는 5세기 전반으로 거대한 목곽묘가 축조되고 기존에 보이지 않던 금공품, 갑주, 환두대도, 관모 등 권력과 지배자를 상징하는 유물들이 출토됨.

③ 발전기

다라국의 발전기는 5세기 후반으로 새로운 형태의 석곽무덤이 등장하고 로만클라스와 창녕계토기 등 신라 관련 유물이 나타난다. 이 시기 독자적 성장과 활발한 대외교류가 시작되었다.

④ 전성기

5세기 말 최전성기 지배자 무덤인 M3호분에서 121매의 주조철부와 4자루의 용봉문환두대도, 각종 무기와 무구, 토끼, 사슴 등의 화려한 유물들이 부장되었다. 6세기 초에는 M4호분과 같은 대가야식 석관묘가 발견된다. 대가야의 영향아래 안정적으로 발전한 시기다.

⑤ 쇠퇴

6세기 중엽부터 독자성을 상실하고 쇠퇴하기 시작한다. 옥전 M6호분의 출자형 금동관의 부장, M10호분의 횡구식석실묘(橫口式石室墓)과 백제 관련 유물들이 발견된다. 이는 이들의 지속적인 영향 속에 있다가 대가야가 멸망하던 562년 경 함께 역사속에서 사라진다.

⑥ 멸망 그 이후

옥전고분군 고총묘역에서 북동쪽으로 300미터 떨어진 곳에 멸망

이후의 지배자 무덤 M28호분이 자리잡고 있다. 이 무덤은 신라식이다.[12]

<다라국의 간판>

황강이 합천 골짝을 지나 합천호에 머물며 쉬어 가는데 합천호를 에두른 도로는 소문난 드라이브 명소이다. 황강이 낙동강과 합류하기 전 강변 구릉에 보이는 것이 바로 옥전고분군이다.

고분군은 고사리산에서 남동쪽 황강방향으로 뻗어 내린 구릉 말단부 해발 50~80m에 자리하고 있다. 동쪽에는 성산천을 따라 가마솥들, 서쪽에는 황강 연안으로 앞들이 넓게 형성되어 농경지로 이용되고 있다. 북쪽으로는 야다골, 남쪽으로는 옥전골이 가마솥들로 이어지는데 낙동강 본류에서 보면 자연 성책(城柵)에 둘러 싸여진 형세이다.

낙동강 하류역에서 1~3세기대 고분은 달성 화산리·창녕 초곡리·합천성산리·창원 다호리·밀양 교동·내이동·제대리·전사포리·김해 대성동·양동리 등에서 확인된다. 달성 화산리는 1세기 후반~2세기 후반, 합천 성산리는 1세기 중반~3세기 후반, 창녕 초곡리는 3세기 중반~4세기 전반, 창원다호리는 기원전 1세기~기원후 2세기, 밀양 교동은 기원전 1세기~기원후 1세기, 내이동은 기원후 1세기대, 제대리·전사포리는 기원후 2세기대, 김해 대성동·양동리는 기원후 1~5세기대 고분이 연속적으로 조성된다.

---

12) 「합천 옥전고분군」, 합천박물관

일제강점기 고적조사에서 존재가 확인된 적은 있지만 구체적인 실체가 밝혀지지 않았는데 경상국립대학교에서 1985년부터 1992년까지 유적조사를 통해 그 전모가 밝혀지기 시작했다. 고분은 능선을 따라 넓게 분포하고 있는데 고분의 총수는 약 1,000기에 달할 것으로 추산되며 지름 20~30m의 고총고분(高塚古墳) 또한 27기에 이르며 목관묘와 목곽묘, 석곽묘, 석실묘 등 모두 187기의 유구와 4,000여 점에 달하는 유물이 출토되었다

<고분 축조의 교과서>

가야 고분은 시기에 따라 규모나 재질, 축조방식이 변하는데 대체로 1~2세기에는 목관묘(나무널무덤), 2-4세기에는 목곽묘(나무덧널무덤), 5~6세기에는 석관묘(돌덧널부덤), 6세기 중엽에는 석실묘(돌방무덤)가 축조된다.

1단계(1~2세기)는 목관묘 축조시기로 규모는 소형이고 구조에서 위계 차이를 보이지 않는다. 금속유물은 철검을 비롯한 무기류와 농공구류가 출토되지만 마구류나 청동기류 등은 발견되지 않았다. 1단계 목관묘 축조기에 입지, 규모, 구조 등에서 서열화를 보이지 않는데 학자들은 이 당시에 큰 사회분화는 이루어지지 않았다고 설명한다.

2단계(2~4세기)는 목관묘에 비하여 규모가 커지면서 방형에 가까운 장방형목곽묘가 등장한다. 현재 고분의 일부만 조사되었는데 철모·철촉, 철부·철검 등 소량의 유물이 출토되며 김해·울산지역

과 같은 대형 목곽묘와 대량의 금속유물은 확인되지 않았다. 후기 와질토기 단계의 새로운 기종인 대부광구호, 대부직구호, 노형토기 등이 부장되었지만 유구의 수가 적고 부장된 유물의 양도 많지 않은 것으로 보아 아직중심고분군으로 성장하지 못하였다고 설명한다. 장방형목곽묘를 이어 장단비 4:1 이상의 세장방형목곽묘가 새롭게 출현하는데 이들은 옥전리 고분군을 비롯하여 함안, 울산, 경주, 포항 등 광범위한 지역에서 축조된다. 이러한 평면 형태는 김해·부산지역의 呂자형 이혈 주부곽식과 대비된다.

이 시기의 유물은 고식도질토기 단계에 속하는 무개무투창 고배를 중심으로 노형토기, 컵형토기, 대부소호, 소형기대와 함께 철기는 여전히 소량 부장되며, 철모·철촉, 철부·철겸이 주를 이루는데 집단 내에서 우월한 존재가 눈에 띄지만 전체적인 흐름으로 볼

옥전54호 나무덧널무덤

때, 아직 미미한 상태이다.

가야고분에서 석곽묘는 4세기 후반에 출현하며 3단계(5~6세기) 가야고분군의 대표적인 무덤 형태로 정착한다. 그런데 옥전고분군에는 5세기 전반에 위석목곽묘 등이 등장하며 5세기 후반에서야 목곽묘와 함께 축조된다. 장방형목곽묘가 대형화하면서 목곽의 충전재료에 다량의 돌과 흙을 사용한다. 그리고 바닥에 2~3열의 석재를 설치하여 목구조물의 받침대로 사용하였다. 목구조물의 결구에는 꺾쇠를 비롯한 'ㄱ'자형 철기를 사용하였는데 옥전고분군의 석곽묘의 경우 뚜껑돌이 아니라 나무 뚜껑을 덮고 이쓴데 목관묘의 축조기술을 따랐던 것으로 추정한다. 유물은 투창고배와 광구장경호, 발형기대와 같은 신기종이 출현하며 금속유물은 갑주와 마구, 조형장철판의기, 금공품 등이 이 시기부터 새롭게 나타난다. 옥전 23호는 목곽의 면적 9.54㎡로 대형인데 금공품과 관모를 비롯하여 환두대도의 복수부장, 갑주와 마구, 금동장 투구와 금제 수하식 이식 등을 부장하는 등 규모와 부장유물에서 최고위급에 해당한다. 따라서 이 단계에 옥전을 중심으로 강력한 정치집단의 출현을 엿볼수 있다.

석실묘는 6세기 전반부터 축조된다. 대부분 중형이고, 평면형태가 방형에 가깝다. 횡구식과 횡혈식으로 나누어지지만 창리고분군은 횡구식, 저포리고분군은 횡혈식을 많이 사용하였다. 횡구식은 단벽 출입구에 전면시상, 횡혈식은 중앙출입구에 오벽 시상대의 비율이 높게 나타났다. 횡구식석실묘가 채용되면서 박장(薄葬)으로 변형된다. 그럼에도 금속유물에 있어서 금동·은제 보관과 단봉문환두대도 및 무기류, 마구류 등이 부장되었다. 보관의 형태가 신라계인 출자형(出字形)인 점이 주목된다.

옥천고분군에서는 가야의 다른 지역과는 달리 목관묘가 오랫동안 지속되고 덧널무덤 내부에 칸막이 벽을 설치하여 주곽과 부곽을 구분했다.

옥전고분군의 중요성은 이와같이 목관묘, 목곽묘, 석관묘, 석실묘가 순차적으로 축조되어 고분 축조의 교과서라는 점이다. 4세기에 축조된 목곽묘가 구릉지 중앙 정상부에 군집하며 5세기 후반에 축조된 석곽묘와 석실묘가 구릉지 서측 정상부에 조성되어 있다. 이곳에서 가야의 부장품 중 가장 화려한 금속공예기술을 보여주는 유물이 출토된다. 이를 발굴에 따른 고분을 토대로 설명한다.

<옥전고분군 발굴>

옥전고분군의 지표조사과정에서 발굴이 필요하다는 지적하에 1985년 11월 제1차 발굴이 시작되었다. 발굴 위치는 고총의 동쪽 능선인데 곧바로 목곽묘 36기, 수혈식석곽묘가 12기, 옹관도 2기가 발견되었고 다양한 토기류와 금속유물이 쏟아져 나왔다. 특히 23호분에서 금동제 관모, 금동투구 등이 출토되었고 무덤의 주인공은 강력한 힘을 가졌던 가야의 최고 지배자로 인정되었다. 여기에서 중요한 것은 이들이 대가야와는 별개의 독자적인 정치집단이라는 것이다.

이어서 제2차 발굴이 이어졌는데 M2, M3, M18호분의 고총이 대상이다.

옥전 M3호분은 다라국이 위치했던 합천 옥전에 있는 거대한 무덤으로 깬돌을 쌓아 만든 무덤인데 널 아래에서 주조쇠도끼 121점이 다량으로 출토되었다. 당시 주조쇠도끼는 돈과 같은 역할을 해 무덤 주인의 막강한 권력과 부를 과시하는 용도로 사용되었다. 가야에서 칼은 신분을 상징하는 무기로 손잡이와 칼집이 얼마나 화려한가에 따라 신분의 고하를 나타냈다. 따라서 신분이 높을수록 화려한 장식에 집착하였는데 옥전 M3호분에서는 왕릉에서만 출토되는 용과 봉황 문양 고리자루큰칼 한 자루, 용봉 문양 고리자루큰칼 두 자루, 용 문양 고리자루큰칼 한 자루 등 총 네 자루(보물 제1042호)가 출토되었다. 용과 봉황은 고대 신화에서 신령스러운 동물로 꼽히는 만큼 고리 내부는 물론이고 손잡이 위아래, 앞뒷면까지 용 열 마리 내외가 배치되어 있다.

손잡이 위아래 용 문양은 얇은 금판을 두드려 도드라지게 만들었는데 2마리 용이 서로 몸을 비틀며 하늘로 용솟음치는 모습을 새겨 놓았다. 손잡이 끝의 둥근 고리는 주조 방식으로 제작하여 용문양을 부각시켰고 고리 안쪽에는 용과 봉황을 직접 만들어 꽂았다. 용봉무늬의 경우 용과 봉황이 서로 목을 비틀고 있고 봉황무늬의 경우 봉황 1마리만 배치되어 있다. 벼슬과 부리가 있는 것이 봉황이고 수염을 늘어뜨리고 입을 벌리고 있는 것이 용이다. 나무로 만든 칼집도 중간과 끝부분에 문양을 새긴 금판으로 장식했는데 이들은 가야인의 섬세한 금속공예 기법을 보여주는 수작으로 꼽힌다.

옥전 M3호 무덤에서 농기구들이 발견되는데 이중 눈에 띄는 것은 살포이다. 살포는 중국이나 일본에서 거의 발견되지 않는 우리나라 특유의 농기구로, 김매기할 때 사용한다. 살포의 등장으로 U자형 따비(갈이), 살포(김매기), 낫(걷이)이라는 단계적인 지배층의 농기구가 완성되는데 이런 살포가 옥전 무덤에서 발견되었다는 것은 지배층이 논농사를 장악하고 통치하였다는 것을 보여준다.

특이한 것은 백제계 유물에서 보이는 것처럼 쇠도끼, 낫, 살포 등 다양한 종류의 도구를 작은 모형으로 만들어 부장했다는 것이다. 학자들은 실생활 도구를 그대로 작게 만든 것은 사자가 사후에도 현실 생활을 유지하게 하려는 내세관으로 설명하는데 축소된 농기구가 눈에 띤다.

옥전나무덧널무덤 (성산리유적24호)

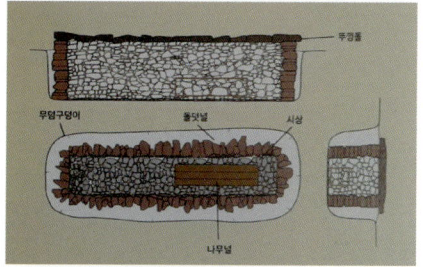

옥전돌덧널무덤 모식도

더불어 봉토 주위에 토기를 깨뜨려 묻은 제사 유구가 발견되는데 이는 의도적으로 토기를 깨뜨리는 훼기 의식으로 본다. 토기를 깨

옥전M10호 (돌방무덤)

뜨리는 행위는 주위를 정화(淨化)하는 풍습과 앞에서 설명한 북방민족의 믿음과 관련이 있다고 한다. 더불어 부장된 토기 중도 토기 입술 부분이나 다리 부분에 의도적으로 파손했는데 이는 가야지역에서 토기를 훼기하는 의식이 상당히 퍼져 있었던 것을 알려준다.

이외에도 금동장식투구와 각종 장식마구, 무구 등이 쏟아져 나왔

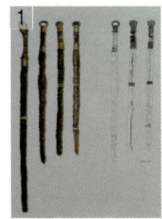

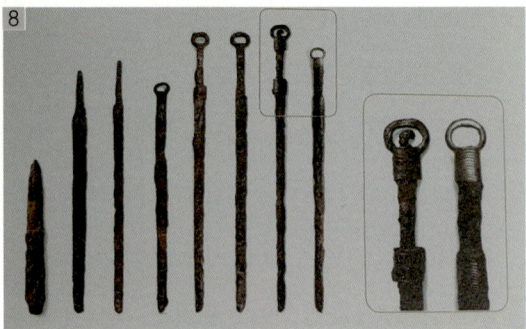

1. 옥전M3호분용봉무늬고리자리큰칼(보물제2042호)
2. 옥전28호분귀걸이(보물제2043호)
3. 옥전M4호분금귀걸이(보물제2044호)
4. 옥전M1호로만그라스
5. 함안마갑총
6. 옥전M6호 분배모양토기
7. 옥전고분군출토투구
8. 옥전철검과대도

고 대량의 토기들과 함께 순록으로 추정되는 대형사슴 2마리가 통째로 묻혀 있었다. 이런 화려한 부장유물은 M3호분이 옥전고분군 중 최전성기의 지배자 무덤임을 알려준다.

1989년 제3차 발굴이 M11호와 M10호분에 집중되었는데 이들 무덤은 기존의 무덤과는 내부구조가 서로 달랐다. 2기 모두 무덤으로 들어가는 출입구가 있는 석실묘(돌방무덤)이다. 이런 새로운 구조의 무덤은 가족 또는 가까운 사람들을 여러 차례 매장할 수 있는 특징이 있다. M10호는 입구에 문이 달려 있는 앞트기식돌방무덤(횡구식석실묘(橫口式石室墓))이며 M11호분은 연도가 있는 굴식돌방무덤(횡혈식석실묘(橫穴式石室墓))이다. 이들이 확인되면서 가야무덤은 목관묘- 석관묘-석실묘로 변한다는 사실이 증명되었다.

제4차 발굴은 1991년 7월에 시작되었는데 사적정비 차원에서 M1호분과 M4호분이 대상이었다. M1호분은 봉토분으로 봉분은 19.5x21.4미터의 타원형으로 가장자리에 돌을 쌓았다. 7.5x1.9미터의 덧널 가운데 칸막이벽을 설치하여 주검을 안치한 주덧널과 유물을 부장한 부덧널로 구분하였는데 덧널은 석재를 쌓아 보강하였다. 도굴의 흔적이 있었지만 큰칼 11점, 쇠창 10점, 화살촉 300여점, 말갑옷과 말투구, 금동허리띠장식·유리그릇 등을 부장하였다. 특히 3기의 순장곽을 배치하여 순장의 가능성이 보이며 당시 가야에서는 발견된 적이 없는 로만글라스(Roman-glass)가 출토되었는데 이와 유사한 형태의 로만글라스는 경주 금령총에서도 확인된다. 이는 옥전 세력이 주변 지역과의 교류 교섭 속에서 성장했음을 알려준다.

한편 M4호분은 뚜껑돌이 보이지 않아 나무 뚜껑을 하였을 것으로 추정되며 돌덧널 주변과 봉토에는 많은 돌을 올려 견고하게 쌓았다. 금제곡옥, 금제귀걸이와 함께 봉황무늬고리자루 큰 칼 2점이 출토되었다. 6세기 전반으로 추정되는 금제귀걸이는 두터운 금봉으로 고리를 만들고 그 아래로 가는 고리를 늘어뜨려 공 모양 구체와 고리연접입방체를 꿰었다. 공 표면에는 중간에 2줄의 새김눈테를 새기고 가장자리를 따라 금 알갱이를 붙였는데 현재 보물 제2044호이다.

제5차 발굴은 1991년 12월에 시작되었는데 서부 능선에 있는 중심무덤인 M6호분과 M7호분을 대상으로 했다. M6호분은 대가야계 석관묘인데 유물은 신라계의 출자형 금동보관, 은제관, 봉황무늬고리자루큰칼이 출토되었다. 이것은 옥전고분군이 왕릉 묘역임을 분명히 보여주는 증거로 제시되었다.

1994년에는 매우 중요한 유물이 발견되었다. 99호분 목곽묘에서 배모양 토기 2점이 출토되어 이는 당시 옥전지역 가야인들이 배를 이용하였음을 보여주는 자료이다.

2009년에도 고분 발굴은 진행되어 서쪽 주능선 동쪽 약 300m 떨어진 28호분이 조사되었다. 이 무덤은 내부 구조가 기존의 지배집단 무덤과는 달리 신라식으로 신라에 의해 기존 지배집단이 해체된 이후의 지역 지배자의 무덤으로 파악되었는데 한 쌍의 화려한 귀걸이(보물 제2043호)가 출토되었다. 5세기 후반경으로 추정되는데 약간 두터운 금봉을 구부려 고리를 만들고 다시 아래에 작은 고리를 연결한 후 그 아래로 세가닥의 금사슬 드리개를 내렸다. 이처럼 긴 사슬로 드리개를 매단 금귀걸이는 신라나 백제에서는 보이지 않는 가야의 독창적인 형태이다.

옥전고분군의 발굴은 계속 진행되면서 왕들이 살았던 성산토성 발굴도 시작되어 가야왕성의 실체가 드러나고 있으므로 전체를 파악하기 위해서는 앞으로도 상당 시간이 필요함은 물론이다.[13]

옥전고분군은 유구와 유물에서 다양한 외래계 요소들이 확인된다. 고분군이 자리한 일대가 옥전(玉田) 즉, 구슬밭으로 불릴 정도로 작은 구슬들이 많이 발견되었는데 옥전 고분군에서 발견된 구슬은 평범한 유리구슬이 아닌 곡옥(曲玉)이다. 곡옥은 반달 모양으로 다듬은 구슬로 끈에 꿰어 장식용으로 사용되었다. 로만글라스도 함께 발굴되었는데 로마제국에서 제작된 유리잔으로 당시 다라국의 해외 교류를 엿볼 수 있다.

옥전 M6호분에서 출토된 금관은 신라의 금관을 닮았고, 옥전 M23호분은 목곽묘인데 무덤 내부로 흘러내린 흙으로 볼 때 적어도 1.3미터 이상의 봉분이 있었던 것으로 추정한다. 무덤은 대형구덩이를 파고 그 내보에 5.3x1.8미터의 덧널을 설치하였다. 왕의 주검은 머리 방향을 서남쪽 단벽 쪽으로 안치했는데 머리 위쪽에 화살토, 화살촉, 마구류를 배치했고 몸 주변에 대도 · 대검 · 금동관모 · 금귀걸이, 발치 쪽에는 토기류를 부장하였다. 금동관모는 백제에서 제작된 것으로 추정되는데 다라국이 신라, 백제와 매우 밀접하

---

13) 『합천옥전고분군』, 합천군

게 교류했음을 알 수 있다. 이들 부장품들은 그동안 옥전에서 보이지 않던 토기들과 당대 최신의 갑옷과 투구, 무기, 마구, 금공품들로 400년대 전반 옥전 지역에 드디어 강력한 지배자가 등장했다는 것으로 학자들은 이 주인공을 옥전 최초의 왕으로 비정한다.

또한 5세기 3/4분기에 속하는 유구에서 '창녕형 꼭지'로 불리는 개와 유흑색을 띄는 일군의 토기들이 발견되는데 이들은 창녕의 비화가야에서 들어온 자료들이다. 한편 가야고분에서 아주 드문 '조형장 철판의기'는 옥전과 함안지역에서만 발견되므로 함안, 소가야의 물건들도 발견된다.

특히 갑주와 마구 등은 고구려를 비롯하여 범 북방계 유물이며 백제를 거친 중국 남조(南朝)와 관계있는 자료들도 발견되며 일부 철판갑옷들은 일본열도의 왜와 관련된 것으로 판단된다.

다라국은 사료에서 국명이 전해진데다 여러 차례의 옥전고분군 발굴조사를 통해 실체가 확인되었다는데 중요성이 있다. 특히 옥전고분군은 국내뿐만 아니라 국제교류 관계를 이해할 수 있으며, 가야의 위상을 보여주는 세계유산으로서 가치를 지닌 매우 중요한 유적이다.[14]

옥전 고분군이 주목받은 것은 대가야국의 일원으로 백제·신라 문화의 영향을 받지만, 나름의 독자성을 유지하고 우수한 문화를 지닌 다라국(多羅國)의 면모를 잘 반영하고 있기 때문이다. 한마디로

---

14)「합천 옥전고분군의세계유산적 가치」, 권용대, 가야사총론-연구총서6권, 2020

대가야 유물이 주로 출토되지만, 백제·신라의 영향을 받아 이를 토대로 가야 나름으로 제작된 것들이 등장한다.

고분에는 대도·갑주·마구 등 무장적 성격의 무구류, 교역품이 다량 부장되었는데 특히 M3호분에서는 당시 최고 수준의 금공기술로 제작된 용과 봉황 장식의 대도와 금동장식 투구가 출토되어 가야 지배층의 위세를 가장 과시적으로 보여준다. 더불어 주변국인 백제의 금동관모와 청동그릇, 신라의 금동관, 신라를 통해서 유입된 서역의 유리잔, 일본열도의 갑옷 등이 발견되어 각지와 활발한 교류 관계를 확인할 수 있다.

6세기 중엽 이후에는 신라 문화의 영향을 받아 횡구식석실묘(橫口式石室墓) 즉 옆트기식돌방무덤이 등장하고 백제계의 굴식 석실묘도 축조되기도 했지만 이후 대형 무덤 축조는 중단된다.

옥전고분군은 발굴조사된 합천의 가야 고분군 가운데 가장 상위 지배집단 묘역이다. 고분의 구조, 규모, 출토유물 조합 관계 등에서 최상위 등급이 확인된다. 강력한 군사력과 완비된 정치·경제·사회·문화를 갖추고 있었다. 특히 옥전고분군 일원에 다라국이 위치하며, 왕릉과 함께 궁성을 갖추고 있었다.

옥전고분군에서 출토된 금속유물과 구슬 등은 고분군 아래에 있는 합천박물관에서 볼 수 있다. 합천박물관은 가야문화권 정비계획에 의해 고대 다라국 지배자들의 묘역인 옥전 고분군에서 출토된 유물을 보관 전시하기 위해 건립되었으며 합천의 역사와 전통문화에 대한 각종 자료들도 함께 전시하고 있다. '다라문화실', '다라역

사실'이 별도로 구획되어있고 '합천역사실'로 합천의 전 시대 역사의 변천을 알려주고 있다.

한편 「합천삼가고분군(陜川三嘉古墳群)」도 국가지정문화재사적으로 지정되었다.

「합천삼가고분군」은 330여기의 고총고분으로 구성된 가야내륙지역의 중심고분군으로 옥전고분군과 마찬가지로 1~7세기사이널무덤(목관묘)→덧널무덤(목곽묘)→구덩식돌덧널무덤(수혈식석곽묘)→굴식돌방무덤(횡혈식석실묘)이 일괄적으로 발견된다는 점에서 주목받았다. 특히 5세기 중엽부터 6세기중엽에 걸쳐 형성된 다수의 매장시설이 중첩확장된 구조인 '삼가식고분'이 발견된다.

삼가식 고분은 하나의 봉분에 다수의 매장시설이 설치된 고분으로, 한 봉분 안에 목곽묘를 추가 조성할 경우 기존의 봉분 일부를 절개하여 새로운 매장시설을 만들고 이러한 매장행위가 반복되어 거대한 하나의 봉분이 형성되는 형식이다. 즉 삼가식 고분은 이러한 방식으로 봉분5m 내외인 다수의 고분들이 짧은 시차를 두고 중첩 확장된 구조이다.[15]

---

15) 「'합천삼가고분군'사적지정」, 김경희, 문화재청, 2021.12.24

제3장 : 창녕 교동과 송현동 고분군
(사적 제514호)

합천의 옥전고분군을 살핀 후 다음 길은 멀지 않은 거리에 있는 창녕 교동(昌寧 校洞)과 송현동고분군(松峴洞 古墳群)이다. 경상남도 창녕군 창녕읍 교리, 송현리에 걸쳐 위치하는데 창녕석빙고로 유명한 곳으로 고분군과 인접한 곳으로 답사전 또는 답사 후에 방문하기 바란다.

창녕의 간판인 화왕산(757.5m)은 봄에는 연분홍색 진달래, 가을에는 단풍보다 화려한 은빛 억새로 유명한 명산이다. 화왕산을 중심으로 낙동강이 휘감고 그 주변 벌판은 비옥한데 고려시대부터 창녕이라고 불렀지만 그 이전에는 화왕(火王)이라 했다.

『삼국사기』와 『삼국유사』에는 비지국, 비자화, 비사벌, 비화 등으로 기록되어 있는데 빛나는 땅, 빛이 나는 풍요로운 땅임을 강조한 것이다. 화왕산 기슭에 자리한 국도를 달리다 보면 크고 작은 고분들이 낙타의 대행렬처럼 이어지는데 바로 창녕 교동 고분군이다.

고분군의 범위는 창녕읍이 한눈에 내려다보이는 구릉 경사면에서 서쪽으로 뻗어 있는데 모두 300여 기의 무덤으로 그중 봉분이 남아 있는 무덤이 120여 기에 달한다.

가야의 탄생에서 다소 늦은 5~6세기 가야연맹을 구성했던 비화가야의 중심지에 조성된 지배층 고분군으로, 묘제와 부장품을 통해 신라와 자율적으로 교섭했던 가야 정치체의 모습을 잘 보여준다고 설명된다.

낙동강 동쪽의 창녕지역은 『삼국지』위서 동이

창녕 교동 고분군

창녕 교동 고분에서 바라본 박물관과 송현동 고분군

전의 변진한 조에 기록된 불사국(不斯國)으로 일찍부터 기록으로 남겨질 정도의 잘 알려진 이름이다. 『일본서기』 신공기 49년조에서는 비자발(比自㶱)로 등장하며, 남가라(南加羅), 탁국(啄國), 안라(安羅), 다라(多羅), 탁순(卓淳), 가라(加羅)와 함께 다른 가야정치체로 열거된다. 『삼국유사』 오가야조에는 비화가야로 나오며, 『삼국사기』 지리지에도 기록되었고 창녕군이라는 이름은 신라경덕왕 때 등장한다.

창녕읍을 중심으로 탁월한 경관을 자랑하며, 화왕산 산자락에 조영된 수많은 고총고분이 그 실체이다. 100여 기가 넘는 대형 고총고분으로 구성된 교동과 송현동 고분군은 그 자체로 고대 정치체의 존재로 인식된다. 그러나 학자들은 봉토분이 분포하지 않는 곳의 지하에 많은 수의 고분이 조성되어 있는 것으로 추정한다.

5세기에 축조된 고분이 구릉지 능선을 따라 위치하며, 6세기에 축조된 고분이 구릉지의 동쪽 사면으로 위치한다. 가야 멸망 이후 비화가야의 창녕분지가 신라의 주요 지방 거점으로 변화하면서, 고분군 내에 7세기 후반까지 신라 고분이 추가로 축조되었다.

창녕고분군은 가야고분군 중에서도 일찍부터 그 중요성이 인정되어 일제강점기인 1910년 도쿄제국대학의 세키노 타다시(關野貞)에 의해서 조사 연구된 후 1918년에 하마다 고사쿠(浜田耕作)와 우메하라 스에지(梅原末治)에 의해 발굴이 이루어졌다. 이 발굴은 교동과 송현동 고분군의 최초의 정식 발굴조사인데다 일제강점기 조사 고분 중 유일하게 발굴보고서가 발간된 조사로 알려진다. 놀라운 것은 왕묘급으로 해당하는 교동 7호분과 89호분은 금동관, 은제과대금구, 금제이식, 은제천, 옥장신구, 토기 등 마차 20대분과 화차 2량 정도의 어마어마한 유물이 출토되었다는 점이다. 이런 발굴 결과를 토대로 '고적'으로 1939년 고분군의 분포와 행정구역을 경계로 교동고분군과 송현동고분군으로 각각 지정되었다.

경남 창녕 교동과 송현동 고분군
(문화재청)

한국 고고학계에서도 이러한 창녕지역 정치체에 대해서 일찍부터 관심을 가져 1963년 고적이 사적으로 전환되었다. 2000년대 발굴조사를 통해 두 고분군의 연관성이 밝혀져 2011년 교동과 송현동 고분군으로 통합해 재지정하였다.

교동과 송현동고분군에는 경주의 신라나 낙동강 동안의 여러 지역집단과 유사한 유물들이 확인된다. 다른 가야의 중심세력과 달리 화려한 금공품이 다수 부장되고, 토기양식에서도 신라의 영향이 두드러진다.

교동과 송현동고분군에는 크고 작은 봉토분이 군집하여 있는데 5세기에 축조된 고분이 구릉지 능선을 따라 위치하며, 6세기에 축조된 고분이 구릉지의 동쪽 사면으로 위치한다. 한마디로 작은 고분이 큰 고분 주위에 위치한다. 특히 7호분 주위에는 중소형 고분이 위성처럼 둘러싸고 있는데, 이는 대형 고분과 중소형 고분의 배치방식을 통해 가야 지배층의 계층분화 모습을 잘 보여준다. 가야 멸망 이후 비화가야의 창녕분지가 신라의 주요 지방 거점으로 변화하면서, 고분군 내에 7세기 후반까지 신라 고분이 추가로 축조되었다.

세장한 형태이지만 매장부의 한쪽 끝에 입구부가 결합되어 있는 독특한 형식의 가야식 석곽묘도 발견된다. 또한 봉토분 2기를 연접하여 축조한 표형분과 매장부를 자갈돌로 덮고 점토로 마무리한 적석목곽묘의 사례가 확인되었는데 이는 신라의 적석목곽분과 연계된다고 볼 수 있다.

<비화가야의 변천>

창녕 남부의 토평천 유역인 창녕읍을 중심으로 하는 교동과 송현동고분군의 형성은 신라 중앙의 지원을 받은 읍락이 신흥세력으로 부상한 것으로 추정한다. 즉 신라에 의해 후발 집단에 전폭적 지원이 이루어지면서 지역 전체를 통제한 결과물로 이해하는 것이다.

그러나 장상갑 박사는 낙동강 동안지역에서 고총고분군의 등장을 신라의 지원이라고 인식한다면, 고총고분군을 조영한 집단의 정체성이 무시되며, 가야 중심지역에서 고총고분군도 설명하기 어렵다는 문제점이 제기된다고 지적했다.

여하튼 비화가야 고분군의 교동과 송현동고분군은 매우 중요한 의미를 갖고 있다.

비화가야의 변천 과정에 있어서 교동과 송현동고분군은 5세기 후반대 이후 중심집단의 묘역으로 안정적인 성장을 이룬다. 그리고 최근의 조사성과는 중심고분군의 계층적 구조를 이해할 수 있는 토대를 제공하고 있으며, 피장자의 위계를 반영하는 고분의 규모는 이러한 계층성을 반영하고 있다.

교동과 송현동고분군의 봉분의 직경이 30m 이상인 대형고분 9기는 최상위 왕묘로 비정하며 봉분의 직경이 20~30m급인 고분도 21기가 된다.

비화가야의 권역인 창녕 교동과 송현동고분군은 다른 가야의 유력한 고분군이 낙동강을 마주하며, 다라국의 중심묘역인 합천 옥전 고분군이 서쪽으로 20㎞, 북서쪽으로 30㎞ 거리에 대가야의 고령 지산동고분군, 남쪽으로 30㎞ 거리에 아라가야의 함안 말이산고분군이 위치한다. 비화가야의 범위는 현재의 창녕군과 청도천의 청도 이서지역을 포함한다.

비화가야의 문화가 꽃을 피우는 5~6세기대에는 새로운 중심지로 교동과 송현동고분군이 등장한다. 비화가야 최고 중심고분군인 교동과 송현동고분군에서는 직경 20m 이상의 봉분이 전체 고분군의 20%를 차지한다. 또한 봉분 직경 10~20m가 40%를 상회할 정도로 중대형급의 고총고분이 밀집한다는 점이 특징이다.

더불어 창녕의 비화가야는 다른 가야의 중심세력과는 달리 신라의 영향이 강하게 반영된 화려한 금공품과 토기들이 부장되어 있다는 점이다. 특히 비화가야의 중심묘역인 교동과 송현동고분군에서는 경주의 신라나 낙동강 이동의 지역집단과 유사한 유물이 확인된다. 반면에 횡구식석곽묘라는 독특한 묘제를 중심으로 창녕식토기는 지역의 독자성을 반영하고 있다.

100여 기가 넘는 대형급의 고총고분으로 구성된 교동과 송현동고분군은 그 자체로 고대 정치체의 존재를 대변하며, 가야의 대표적인 집단으로 안정된 계층구조와 권역을 형성하고 있다. 중심집단 내 성층화된 계층구조는 보다 광역의 권역을 형성하면서 주변 거점집단이나 단위집단과 관계망을 형성하였으며, 낙동강으로 이어지는 교통로를 확보하여 다른 주변 정치체와 교류하였다.

이는 경주를 비롯하여 낙동강 중상류지역의 금공품을 적극적으로 수용하였으며, 주변 지역이 발견되는 것으로도 알 수 있다. 특히 대가야와 백제지역에서 보이는 용봉환두대도와 원두대도는 최고지배자의 상징으로 고분에 부장되었으며, 대금식판갑이나 녹나무제 목관 등 일본 열도의 물건들도 보인다. 창녕 교동과 송현동고분군에서 보이는 다양한 교류의 흔적은 낙동강 문화벨트의 중심이라는 지리적인 이점과 주변 문화를 적극적으로 수용하는 가야 정치체의 개방성이 배경의 요건으로 설명된다.[16]

<한일회담의 주제>

비야가야가 한국인들에게 각별하게 알려진 것은 특별한 정치사건 때문이다.

1958년 4월, 제4차 한일회담을 통해 교동Ⅱ군 (日)31호분 출토유물이 반환되면서 교동과 송현동고분군이 한국인들의 주목을 받기 시작했고 1992년 동아대학교박물관의 발굴로 교동과 송현동고분군의 특징적인 묘제인 횡구식석곽묘의 구조와 봉분 축조과정이 확인되었다. 2000년대에도 지표조사 및 발굴조사, 종합학술연구 등이 활발하게 진행되었다.

2012년에 이루어진 정밀지표조사에서는 고총 101기와 봉토가 유실된 중소형 고분 116기, 일제 강점기 이후 알려졌다가 유실된 87기를 포함하여 320여 기의 고총고분이 파악되었다. 초대형분을 중심으로 중대형분이 위성식으로 분포하고, 주변에는 중소형묘가 다수 조영되는 양상이 특징적이다.

---

16) 「창녕 교동과 현동고분군의 계층구조」, 장상갑, 가야사총론-연구총서6권, 2020

창녕 교동과 송현동고분군의 고총고분은 모두 하나의 봉토 안에 하나의 매장시설을 갖추고 있으며, 봉분은 서로 연접되지 않는다. 매장시설인 석곽의 단면은 사다리꼴을 이루고, 개석의 상부에 다량으로 적석이 이루어 진다. 석곽의 길이가 6m 이상인 대형분은 장단비가 1:4.5 정도로 세장방형을 띠며, 내부의 공간을 3분할하여 중앙에 관대를 설치하고, 머리 쪽에는 공헌품을 부장하고, 발치 쪽에 토기를 중심으로 하는 생활품과 순장이 이루어졌다. 그리고 특징적으로 피장자의 발치 쪽에는 묘도와 연결되는 입구가 설치되고 있으나, 추가장이 전제되지 않는 단장의 묘제인 점이 특징적이다.

5세기대 국제정세의 변화로 고구려 횡혈식석실묘의 영향으로 고유의 묘제인 수혈식석곽에 횡혈계 매장방식인 입구가 부가된 낙동강 동안지역의 독특한 묘제가 등장한다. 더불어 횡혈식석실묘의 수용 정도에 따라 석곽 벽면의 내경도, 벽에 사용된 석재의 크기, 관대 또는 시상대의 구조와 배치, 추가장 빈도 등은 지역마다 다르게 전개된다. 다만, 초기의 횡구식석곽묘가 상주와 안동지역을 포함한 낙동강 상류지역과 창녕지역의 대형분에서 주묘제로 정착되는 점은 가야 정치체의 다양성을 반영한다.

다른 가야지역과 마찬가지로 봉분 내에 1기의 매장시설이 설치되는 단곽식이 주류를 이루며 다곽식의 표형분이 확인된 경우에도 선축된 봉분에 덧붙여 연접하는 방식이며, 선축된 봉분을 잘라내고 연접하는 낙동강 동안의 고분과는 차이가 있다.

횡구식석곽묘는 바닥을 정지하거나 단벽쪽에 치우쳐 관대를 마련하여 피장자를 안치하고 부장품을 매장한다. 부장공간은 대체로 두상부-시신부-족하부(순장부)-입구부로 구분되며, 두향은 횡구부를 발치에 두는 형태이다.

유물의 부장은 대체로 두상부에 토기와 마구, 목기 등이 부장된다. 단벽에 붙여 대부장경호나 단경호 등 대형토기를 부장하고, 그 주변에 유개고배, 유개연질옹 등 소형토기를 중첩시켜 부장하거나 소쿠리에 담아 누층으로 부장하였다. 마구와 목기는 대부분 단벽 모서리에 집중되는 경향이 있다. 시신부에는 장신구, 무구, 농공구 등이 부장된다. 장신구는 대부분 반지, 귀걸이, 팔찌, 과대 등 착장형 장신구이며, 무구 또한 도자나 환두대도 등 착장형 무구이다. 무구, 마구, 농공구는 관대의 양장벽에서 배치했고 족하부에는 토기, 목기, 농공구 등을 부장하였다. 양장벽에 붙여 대형토기를 부장하고 그에 연접하여 소형토기를 배치하였는데, 두상부와 같이 족하부에서도 토기의 중첩부장이 확인된다. 관대와 횡구부 사이에 공지를 마련하고 순장자를 안치하고, 토기, 무기, 마구, 장신구 등을 부장하였다. 장신구는 대부분 순장자가 착장하고 있었던 것이며, 장벽에 붙어 토기와 마구 등을 배치하였다.

고분의 중요성을 감안하여 초대형급의 왕묘인 교동 Ⅰ군 7호분은 복원이 진행되었다. 두상부는 단벽에 붙여 장경호 등 대형토기 4~5점을 두고, 그 앞에 유개고배와 연질유개옹 등 소형토기를 중첩시켜 부장했고 소형토기는 대형토기 앞에 약 2~3줄 정도를 부장한 것으로 보인다. 청동제 각배, 청동합, 청동제 다리미, 철솥 등 금속유물은 신라지역 고분의 양상과 유사하다.

피장자는 관을 쓰고 안치되었으며 관에는 곡옥이 장식되었다. 오른쪽에 금·은·동제 팔찌를 착용하였고, 왼쪽에는 은·동제 팔찌를 착용하였을 가능성이 있다. 이외에도 금제이식과 은제대금구, 지륜, 경식, 경흉식 등을 착용하였으며, 장식대도와 환두도자는 관 안에 부장되고, 환두도는 관 위에 부장하였을것으로 추정된다. 대금구와의 조합을 고려하면 2~3조의 허리띠가 부장되었으며, 그중 1조의 허리띠는 피장자가 착용하여 관에 안치되었고, 나머지 2조는 여타 다른 장신구와 함께 따로 배치된 것으로 보인다. 마구는 금동투조안교, 등자, 재갈, 교구, 행엽, 십금구 등을 부장하였고, 일부는 족하부에 배치하였고 등자는 철제와 목심금동장 등이 확인된다. 무구는 철촉군, 철모, 창, 대도, 도자 등을 부장하였다.

초대형급 왕묘의 공간 분할은 대형분에서도 유사한 양상을 보이며, 각 공간별 부장 양상은 금속유물과 토기로 나뉜다. 금속유물은 착장형과 주피장자 주변 부장, 관 또는 곽 상부 부장 등 3가지로 구분된다. 착장형의 유물은 은제과대, 삼엽환두대도, 이식 등이 있으며, 주피장자 및 순장자가 착장한 채로 매장되었다. 주피장자 주변 부장유물은 U자형 삽날, 철겸, 철부, 철정, 집게 등 농공구, 성시구를 포함한 철촉, 철모, 도자 등 무기가 확인된다.

<도굴 안 된 비화가야 고분>

교동 II지구 67호분은 그동안 봉분이 없어 무덤의 실체를 모르고 있다가 2009년 주변을 정비하는 발굴 조사 과정에서 실체가 드러났다. 5세기 후반에 만들어진 앞트기식돌방무덤(橫口式石室墓)인데 돌방은 벽의 일부가 훼손되었지만 거의 도굴되지 않아 만들어진 당시의 모습을 그대로 유지하고 있었다. 돌방은 길이 6.5m, 너비 1.4m, 높이 1.7m이며 뚜껑돌은 9매가 사용되었다.

돌방은 5개의 공간으로 나누어져 있는데 주검과 유물, 순장자를 안치하였는데 순장자는 주검의 발치 쪽에서 확인되었다. 은제허리띠(銀製銙帶), 장식말갖춤(裝飾馬具) 등의 장신구와 토기류, 무기류 등 다양한 유물이 출토되었는데 현재 야외전시관으로 꾸며 일반에게 공개하고 있다.[17]

2019년 비화가야의 놀라운 유물들이 발견되었다. 창녕 교동·송현동 고분군 중 비화가야의 전성기인 5세기 중반 활약한 최고지도자의 무덤으로 추정되는 63호분을 밀봉한 점질토를 걷어내자 길이 2m의 평평한 돌 7개가 무덤을 덮고 있었다. 〈국립가야문화재연구소〉의 양숙자 박사는 대부장경호(아래위가 좁고 배가 나온 저장 질그릇) 등의 토기의 형태는 다른 가야지역에서 보이는 나팔형이 아니라 팔(八)자형이며, 투창(굽구멍) 모양도 엇갈린 문양인 '창녕식 토기'라고 설명했다. 벽면은 주칠, 즉 붉은 색으로 칠했는데 이것은 사악한 기운을 물리친다는 벽사(辟邪)의 의미로 이 지역 고분에 흔히 보이는 무덤치장법이다.

학자들이 63호분에 주목한 것은 가야연맹체 중 소국인 비화가야

---

17) 「창녕 교동과 송현동 고분군 – 교동 Ⅱ지구 67호분」, Cultural Heritage Wiki.

지배자의 무덤군으로 추정되는 창녕 교동 및 송현동 고분군의 250여 기의 무덤 중 도굴되지 않은 것은 63호분이 처음이기 때문이다. 이 말은 1500년이나 된 무덤인데도 도굴을 피했다는 점이다.

어떤 이유로 도굴을 피할 수 있었는가에 대한 정답은 곧바로 알려졌는데 바로 고분의 수수께끼 같은 구조 덕분이다. 한국에서는 다소 이례적인 경우로 볼 수 있는데 63호분 위에 39호분이 위치한다는 점이다. 한마디로 39호분을 조성할 때 63호분의 존재를 알고 일부러 그 위에 무덤을 조성했다는 것이다. 도굴꾼들이 39호분을 도굴했으므로 2미터 밑에 또 다른 고분이 있으리라고는 생각지 못했다는 뜻이다.

63호분은 5세기 중반, 39호분은 5세기 후반에 조성되었으므로 시차는 50여 년이다. 39호분은 교동·송현동 고분군 가운데 3번째로 큰 고분이며, 가장 높은 곳에 자리잡고 있다. 따라서 39호분 피장자는 비화가야 지도자 가운데서도 가장 지위가 높은 인물 중 한 명으로 63호분 주인공은 아마도 39호분의 직계 조상, 즉 할아버지일 가능성이 짙다고 설명된다.

비화가야는 고구려 광개토대왕의 남진으로 전기 가야연맹체를 이끈 금관가야가 급격히 쇠퇴하고 아라가야 역시 일시적으로 세력이 약화되는 틈을 타 소가야(경남 고성)와 함께 부상한 소국으로 알려진다.

그런데 비화가야의 남다른 특징은 높고 험준한 동쪽의 비슬산맥 때문에 신라가 침공하는 것이 어려워 5세기까지 신라에 복속되지 않을 수 있었다는 주장도 있다.

여하튼 광개토대왕 남진 직후인 5세기 전반의 창녕식 토기, 즉 비화가야식 토기는 김해 대성동 고분(금관가야 왕묘)와 합천 옥전고분군(다라국 왕묘), 의령 유곡리고분군 등 각 지역 수장 무덤에 출현한다. 또 전남의 여수 · 장흥 · 해남 일대, 즉 마한 영역까지 퍼지고, 세토나이해(瀨戶內海)에 연한 일본 열도에서도 출토된다.

그런데 창녕식 토기, 즉 비화가야식 토기는 신라의 영향을 받으면서도 독자성을 유지했다는 점이다. 한마디로 비화가야가 가야와 신라의 완충지대 역할을 하면서 마한은 물론 멀리 일본 열도와도 교역했다는 내용이다. 더불어 이들에서 출토된 유물 자료는 가야와 신라의 접경지역에 있으면서도 복잡하고 다양한 문화가 나타나는 비화가야의 성격을 이해하는 데 중요한 단서를 제공할 것으로 설명된다.[18]

비화가야의 상세는 창녕박물관에서 자세한 정보를 살펴볼 수 있다. 1996년 개관한 이래 증개축을 거친 박물관은 1층 상설전시실과 야외관 등을 갖고 있는데 전시실에는 고분에서 출토된 갑옷과 무기류, 토기류, 장신구류 등이 전시되어 있다. 그 가운데 특히 눈길을 끄는 것은 송현동 15호분 무덤 입구 쪽에서 발굴된 어린 여성의 유골로 나이 16살, 키 152.3㎝, 허리 21.5인치이다.

왼쪽 귀에만 금동 귀걸이를 한 채 묻힌 이 유골은 정강이와 종아리뼈가 유난히 닳아 있었는데 나이에 어울리지 않는 이 같은 변형은 고된 노동의 흔적이다. 이후 정밀한 복원연구를 통해 유골은 16

---

[18] 「유물이 와르르…도굴 없이 1500년 버틴 비화가야 최고지도자의 무덤 뚜껑 열어보니」, 이기환, 경향신문, 2019.11.28

세 순장 소녀로 밝혀졌는데 현재 밀랍 완전체로 복원되어 발굴지인 송현동의 명칭을 따서 '송현이'라는 이름을 붙였다. 송현이는 어린 나이에 시녀로 살다 주인과 함께 매장되었는데 순장이야말로 바로 가야의 실상이다.

교동과 송현동 고분군의 또 다른 이름은 일명 '노을 맛집'이다. 석양빛이 고분 사이로 내리쬘 때 주변을 온통 붉게 물들이는데 그 모습이 매우 아름답다는 뜻이다. 고분이 아니더라도 방문하여 파란색의 잔디가 금빛으로 빛나는 것을 보면 영험한 기운마저 느낄 수 있다고 문화재청은 적었다.[19]

---

19) 「고분에 잠든 옛 왕국의 부활 가야 문명의 길」, 문화재청, 2022.11.29

제4장 : 김해 대성동고분군(사적 제341호)

유네스코세계유산으로 지정된 경상남도 김해시 대성동의 김해대성동고분군(사적 제341호)은 김해 중심을 흐르는 해반천을 끼고 구릉 '애구지'과 평지에 형성된 금관가야 고위 지배층 중심의 고분유적으로 가락국(금관가야)을 의미한다.

금관가야는 시조 김수로가 42년에 나라를 세운 후 532년 구형왕

대성동 고분군전경
(가야고분군세계유산등재추진단)

대성동 가야의숲 3호 널무덤
(대성동박물관)

대성동 고분군 노출전시관
(29호및39호 목곽묘)

이 신라에 투항할 때까지 490년 간 존속했다고 설명된다. 그러나 사료에 따라 김해의 명칭은 『삼국유사』 오가야조의 금관가야, 진수의 『삼국지』 위서 한전 변진조에 '구야국', 『삼국유사』〈가락국기〉에 '대가락' 또는 '가야국', 『일본서기』에 '남가라'로 부를 정도로 매우 많다. 또한 중국의 기록에 나타나는 구야국은 가락국기의 가야국과 같다고 추정한다.

가락국이 위치한 김해지역은 낙동강을 따라 경상도 각 지역과 통하고 한반도로부터 일본열도로 들어가는 해로상의 중요지점에 위치한다. 지금의 김해평야는 가야 당시에는 바다였으며, 이곳을 '고김해만'으로 명명하였는데, 고김해만은 해상교역의 중심지로 성장했다.

가락국은 고김해만을 중심으로 성장하다가 점차 창원과 부산지역을 가락국의 영향권으로 편입시키면서 성장했다. 학자들은 시간별로 차이가 있지만 외절구연고배 등의 토기문화와 주·부곽의 바닥의 높이차가 나는 목곽묘를 공유하는 지역인 김해·부산·창원

대성동 고인돌 및 부장품

일부·양산 일부가 가락국의 최대 영역으로 간주한다.

　김해 금관가야가 중요성을 부여받는 것은 철의 주요 생산지로서 우수한 철기 생산 능력을 갖춘 철기 문화의 중심지이기 때문이다. 또한, 낙동강 유역과 남해안에 접하고 있으므로 중국 동북지역과 일본을 상대로 대외교류를 펼치면서 전기가야의 중심국가로 도약했다.

　가야는 기원전 2세기 무렵부터 철 생산을 시작해 3세기 무렵에는 낙랑군(樂浪郡)·대방군(帶方郡)·동예(東濊)·마한(馬韓)·왜(倭) 등과 활발한 교역관계를 가지면서 한반도 철기문화의 중심지로 발달하였다. 더불어 4세기대 중국 북방계 유물과 중원계 유물이 발견되는데 이들 유물이 금관가야에서 발견되는 것은 금관가야가 해외 교역로에서 중요한 위치를 차지했음을 보여준다.

<대성동 고분군>

　금관가야의 대표적인 유적으로는 왕궁이 있었다고 전해지는 봉황대(鳳凰臺)와 유네스코세계유산으로 지정된 대성동고분군이다.

　대형 무덤이 있는 구릉을 '애구지'라 부르는데 '작은 구지봉'이라는 뜻이다. 구지봉은 예부터 신령한 곳으로 여겼다. 금관가야의 시조인 수로왕이 이곳에서 알을 깨고 나왔기 때문이다. 구지봉에서 약 600m 떨어진 곳에 애구지가 있다.

　고분군이 형성될 당시에는 고분군 남쪽이 바다였으나, 점차 퇴적물이 쌓이고 20세기에 들어 여러 차례 매립공사가 이루어지면서 1970년대에 이르러 도시건설을 위한 넓은 대지가 조성되었다. 그

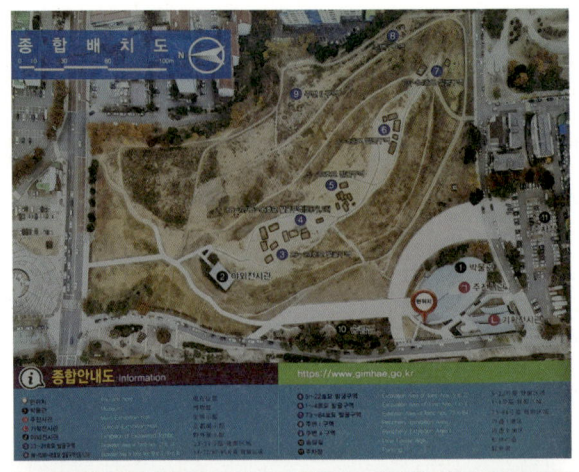

대성동 고분군

러므로 현재 대성동 고분군은 주변에 고층 아파트들이 우뚝 서 있어 마치 고분군을 에워싼 거대한 숲처럼 보인다.[20]

　가락국은 일제강점기에도 워낙 일본에 중요한 의미를 갖고 있으므로 일제강점기부터 주목을 받아 발굴조사가 이루어졌다. 이 당시의 조사는 임나일본부의 증명에 초점이 맞춰져있어 가야사 복원에는 미진했다. 그러므로 1976년 편두(偏頭)가 대량으로 발견된 예안

---

20) 「고분에 잠든 옛 왕국의 부활 가야 문명의 길」, 문화재청, 2022.11.29

리고분군의 발굴조사를 시작으로, 부산 복천동고분군과 김해 양동리·대성동고분군의 발굴조사가 이루어지면서 가락국의 연구에 대한 고고학적 기틀이 마련되었다.

수로왕릉의 서북쪽 근처에 위치하는 대성동고분군은 금관가야 최고 지배층의 묘역으로 이곳을 가락국의 왕묘로 비정하는데 목관묘 → 목곽묘 → 수혈식석곽묘 → 석실묘 순으로 가야의 무덤을 일괄하여 볼 수 있다. 학자들은 대성동고분군에서의 목관묘 조성시기와 문헌에 기록된 가락국의 시기와 유사하므로 가락국의 성립시기를 목관묘 단계로 추정한다. 한편 옹관도 발견되는데 옹관은 모든 시기에 만들어지므로 별도로 분류하기도 한다.

대성동고분군은 1914년 일제강점기부터 고분군을 조사했으나 봉분이 크지 않은 석실묘로 판단하여 금관가야의 중심고분군으로는 생각하지 못하였다. 그 후 1990년 경성대학교박물관에 의해 1호분과 2호분이 발굴조사되어 이곳이야말로 가락국 왕들의 묘역으로 확인되었다. 대성동고분군은 사적구간과 구지로구간으로 나뉘어 계속 발굴조사되었다.

김해 시가지 일대의 무문토기시대 유적은 대부분이 해반천의 동쪽에 집중 분포됐는데 애구지 정상부에 위치한 대성동 1호 고인돌에서는 붉은간토기와 간돌촉이 출토돼 금관가야의 무덤 영역인 애구지가 무문토기시대부터 중요한 입지를 차지했음을 보여준다.

금관가야는 김해만을 통한 교역을 기반으로 1~4세기 가야연맹의 유력한 정치체로 성장하였다. 금관가야의 최상위 지배층 고분군인 대성동고분군은 김해분지 내에 위치하고 있으며 1세기부터 5세기 후반까지 목관묘, 목곽묘, 석곽묘가 순차적으로 축조되었다. 초기에는 구릉지 주변 평지에 목관묘가 축조되고, 2세기 후반부터 구릉지 상부로 목곽묘가 확장해 간다. 3세기 후반부터 5세기 전반까지 구릉지 정상부에 매장부의 공간이 넓은 대형 목곽묘가 축조되고, 중·소형 목곽묘는 대형 목곽묘의 주위와 구릉지 사면부에 축조되었다.

5세기 후반에 구릉지 남쪽 끝에 축조된 석곽묘를 끝으로 고분의 축조는 중단되었다. 문헌에도 금관가야는 532년에 멸망하였고, 이후 김해지역은 신라에 복속되었다고 기록되어 있다. 금관가야 멸망 이후 고분군에 무덤은 더 이상 축조되지 않았다.

① 목관묘

가락국의 묘제는 목관묘 → 목곽묘 → 수혈식석곽묘 순으로 변천하는데 대성동고분군에서 목관묘는 낮은 애구지구릉 등성이와 주변 평지에 조성되며 대형 목곽묘는 구릉 등성이에 조성되고, 중소형묘가 대형목곽묘에 근접하거나 사면부, 평지에 조성했다.

목곽묘는 토기들을 곽 내부에 부장하고, 부장품의 양도 늘어나므로 묘광 규모가 길이 4m 이상인 대형도 등장한다. 토기들은 주로 충전토와 목관 위 등 목관 외부에 부장되는데, 이것이 목관묘 토기부장의 특징이다. 무덤의 부장품은 기록이 없는 역사를 기술할 때 중요한 증거로 제시되는데 최상위층묘는 청동거울(銅鏡)과 청동제 무기류(銅戈나 銅劍), 철제무기류(鏃·矛·劍), 철제농구류(斧, 鎌, 따비), 토기 등이 출토된다. 상위층묘(2등급)에서도 토기와 철제무기류와 철제농구류 등이 함께 출토되며 하위층묘(3등급)는 소량의 토기와 철기가 출토된다.

② 목곽묘

대성동고분군에서 발견되는 목곽묘는 후기 목곽묘 단계의 것들이 대다수를 차지하는데 부곽이 등장하는 시기는 순장, 토기의 후장, 도질토기, 금공품(금동관편), 오르도스(Ordos)형 동복 등의 북방문화가 등장하는 대변혁으로 영향을 받은 것으로 인식한다. 학자들은 이때부터 본격적인 가락국의 전성기라고 설명하는데 부곽은 유물 부장을 목적으로 하는 곽을 말한다. 대성동 대형 목곽묘의 경우 피장자(被葬者)를 목곽의 중앙에 주로 안치하며, 유물들을 사방공간이나 'ㄴ·ㄷ'자형으로 부장하지만, 중소형묘는 주피장자의 발치에 주로 안치한다.

대형묘는 대부분 묘광의 길이가 600㎝ 이상이며 중형의 경우도 400~590㎝의 길이다. 아쉬운 것은 대형묘의 경우 중복과 도굴이 심해 유물 부장의 원형을 크게 상실했다는 점이다. 물론 양동리 162호의 경우 동경, 철복, 철제무기(劍, 矛, 鏃), 철제농공구, 판상철부(版狀鐵斧) 40매 등 최상위 물품이 부장되었고 대성동 45호에도 양동리 162호와 비슷한 철기가 부장되었고 토기도 10점 이상 부장되었음을 볼 때 대성동 45호에도 청동위세품이 있었을 것으로 추정된다. 대성동고분군 최상위층묘는 구릉 주능선상의 말단부에 축조되고,

그 이하의 무덤들은 북쪽 사면에 주로 위치한다.

가락국의 전성기인 4세기 후반에 후기 목곽묘가 등장하며 고분군도 급증하는데 갑주와 마구 일괄부장이 확인된다. 대형묘의 묘광 면적은 20~30㎡ 이 될 정도로 거대하다. 후기 목곽묘에 부장되는 유물들은 금동 · 청동 · 응회암 재질의 외래계 위세품과 철제 갑주 · 마구 · 위세품 · 무기 · 농공구류, 토기 등이 있다. 최상위층묘는 대성동고분군에서만 발견되므로 이들을 가락국의 왕급무덤으로 추정한다.

108호분과 39호분이 주목받았는데 대성동고분군에서는 도굴되지 않은 유일한 목곽묘 사례이다. 이는 도굴되지 않은 중소형의 목곽묘로 당대 목곽 조성 방법과 유물부장 양상을 파악할 수 있어 주목받았다. 목곽묘 네 귀퉁이와 북 단벽부가 공장건물의 콘크리트 구조물로 일부 훼손됐으나 상부 구조물로 인해 오히려 도굴을 피할 수 있었던 것으로 추정된다.

108호분 북 단벽과 동 장벽을 따라 토기류가 주로 부장됐다. 동 장벽부에는 노형기대와 단경호 세트, 북 단벽부에는 각종 호류를 부장했으며 목곽 중앙부와 처편에는 철정과 점토를 이용해 조성한 시상면이 확인됐다. 서 장벽부에 치우쳐 철정 시상과, 그 동쪽에 접하는 점토 시상이 설치됐다. 철정 시상면에 치우쳐 주피장자의 것으로 보이는 인골 편과 관옥 등으로 구성된 경식이 출토됐으며 두향은 남쪽이다. 점토 시상면에서는 주피장자와 나란한 방향으로 안치된 두개골 · 대퇴골 일부와 수정 곡옥 · 관옥 등으로 구성된 경식

이 출토됐다.[21]

　대형 목곽묘와 석곽묘에 부장된 가야토기는 고배 · 기대 · 장경호로 구성되며 가야연맹의 공통적 장례풍습을 보여준다. 꺾인 아가리의 고배, 손잡이 달린 화로모양의 기대로 대표되는 금관가야식 토기가 성립된다. 중국에서 수입한 청동거울과 용무늬 허리띠, 북방에서 수입한 청동솥, 파형동기 · 통형동기 · 응회암제석제품은 왜계 위세품에 속하는데, 금동대금구와 금동장식마구, 파형동기는 대성동고분군에서만 부장된다. 즉 3세기 4/4분기에 중국 · 북방계 위세품이 부장되며, 4세기 2/4분기부터 중국 · 북방계 위세품과 왜계 위세품이 함께 부장된다. 4세기 3/4분기 이후에는 갑주와 마구류가 같이 출토되며 철정은 왕급무덤에서 발견된다.

　이들 부장품은 대성동고분군을 조성했던 정치체가 중국-가야-일본열도로 이어진 동아시아 국제교역 체계에서 활발한 역할을 했음을 보여준다.[22]

　기능상 착장용품으로 동경과 옷 · 모자, 옥, 장신구, 동정, 동령, 화폐, 금동제품 등과 용기, 마구로 크게 구분된다. 착장용품에는 우리나라에서 가장 이른 시기의 금동관이 발견되며 북방계통의 대표적인 유물로 인식되는 동복도 발견되며 서역계 유리기도 발견된다. 학자들이 이곳에서 발견되는 금동관 · 금동대금구 · 장식대도 ·

---

21) 「가야문화의 뿌리를 찾아서」①가야왕도 김해의 상징, 대성동고분군」, 강미영, 경남도민신문, 2022.09.14
22) 「가야의 순장」, 김수환, 가야사총론-연구총서1권, 2018

서역계 유리기·장식마구의 부장품들이 신라에 영향을 미쳤을 것으로 추정한다. 한마디로 가야의 국제성을 적나라하게 보여준다.

③ 수혈식석곽묘

수혈식석곽묘는 4세기 4/4분기에 대성동·예안리·양동리·화정고분군 등에서 가장 먼저 등장한다. 대성동고분군에서는 6세기 후반까지 수혈식석곽묘가 사용되었으며, 총 52기가 조사되었다. 대성동고분군의 경우, 석곽의 평면형태에 따라 석곽의 길이와 폭의 비율이 3:1 미만인 장방형, 3:1 이상인 세장방형으로 구분되는데 5세기 후반부터 세장방형수혈식석곽묘만 확인된다. 수혈식석곽묘는 하위층묘로 분류되며 5세기 2/4분기부터 수혈식석곽묘가 목곽묘보다 많이 조성된다. 그러나 5세기 3/4분기에 조성된 대성동 73호는 묘광의 면적인데 이후 대성동고분군의 최고지배자의 무덤에도 수혈식석곽묘가 채용된다. 이 시기는 가락국의 쇠퇴기에 해당되므로 부곽이 없고 출토유물이 빈약하지만 왕급묘로 비정한다.

금관가야권역 중 순장묘가 확실히 확인되는 고분군은 김해 대성동·양동리고분군, 부산 복천동고분군인데 대성동고분군에서 가장 번성했다. 순장은 주피장자의 영원한 삶을 전제로 그를 위해 계속 봉사할 수 있는 사람들을 함께 매장한 장제이다

대성동고분군에서 발견되는 순장묘에는 외래계 위세품이 부장된 최상위 지배층의 무덤들이다. 순장묘는 3세기말에 대성동고분군에서 처음으로 등장하여 4세기 말까지 대형묘에서만 확인되다가, 5

세기 초가 되자 중형묘까지 확산된다. 금관가야의 순장자 배치 유형은 직교·대칭·평행·부곽형의 4가지로 구분되는데, 순장자로 추정되는 인골흔이 확인되었다. 대성동 91호보다 약 100년 정도 늦은 지산동 73호에도 순장이 보인다.

 금관가야의 간판으로 설명되는 것은 대성동고분군에서만 출토된 바람개비모양동기이다. 바람개비모양동기는 외계 위세품인데 한 무덤에 부장된 수량이 일본을 능가한다는 점에서 대성동고분군 집단이 왜와의 교섭을 철저히 통제한 것으로 추정한다.

 대성동고분군 대형무덤이 5세기 전기까지만 조성되고 그 이후로는 축조되지 않았으므로 금관가야가 고구려에 의해 5세기 전엽에 멸망했다는 주장이 있었으나 6차 학술조사에서 대형 수혈식석관묘 (대성동 73호분)가 발견되어 5세기 후반에도 금관가야가 존재했음이 확인되었다.

 대성동고분군은 1990년부터 2020년까지 총 10차례의 발굴조사가 이뤄졌는데 그야말로 고분의 전시장이다. 발굴조사에서 확인된 무덤은 고인돌, 옹관, 목관묘, 목관묘, 수혈식석관묘 등 시대별로 계속 이어져 축조되었음을 보여준다. 이중 목관묘는 구릉 주변의 낮은 곳과 평지에 위치하고 목관묘, 수혈식석관묘 등 대형무덤은 입지가 좋은 구릉 능선부에 입지했다. 반면 중·소형무덤은 구릉 사면과 주변 평지에 주로 분포하면서 금관가야 지배계층과 피지배층의 묘역을 구분했다.

학자들은 여러 가지 정황을 보아 금관가야는 중국과 북방의 여러 나라, 특히 전연·동진과 직접 교류했다고 추정하며 왜와는 중국·북방을 잇는 중개무역과 철의 공급지로 활발한 인적·물적 교류를 맺고 있었다고 설명한다. 그러나 중국·북방-왜를 잇는 해상교섭권을 독점했던 가락국은 400년 고구려군 남정 이후로 점차 해상교섭권의 독점권을 상실한다.

목관묘부터 목곽묘를 거쳐 수혈식석곽묘까지 조사된 고분군은 대성동·양동리고분군뿐이지만 이 두 고분군의 상위층묘들은 구릉과 산의 주능선을 중심으로 배치하고, 중·하위층묘는 사면이나 평지에 조성된다. 한마디로 계급 구조가 확실했다는 뜻인데 이러한 입지에 따른 계층적 차별화는 후대로 내려갈수록 더욱 뚜렷해진다.

가야의 특이성은 후기 목곽묘 단계에서 전기 목곽묘와 달리 부곽과 함께 순장이 등장한다는 점이다. 이어서 묘지의 규모가 훨씬 넓어지고, 금동·청동제품, 철제갑주·마구 등 화려한 기물들이 다량으로 부장된다. 가락국 계층구조의 경우, 목관묘 단계는 3등급, 목곽묘·수혈묘석곽묘 단계는 4등급으로 설정되지만, 후기 목곽묘 단계는 가락국의 전성기로 각 등급별 계층차가 매우 명확하다. 왕급무덤의 특징은 묘광의 면적이 $30m^2$ 이상이면서 중국·북방계 위세품과 왜계 위세품이 동시에 부장되는 것으로, 대성동고분군에서만 확인된다. 이러한 외래계 위세품들은 가락국이 대륙-한반도-왜를 연결하는 국제교역의 가교역할을 하였음을 잘 보여주고 있

다.[23)]

5세기 후반에 구릉지 남쪽 끝에 축조된 석곽묘를 끝으로 고분의 축조는 중단되었는데 이는 당연한 일이다. 금관가야가 532년에 멸망하였고, 이후 김해지역이 신라에 복속되었기 때문이다.[24)25)]

<국립김해박물관, 대성동고분박물관>

〈가락국기〉에 의하면 서기 42년 수로왕이 가야를 건국하여 구형왕(521~532년) 등 10대 491년을 이어오다가 신라 법흥왕 19년(532)에 구형왕이 신라에 투항하여 가락국 즉 가야 전체가 멸망했다고 설명되지만 근거지인 김해란 이름은 상당히 늦게 등장한다. 신라 문무왕(文武王) 20년(680) '가야군에 금관소경(金官小京)을 두었다.'고 기록했는데 이후 경덕왕 16년(757)에 김해소경으로 이름을 바꾸었다. 이때부터 김해란 이름이 사용되기 시작했다.

가락국의 최대권역은 현 행정구역 상 김해, 부산, 동창원과 진해구 일원이 해당되는데 고고학 발굴조사를 통해 그 중요성이 인정되어 1991년 사적으로 지정되었으며 주변 일대가 유적공원으로 정비되었다. 대중교통으로 이동하기 편리한데다 인근에 국립김해박물관, 김수로왕릉, 허황옥릉, 구지봉, 김해민속박물관 등이 있는데다 유적공원과 해반천이 위치해 산책하기 좋은 힐링 공간이기도 하다.

김해국립박물관의 상설전시는 '낙동강 하류지역의 선사문화', '가

---

23) 「김해 대성동고분의 변천과 가락국사회」, 심재용, 가야사총론-연구총서6권, 2020
24) 「가야의 순장」, 김수환, 가야사총론-연구총서1권, 2018
25) 「고분에 잠든 옛 왕국의 부활 가야 문명의 길」, 문화재청, 2022.11.29

야의 여명', '가야의 성립과 발전', '가야사람들의 삶', '부드럽고 아름다운 가야토기', '철의왕국, 가야', '해상왕국, 가야'로 설명한다. 여기에서 '가야의 여명'은 다음과 같은 명제를 달았다.

'가야와 신라가 건국하기 전, 낙동강을 경계로 동쪽에 진한, 서쪽에 변한이 있었다. 기원전 2세기 무렵 일부 지역에서는 덧띠토기와 함께 철기를 사용하기 시작했다. 이후 고조선이 멸망(기원전 108년)한 뒤에는 철을 다루는 우수한 기술이 영남 지방으로 확대되어 사회적으로 큰 변화가 생겼다. 먼저 이전과 달리 철로 만든 다양한 도구를 일반적으로 사용했으며, 투박한 적갈색의 민무늬토기 대신 고온의 밀폐된 토기 가마에서 구운 회백색 와질토기를 만들었다. 무덤도 고인돌에서 널무덤(木棺墓)과 덧널무덤(木槨墓)으로 변했다. 그리고 풍부한 철과 철제품을 바탕으로 주변 나라와 활발하게 교류하면서 가야로 발전한다.'

여기에서 강조되는 것은 고조선이 멸망(기원전 108년)한 뒤에 철을 다루는 우수한 기술이 영남 지방으로 확대되어 사회적으로 큰 변화가 생겼다는 것이다. 이는 북방민족이 한반도 남쪽으로 내려와 가야를 건설했다는 것을 의미한다. 한편 '철의 왕국, 가야' 전시실도 다음 내역을 주제로 설명한다.

'철은 청동보다 단단하고 오래 사용할 수 있어 실용적이다. 평안북도 위원군 용연동의 초기 철기 시대 유적에서 중국 연나라(기원전 323~기원전 222) 화폐인 명도전과 철로 만든 물건이 함께 나와 이 시기에 철기 문화가 한반도에 전해졌음을 알 수 있다. 가야의 성장 기반은 '철'이었다. 고대 사회는 철이 널리 쓰이면서 사회가 변화하고 발전했다. 『삼국지』〈위서 동이전〉에 따르면 이 지역에서 생산한 철은 화폐처럼 쓰였으며, 낙랑과 대방, 왜(일본)에 수출되기도 했다. 가야 유적에서 나오는 덩이쇠는 크기나 모양이 일정해 물건을 사고팔 때 돈처럼 쓰일 정도로 해상 교역의 중요한 물품이었다.'

김해국립박물관은 가야가 철의 나라였음을 강조하고 '해상왕국, 가야' 전시도 비중있게 다루고 있다. 이곳에서 가야는 철을 중심으로 낙랑, 중국, 일본은 물론 한반도의 여러 지역과 교역했다고 설명한다. 이를 위해 교역에 필요한 다양한 물길과 뭍길이 만들어졌으며, 특히 바닷길을 이용한 무역이 활발했다는 설명이다. 특히 남해와 서해로는 낙랑·대방·마한(백제)과, 동해로는 신라·동예와 교류했고, 쓰시마·규슈·긴키 등을 연결한 바닷길로는 왜와 교류했다는 것이다.

이에 따라 가야에서는 자연스럽게 배가 발달했는데, 배의 규모나 생김새는 배 모양 토기들이 발견된다. 특히 봉황동 유적에서는 당시 바닷길을 오가던 배의 일부인 나뭇조각이 발견되어 주목을 끌었는데 이 조각으로 오래전 김해평야를 가로질러 봉황동 유적까지 닿는 물길이 있었음을 알 수 있다는 설명이다.

김해국립박물관에서 가야에 대한 기초 정보를 파악한 후 대성동고분박물관을 향하는 길은 상쾌롭다. 2003년 8월 개장되었고 증가하는 유물들을 보다 상세하게 알리기 위해 2017년 상설전시실을 전면 재개관했다. 65만㎡의 부지에 토기 50점, 고지도 1점, 전시복제품 181점을 소장하고 있으며, 경상남도로부터 위임받은 국가귀속유물 1,493점을 관리·보관하고 있다. 중요 유물로 김해 대성동고분46호 출토 동복과 옥장 등 대성동고분군 3·4차 발굴유물들과 김해 율하리·본산리유적 출토유물, 그리고 김해부내지도 등이 있다.

상설전시관은 도입의 장, 개관의 장, 고분의 장, 교류의 장, 문화의 장으로 공간으로 구성되어 있는데 박물관 전시자료 검색기와 3D영상을 관람할 수 있는 이미지월, 작은 도서관 등이 설치되어 있다. 박물관은 지상 1층의 전시실과 지하 1층의 부속시설을 갖추고 있는데 지상 1층 3개의 전시실에는 '도입의 장', '개관의 장', '고분의 장', '교류의 장' 그리고 '문화의 장' 등 5개의 전시공간을 구분하여 전시하고 있는데 대성동고분박물관은 이를 다음과 같이 설명한다.

'개관의 장'은 철을 기반으로 성장한 금관가야를 이어 받아 향후 동북아시아의 경제적 중심지로 발전할 김해의 미래상을 보여 주는 공간으로, 기마인물과 가야무사를 재현한 인물상과 전투지 등을 형상화하였다. '고분의 장'은 대성동고분군에서 발굴된 목관묘와 목곽묘를 실제 크기의 매장 당시 모습으로 재현하여 금관가야의 고분 문화와 사상을 이해하기 쉽게 꾸몄다. '교류의 장'은 대성동고분군에서 출토된 외래계 유물을 통해서 당시 금관가야의 대외 교류에 관한 이해를 돕는 전시공간으로, 금관가야의 철생산 및 교역 과정을 축소모형으로 전시하고 있다. '문화의 장'은 금관가야의 순장풍습과 금관가야에게 결정적인 패배를 안긴 고구려군과의 전쟁 모습을 모형으로 연출했다. 주요 전시기법으로 대성동57호분에서 조사된 금관가야 여성을 관람자가 보는 위치에 따라 인골 또는 여인의 모습으로 보이도록 한 렌티큘러(Lenticular)영상 기법을 사용했다.'

주요 전시내용은 편두가 출토된 예안리 고분군 인골을 토대로 하여 복원한 1:1 크기의 기마, 무사상을 전시하고 있으며, 고대 장례시의 모습을 고려하여 1:1로 복원한 무덤 모형과 유물모형이 있다. 그리고 무엇보다도 영상과 디오라마 전시기법을 위주로 한 점이 본 박물관의 특징이다.

박물관 외부의 노출전시관은 대성동고분군의 북쪽 구릉말단부에 위치하며, 대성동29호분과 39호분을 발굴 당시의 모습 그대로 복원 전시하고 있다. 대성동29호분은 규모가 대형분에 해당하고, 다량의 철기·토기류가 부장되는 등 왕묘로써의 위상을 갖고 있는데 29호분을 일부 파괴하고 대성동39호분을 조성했다. 대성동29호분은 3세기말, 대성동39호분은 4세기말에 해당되어 두 무덤간 약 100년의 시간차가 나므로 무덤의 구조와 유물의 부장 양상 등 변화과정을 잘 보여준다.

대성동고분군의 압권은 박물관 외부의 노출전시관 계단을 오르면 탁 트인 풍경과 유적이 한눈에 들어온다. 현재 유적공원으로 정비된 곳 전체를 사적 제341호 '대성동고분군'으로 지정해 관리하고 있지만 북쪽의 가야사 2단계 주차장 부지 구간과 구지로 구간, 남쪽에 위치한 구 공설운동장(수릉원)이 기존 대성동고분군 구릉과 연결선상에 있으므로 동일한 성격의 대성동고분군 범위로도 설명된다.

대성동고분군의 새로움은 대성동고인돌 1호이다. 2014년 발굴조사에서 발견되었는데 고인돌 1호는 금관가야의 무덤영역으로 알려졌던 애구지가 무문토기시대부터 중요한 입지였다는 것을 알려준다.

가야숲 3호는 바닥에 요갱(腰坑)을 설치한 목관묘로 요갱에는 유기물의 흔적은 있으나 부장품들은 없었다. 널 내부에서는 유기질 부채 2점, 칠이 된 옻칠쇠칼집 1점, 청동거울 1점이 출토되었다.

대성동1호분은 가야 전성기의 마지막 왕묘로 추정되는 대형목관묘이다. 덧널의 목재 너비는 약 40센티미터로 매우 넓으며 바닥에서 기둥구멍이 확인되었다. 대성동1호무덤은 대성동고분군에서 확인되는 마지막 단계의 대형덧널 무덤이다.

대성동고분군의 대형무덤이 5세기 전까지만 조성되고 그 이후로 더 이상 축조되지 않은 점을 들어 서기 400년 고구려의 가야 출병으로 김해의 금관가야가 5세기 전무렵에 사실상 멸망하였다고 설명되었다. 그런데 2011년 대성동고분 제6차 발굴에서 무덤구덩이의 길이가 8미터가 넘는 대형 구덩식돌덧널무덤 즉 횡구식석실묘(橫口式石室墓)가 발견되어 김해지역의 5세기 후반까지 금관가야가 여전히 존재했다는 것이 확인되었다. 대성동 73호는 횡구식석실묘(橫口式石室

墓)로 영남 지방 중 김해·부산 지역에서 처음 등장하는데 북쪽 단벽 부근에 길이 165센티미터, 너비 135센티미터의 부장갱이 있다. 내부에 금동화상통장식, 금귀걸이, 은제칼손잡이장식, 비늘갑옷, 재갈 등과 다량의 토기들이 출토되었다. 이를 통해 후기 금관가야시대에도 주변 국가들과 역학적 교류 관계를 유지하고 있었음을 알 수 있다.[26]

<수로왕릉과 허황옥릉>

김해의 간판으로 답사에서 빠트리지 않아야 할 곳은 수로왕릉으로 수로왕릉은 2011년 7월 '김해 수로왕릉'으로 명칭이 변경되었다. 가락국(금관가야)의 시조이자 김해 김씨의 시조인 수로왕(재위 42~199)의 무덤을 납릉(納陵)이라고 부르는데 정확하게 언제 만들어졌는지는 알려지지 않았다. 무덤의 높이는 5m의 원형 봉토무덤인데, 주위 18,000여 평이 왕릉공원이며 왕릉 구역 안에는 신위를 모신 숭선전과 안향각·전사청·제기고·납릉정문·숭재·동재·서재·신도비각·홍살문·숭화문 등의 건물들과 신도비·문무인석·마양호석·공적비 등의 석조물들이 있다.

왕릉은 고려 문종 때에 부분적으로 수리되었으며, 『세종실록』에 수로왕릉과 수로왕비릉에 대해 무덤을 중심으로 사방 30보에 보호구역을 표시하기 위한 돌을 세우고 다시 사방 100보에 표석을 세워 보호구역을 넓혔다고 나타난다. 그런데 무덤이 지금과 같은 모습

---

26) 「대성동고분박물관」, 한국민족문화대백과사전

구지봉에서 본 허황옥릉

납릉정문

을 갖추게 된 것은 선조13년(1580)에 당시 영남관찰사이며 수로왕의 후손인 김허수가 수로왕비릉(허왕후묘)와 더불어 대대적으로 개축했다. 학자들은 수로왕비릉 역시 높이 5m 정도의 원형봉토분으로 언덕에 위치하는데 수로왕릉과 비슷한 시기에 축조되었다고 본다면 내부 구조는 토광묘(土壙墓) 또는 석곽묘(石槨墓)일 가능성이 높다고 설명한다.

한편『지봉유설』에는 왕릉의 구조를 석실묘(石室墓)로 적었으며 임진왜란 때 수로왕릉이 도굴당했으며 또한 당시에 순장 풍습이 있었음을 밝혔다. 수로왕릉은 계속 정비되어 인조25년(1647) 허적(許積)이 묘비문을 지어 비를 세웠고, 고종2년(1865)에는 숭선전을 중수하였다.

수로왕릉의 정문을 지나 홍살문과 가락루를 통과하면 남릉심문이라는 문이 나오는데 이 문에는 3개의 입구가 있다. 현판의 좌우에 있는 두 문의 윗부분에 제단을 사이에 두고 두 마리의 물고기가 마주보고 있는 무늬가 나오는데 바로 쌍어문이다.

학자들은 수로가 신라, 고려, 조선을 거치면서 여러 번 수리되었음에도 쌍어문이 사라지지 않았다는 것은 이 쌍어문의 중요성을 인식하고 있었음이 분명하다고 설명한다. 한편 납릉심문의 우측에 있는 숭인문에도 동일한 무늬가 있다. 이런 무늬는 백제 무령왕릉의 경우만 제외하고 주로 가야와 신라 땅에서 발견된다.[27]

김해박물관 바로 옆인 김해시 가락로 190번길 1(구산동(龜山洞))에 있는 가야시대의 능묘가 가락국의 시조 김수로왕의 왕비 허왕후의 왕비릉(王妃陵)이다. 보통 평지에 있는 무덤과는 달리 언덕 위에 있는 대형의 원형 토분이며 능의 전면에는 장대석으로 축대를 쌓고 주위에는 범위를 넓게 잡아 얕은 돌담을 둘렀다. 능 앞에는 인조 25년(1647) 수축 때 세운 '가락국수로왕비 보주태후허씨릉(駕洛國首露王妃 普州太后許氏陵)'이라고 적힌 능비가 있는데 수로왕릉과 마찬가지로 임진왜란 때 도굴되었다는 기록이 있다. 부속건물로 숭보제·외삼문·내삼문·홍살문이 있으며, 능 앞에 인도에서 가져왔다고 전하는 파사석탑의 석재가 남아 있다. 현재의 비석과 상석 등은 인조 25년(1641)에 다시 정

---

27) 『철의 제국 가야』, 김종성, 역사의 아침, 2010

비하면서 설치된 것이다.

 허황옥릉 좌측에 있는 봉우리가 바로 구지봉이다. 아름다운 소나무들이 둘러싸고 있는데 구지봉 선돌 옆에 1908년에 건립된 '대가락국태조왕탄강지지(大駕洛國太祖王誕降之地)'라고 새겨진 비가 있다. 바로 이곳에서 가야 토착세력들이 노래하고 춤추는 의식을 진행했다는 것이다. 구지봉은 2001년 사적 제429호로 지정되었으며 이곳에 있었던 6가야 탄생을 이끌었다고 설명되는 6개 알은 김수로왕릉으로 들어가는 좌측 연못에 옮겨져있다.

 현재 수로왕릉만 그의 후손들에 의하여 관리되는데 나머지 왕들

구지봉 선돌

의 능이 불명인 것은 어디에 위치하는지조차 알려지지 않았기 때문이다. 그러나 금관가야의 마지막 왕인 구형왕릉으로 비정하는 릉은 전(傳)자가 앞에 붙어서 전구형왕릉(사적 제214호)으로 경남 산청군 금서면 화계리 산16에 위치해 있다. 일반 무덤과는 달리 경사진 언덕에 위치했는데 높이 7.15m인 기단식 석단이 있고 총 7층이며 무덤 정상은 타원형이다. 학자들에 따라 이 석조구조물이 구형왕릉일 확률은 극히 낮은 편이라고 주장한다. 이 석축구조물이 불탑임에 분명한데도 그동안의 전승임을 전제로 '왕릉'이라는 기록도 있는데 이를 신라왕릉으로 추정하여 구형왕릉으로 변해 갔다는 주장이다. 1864년 김정호가 편찬한 『대동지지』에 '왕산사는 가야 구형왕의 수정궁터이며 그 옆의 무덤은 구형왕릉'이라고 나온다.

제5장 : 함안 말이산 고분군(사적 제515호)

사적 제515호로 유네스코세계유산에 등재된 말이산(末伊山)고분군은 경상남도 함안군 가야읍 도항리와 말산리에 위치한다. 말이산은 '머리산'의 소리음을 한자를 빌려 표기한 것으로 '우두머리의 산' 즉 '왕의 산'을 뜻한다. 한마디로 아라가야 왕들의 마지막 안식처라는 뜻이다.

말이산은 해발 30~70m 능선이 남-북으로 1.9㎞ 정도 길게 뻗어 있으며, 주 능선에서 서쪽 방향으로 여러 가닥의 가지능 선에 고분이 열상으로 분포되어 있는데 면적이 약 52만㎡나 되어 국내 최대급이다.

함안 말이산 고분군

이들 고분들은 1~6세기 가야연맹을 구성했던 안라국의 왕들을 의미하는데 안라국은 안야국, 아나가야, 아라가야, 안야, 아라, 아시라국, 안라인 등으로도 불렸다. 기원을 전후한 변한의 작은 나라였을 때부터 신라에 멸망하기까지 약 500년 동안의 오랜 역사를 간직하고 있었다.

함안은 경상남도의 중앙 부분에 위치하는데, 남쪽은 낙남정맥이 지나감으로써 여항산 등의 높은 산지가 병풍처럼 펼쳐지고, 북쪽은 남강과 낙동강이 서로 만나 낮은 지대를 이룸으로써 남고북저의 특징적인 지형을 하고 있다. 현재까지 조사를 통해 확인된 말이산 고분군의 고총고분만 해도 170여 기가 넘으며 봉분이 사라진 고분을 포함하면 수백여 기 이상의 고분이 분포되어 있다. 특히 봉토를 크게 조성하지 않는 목관묘, 목곽묘에서 석곽묘, 석실묘로 변화하면서 거대한 봉토분이 군집하는 기념비적인 경관을 형성하고 있어 '가야고분군'의 진면목을 모두 보여주는 유산이다.

아라가야는 함안지역을 중심으로 '김해-합천'을 연결하는 낙동강 수계와 '부산·김해-고성' 사이의 바닷길을 장악하며 김해의 금관가야, 고령의 대가야와 함께 가야의 맹주국으로서 활약했다. 특히 400년 고구려의 광개토대왕이 남정할 때 이에 대항하여 싸울만큼의 힘을 갖고 있었을 정도의 큰 세력이었다.

아라가야가 물길을 기반으로 가야의 여러 정치세력과 백제, 일본(왜) 등 주변 국가와 교역하면서 낙동강 유역에서 가야연맹 전 시기 동안 세력을 유지할 수 있었다는 설명이다. 특히 말이산고분군은 현재까지 알려져 있는 안라국으로 비정되는 다른 지역 고분군에 비해 탁월한 경관 및 규모를 자랑하는 것이 큰 덕목이다.

말이산고분군에 대한 기록은 선조 20년(1587) 『함주지』에 말이산 고분군의 위치와 모습, 봉토분의 숫자 등이 기록되었다.

'우곡리 동서쪽 언덕에 옛 무덤이 있다. 높이와 크기가 언덕만한 것이 40여기인데 세상에 전하기를 옛 나라의 왕릉이라 한다.'

아라가야가 멸망한 지 1000여 년이 지나도록 가야 왕릉이라고 알려졌다. 선조들의 왕묘라는 유명세를 받았으므로 20세기 초까지 구릉지 일대의 봉토분이 잘 보존될 수 있었던 이유다.

일제강점기인 1914년 말이산 1호분을 시작으로 4호분, 25호분, 13호분, 12호분이 발굴됐지만 역사성 규명보다는 일제의 식민지 문화정책을 선전하는 용도로 활용되어 가야사 규명을 위한 많은 고고학적 자료들이 훼손되는 결과를 불러왔다.

4호분은 봉분의 직경 39.4미터, 높이 9.7미터로 말이산 고분군에서 가장 큰 고분이다. 1917년 일본의 이마니시 류에 의해 발굴 조사되었는데 수레바퀴모양토기, 오리모양토기, 사슴뿔장식철검 등 284점의 유물이 출토되었다.

25호분은 아라가야의 대표적인 널무덤(목관묘)은 말이산 고분군 북쪽 도로확장 과정에서 확인되었다. 널과 구덩이 사이에 목 긴 항아리, 곧은 입 항아리 등이 부장되었으며 나무그릇의 흔적도 확인되었다.

조선총독부는 1933년 「조선보물고적명승천연기념물」 보존령을 제정하고 1940년 행정 구역에 따라 말이산고분군을 조적 제118호 도항리고분군과 제119호 말산리고분군으로 분리지정한다. 한국전쟁 이후 문화재보호법에 의해 말이산고분군은 사적 제84호 도항리고분군, 제85호 말산리고분군으로 지정됐다.

이후 가야문화권 중요유적에 대한 학술조사 및 보존사업을 계기로 말이산고분군에 대한 본격적인 조사연구와 정비가 이루어졌으며 30여 차례에 걸친 조사 결과 10,000점이 넘는 유물이 출토됐다.

2011년 원래 이름인 '말이산'을 되찾자는 지역민의 뜻을 모아 두 고분군을 말이산고분군으로 통합하여 사적 제515호로 지정됐고 2021년 '남문외고분군'을 말이산고분군으로 확대지정하였다.[28]

<강력한 아라가야>

아라가야의 유적과 유물은 함안지역을 비롯하여 인근의 마산, 의령, 진주 일대에서도 다수 확인될 정도로 넓은 지역에서 보이는데 이들 고분문화는 전기·중기·후기 3시기로 나뉜다.

전기는 서기 3세기경에서 4세기 말에 해당하는 길이 4미터 이내의 소형목곽묘가 주류를 이룬다. 대표적인 것은 왕사리·윤회리·회산리·말이산 북쪽 능선부의 고분들이다.

---

28) 「[가야문화의 뿌리를 찾아서]⑤함안 말이산 고분군」, 배병일, 경남도민신문, 2022.12.29

중기는 아라가야의 전성기로 5세기 약 100년 동안인데 무덤양식과 출토유물의 형식차이에 따라 대형 목곽무덤과 수혈식무덤으로 나뉘는대 말이산고분군의 대표적인 유적이다. 5세기 후반에 수혈식 무덤이 유행하여 석곽의 길이 10미터에 이르는 대형이 만들어지고 봉토의 규모도 20미터, 높이 6미터 이상으로 대형화되며 순장자들은 덤이다. 6세기부터 후기로 들어가는데 고분축조가 계속되는 것을 볼 때 고령의 대가야와 함께 후기 가야연맹의 핵심으로 독자적인 정치체를 계속 유지했던 것으로 추정한다.[29]

이중에서 아라가야 특히 말이산고분군은 몇 백년에 걸쳐 계속 축조되었다는 것은 그만큼 강력한 세력이었다는 것을 뜻한다. 그 중에서도 5~6세기 조성된 봉토분은 구릉지 능선과 사면을 따라 127기가 조성되어 있다. 특히 5세기부터 축조되는 석곽묘는 가늘고 긴 가야식 석곽묘의 특징을 두드러지게 보여준다. 세장방형의 석곽묘에는 중앙부에 피장자의 시신이 안치되고 머리 위쪽에는 다량의 토기가 부장되며, 발 아래쪽에는 순장자가 배치된다. 이는 아라가야식 석곽묘의 전형적인 공간 분할 방식이다.

말이산고분군은 구릉지 능선을 따라 조성된 대형 봉토분으로 인해 시대를 거치면서 고대 왕들의 무덤으로 기록되었다. 선조들의 왕묘라는 유명세를 받았으므로 20세기 초까지 구릉지 일대의 봉토분이 잘 보존될 수 있었던 이유다.

그러나 고분군의 환경도 현대화의 영향을 크게 받아 고분군이 조

---
29) 「국립김해박물관」, 국립김해박물관, 1998

성된 구릉지 동쪽에는 1950년대 군청 건물과 함께 시가지가 인접하여 조성되었으며, 구릉지 서쪽과 남쪽은 농경지로 둘러싸여 있다.

20세기 초부터 이루어진 발굴조사 결과 토기, 철제무기, 교역품 등 다량의 부장품이 확인된다. 특히 토기는 고배 · 기대 · 장경호와 같은 가야토기의 공통적인 구성이 확인되며, 불꽃모양으로 대표되는 독특한 투창이 나타난다. 또한 집모양, 수레바퀴모양, 사슴모양, 배모양 등 다양한 형상을 본 떠 만든 토기도 출토되었다. 아라가야는 물길을 기반으로 가야의 여러 정치세력과 백제, 일본(왜) 등 주변 국가와 교역하면서 낙동강 유역에서 가야연맹 전 시기 동안 세력을 유지하였다.[30]

여하튼 안라국으로 설명되는 지역은 광대하지만 이 지역 안에서 발견되는 많은 고분들 중에서 안라국 왕들의 무덤으로 생각되는 대형 봉토를 갖춘 것은 말이산고분군이 유일하다. 특히 목곽묘 · 석곽묘 등이 고분군 전역에 분포되어 있으며 안라국 고분군 가운데 가장 큰 규모를 자랑한다. 그런데 학자들이 다소 의아하게 생각하는 것은 안라국의 도성이 위치한 가야분지 일대에서 말이산고분군을 제외하면 고총고분을 가지고 있는 유력집단 고분군이 확인되지 않는다는 점이다. 이와 같은 모습은 타 지역 가야 유력 고분군과 차이를 보인다.

원삼국 · 삼국시대 가야의 유력집단이 존재하였던 지역에서는 묘제가 '목관묘→ 목곽묘 → 석곽묘 → 석실묘'로 변천하는데 안라국

---

30) 「묘제 및 출토유물로 본안라국 왕묘와 위계」, 김승신, 가야사총론-연구총서6권, 2020

의 왕묘 혹은 최고지배자급의 무덤 역시 이들 변화에 따른다.

그런데 안라국의 중심지역인 함안지역에서 5세기대 확인되는 대형의 목곽묘, 고총고분과 계보를 연계시킬만한 고분이 아직까지 확인되지 않고 있다. 조영제 박사는 이를 통해 4세기대는 안라국으로 대표되는 지배집단의 계층분화 혹은 '국(國)'이라고 상정할 만한 일정 수준 이상의 지배력을 갖춘 집단이 함안지역에 존재하지 않았을 가능성이 크다고 적었다.

특히 안라국의 지배층 고분으로 판단되는 유구는 마갑총 등 5세기 중엽대 대형 목곽묘 등이 모두 말이산 북쪽에서 발견된다. 이는 소국 단계 형성기부터 고총고분 축조시기까지 말이산 북쪽 능선 및 사면부는 안라국 지배계층 혹은 상위계층의 고분으로 조영되었다는 것을 의미한다.

여하튼 5세기 후반으로 갈수록 말이산 능선 정상부 및 서쪽 가지 능선 정상부에 대형의 고총고분이 등간격을 이루며 조성되기 시작하며, 대형분과 대형분 사이에는 중·소형분이 빈공간을 차지한다. 더불어 아라가야 집단 고분군에서는 타 지역에 비해 관, 허리띠, 귀걸이, 신발 등 착장형 위세품은 확인되지 않지만 장식대도, 유자이기 등 다양한 의기가 일부 대형 봉토분을 중심으로 부장되었다.

목관묘는 현재 말이산고분군 북쪽 능선 사면부에 집중되어 있으며, 원삼국시대 함안분지 내 고분의 축조가 이곳에서 출발했다고 비정한다. 말이산 북쪽은 일제강점기 이후 현재까지 개발 등 도시화가 급격히 진행됨에 따라 지형이 상당부분 변형·훼손되었다.

말이산고분군의 특징은 무기류들이 많이 발견된다는 점이다. 장신철모·단신철모 및 철검(鉋)가 부장되었는데 다양한 형태의 철모가 발견된다. 또한 구형식과 신형식 무기류가 동시기에 이용된 것을 볼 때 당시 타 집단과의 교류가 활발했음을 보여준다.

특히 도시의 개발로 인해 상당수의 목관묘가 파괴되었다고 가정하더라도 다른 지역에서 확인되는 위신재가 확인되지 않는 것은 타 지역에 비해 미약한 세력의 집단만 거주했을 것으로 추정한다. 한편 목곽묘는 말이산고분군을 비롯하여 주변지역 집단에서 다수 조사되었는데 무려 1,000여기에 달한다.

함안지역에서 대형 목곽묘가 출현하는 4세기 말~5세기 전엽에 이르면 신식도질토기문화가 유입·확산되기 시작하며, 무기·마구·의기 등이 집중 부장되는 고분이 등장한다. 이 시기 고분에서 출토된 토기들은 낙동강 하류지역을 중심으로 발달된 토기제작기술이 수용되기 시작하면서 팔자형고배·발형기대·통형기대·장경호·유개대부파수부호 등 새로운 기종이 발견된다. 안라국의 대표적인 문양 즉 함안의 간판인 불꽃무늬굽다리접시(火焰文透窓高杯)도 이 시기 등장하여 유행한다.

<말이산고분군의 지속성>

안라국 영향권 내 여타 집단의 경우 대부분 목곽묘·석곽묘 묘제를 주축으로 하는데 다른 지역과는 달리 고식의 묘제라고 할 수 있는 목곽묘를 6세기대까지 계속 지속한다.

그런데 말이산고분군 묘제의 변천 과정을 살펴보면 목관묘 단계에서 단위 지역을 장악할 만한 피장자의 고분이 확인되지 않는다는 점이다. 이는 부산, 김해, 경주, 경산지역에서 확인된 고분과 비교하면 더욱 명확하다. 그러나 목곽묘 도입 단계까지 중·소규모의 목곽묘만 확인되더니 5세기 전엽에 들어서자 그 면모를 일신한다. 대형 목곽묘의 출현과 함께 전 시기와 비교할 수 없을 만큼 부장유물의 질과 양이 풍부해지며, 주변 지역 집단과도 상대적 우월성을 보인다.

함안순장묘

5세기 중엽 이후 안라국 최고지배자들의 묘역으로 수혈식석곽묘 및 고총고분 축조방법이 업그레이드되어 새로운 전기를 마련한다. 우선 함안분지 내에서 고총고분은 말이산 묘역에 집중된다. 더불어 순장이 처음 등장하며 소위 안라국 양식의 묘제가 시행·정착된다. 즉 매장주체부의 공간분할, 토기·무장(武裝)·마장(馬裝)의 복수부장, 순장의례 등에서 안라국 내 타 지역 단위고분군에 비해 절대적인 우위를 보인다.

이런 변화는 5세기 전엽 함안분지를 중심으로 영향력을 확장하기 시작한 지배집단이 고총고분 묘제가 도입되는 5세기 중엽 이후 본격적으로 세(勢)를 불리며 안라국 특유의 묘제·토기 양식권을 갖추고 영향력을 행사하기 시작했다는 것을 뜻한다. 그러므로 5세기 후반 이후 고총고분은 말이산 묘역을 중심으로 점차 남쪽 능선까지 확장해 나가며 안라국의 최고지배자급 고분, 즉 왕묘(王墓)로서 입지를 굳힌다. 고분 내 길이 10m 이상의 초대형 수혈식석곽묘가 유행하며 중상위 고총고분까지 순장자 수가 늘어난다. 말이산고분군 내 수혈식석곽묘는 크게 '유물부장공간-피장자공간-순장자공간(순장자 없을 시 유물 부장 공간)'으로 3분할 되어 있으며, 이 가운데 순장자 공간은 피장자의 머리 위쪽 혹은 발 아래쪽에 만든다. 순장자 수는 석곽의 규모에 따라 차이를 보이는데 5세기 후반에 들어서면 차상위 등급 고분까지 순장이 확대되지만 6세기에 접어들어 순장 자체는 사라지지 않지만 규모는 점차 축소되어 간다. 그러나 6세기 이후 순장의 규모가 점차 축소되며, 석실묘 묘제가 유입되는 6세기 중엽 이후 말이산고분군 및 남문외고분군 석실묘를 중심으로 순장이 자취를 감춘다. 그런데 순장은 안라국 영향권 내 지역 가운데 말이산고분군에서만 확인되고 있으므로 말이산고분군이 상대적으로 우월성, 즉 위계를 갖춘 고분군으로 설명된다.

6세기 이후에도 안라국의 왕묘인 말이산고분군에는 끊임없이 고총고분이 축조되며, 말이산에서 서쪽으로 1.1㎞ 정도 떨어진 남문외고분군이 새롭게 안라국의 최고 지배자들의 묘역으로 사용되기 시작한다. 또한 부장유물들이 전 시기에 비해 현저한 차이를 보이기 시작한다. 토기는 지속적으로 부장되지만 무장이나 마장은 점차 줄어들어 기본무기 일식과 장식마장 정도에 한정된다. 말이산 묘역 내 횡혈식석실묘 묘제가 새롭게 도입되며 이 묘제는 남문외고분군에서 집중적으로 확인된다. 특히 남문외 11호분은 함안분지 내 고총고분 가운데 가장 큰 횡혈식석실분으로 6세기 전엽 이후 안라국 멸망 이전까지 최고지배자급 고분의 묘역이 남문외 일대까지 확대되었다고 생각한다.

<마갑총과 별자리 은하수>

말이산고분군이 고고학계에서 큰 주목받는 것은 매장된 무기·무구 등 무장이 년대에 차별화됨으로 세계사적으로도 매우 중요한 위치를 차지하기 때문이다. 4세기대 목곽묘에서 출토된 철기는 갑주나 마구 없이 소량의 무기 및 농공구만 확인된다. 무기는 철검(피)·철모·철촉 3종 등이 발견되며 농공구는 주조 혹은 단조철부·철겸·도자 등이 출토되고 있다. 위 시기에는 위신재 혹은 단일 유구나 다량 부장 등이 이루어지지 않아 세력이 미미했던 것으로 추정한다.

함안 마갑총　　　　　　　　함안 고분전시관

그런데 5세기 전반에 들어서면 대형 목곽묘가 등장하며 무장이 세트를 갖추기 시작하며 마구·마갑, 농공구, 의기(유자이기 등) 등 다양한 철제 유물이 부장되기 시작한다. 단병기는 철검에서 대도(환두도 혹은 목병도)로 변화하며, 일부 대형 목곽묘에서는 장식환두도가 부장되기도 한다. 철모는 이단병식 혹은 직기유관형철모에서 연미유관형 또는 연미무관형철모로 변화하며, 철촉은 유경식철촉이 본격적으로 유행하며 주로 단신촉 및 중신촉이 나타난다.

갑주는 종장판주, 찰갑, 판갑(삼각형혁철판갑) 등이 부장되기 시작하며 마구는 표비·환판비·판비 등 재갈 및 안장·등자·운주가 도입되는 등 '재갈+안장+등자'로 구성되는 기본마구세트가 완성된다. 특히 마갑총에서는 중장기병의 존재를 상정할 만한 마주·마갑이 부장되어 마갑의 진면목을 보여준다.

함안의 간판은 마갑총인데 마갑총은 그야말로 한 고등학생의 눈썰미로 발견된 것이다.

함안 지구 모 일간지 배달 소년인 고등학생 이병춘의 눈에 도항리 아파트 신축공사장을 지나면서 철조각을 발견했다. 아파트 뼈대는 다 들어선 상태였는데 소년은 포클레인으로 퍼낸 흙더미 속에서 우연히 생선비늘과 같은 철조각을 발견한 것으로 평소에 함안이 아라가야의 중심이었다는 것을 알고 곧바로 지국장 안삼모 씨에게 보고했다. 안지국장은 역사학과 출신으로 두 사람이 다시 현장을 방문하자 철조각이 현장에 흩어져 있었고 곧바로 국립창원문화재연구소에 연락했다. 함안의 간판이라고도 볼 수 있는 마갑총이 세상에 모습을 나타낸 것이다.[31]

완벽한 형태의 마갑이 발견된 마갑총은 '말갑옷이 출토된 무덤'이란 뜻으로 대형 목곽묘 유행 시기인 5세기 중엽에 축조되었는데 길이 890㎝·너비 280㎝에 달하며 장식환두도 등 무기, 마구·마갑 등 마갑주, 토기 등이 집중 출토되었다. 특히 바닥 중앙에 잔자갈을 이용하여 시상을 설치하고 좌우에 마갑이 부장되는 형태는 당시 최고지배자급 고분 내 위신재로서 중장기병형 무장이 부장되었음을 보여준다.

기병과 보병이 함께 전투할 때 보병의 공격 목표는 말의 앞다리, 머리, 가슴 부위다. 창 등으로 근육이 적고 타격에 약한 말의 앞다리를 쳐서 주저앉힌 뒤 말의 가슴을 찌르는 것이 가장 유력한 공격 방법인데 이런 보병의 공격을 막기 위해 기병은 마갑으로 말의 앞다리, 머리, 가슴 부위를 감싼 것이다. 마갑의 크기는 총길이

---
31) 『한국사 미스터리』, 조유전 외, 황금부엉이, 2004

226cm~230cm, 너비 43cm~48cm인데 마갑은 고구려의 동수묘, 삼실총, 쌍영총 등의 고구려 벽화에 등장하며 이 무덤의 조성연대는 4세기 후반으로 추정한다. 반면에 상당수 고분에서 보이는 순장은 아직 확인되지 않았다.

말이산 구릉에서 가장 높은 곳에 위치한 13호분은 길이 520㎝·너비 150㎝로 마갑총보다 규모는 적으나 온전한 유구가 잔존하여 고분 축조 당시의 모습을 보여주는데 무덤방의 천장 덮개석에서 남두육성(南斗六星)과 청룡별자리 등 고대 동양의 별자리를 비롯한 134개의 별로 이루어진 은하수가 확인되었다. 가야 고분에서 별자리가 발견된 것은 최초의 사례로 중국-고구려-가야로 이어지는 고대 동아시아 천문사상의 교류가능성을 보여줄 뿐만 아니라 천문관측 기술 및 항해술 등에 높은 이해를 갖고 있었음을 보여준다. 더불어 고배·장경호·기대(발형·통형) 등 토기, 대도·삼각판혁철판갑 등 무장, 유자이기 등 의기가 출토되었다. 특히 삼각판혁철판갑은 현재까지 조사된 안라국 고분 가운데 유일한 출토사례이다.

말이산 45호분은 말이산 고분군 덧널무덤 중 대형 봉분을 갖춘 유일한 무덤이다. 봉황장식 금동관을 비롯하여 사슴모양 뿔잔, 집모양 도기, 배모양 및 등잔 모양 도기 등 다양한 상형도기가 출토되었다. 봉(鳳)과 황(凰)이 마주보고 있는 세움장식 형태의 금동관은 우리나라 삼국시대 금속공예품 가운데 첫 사례로 아라가야 통치자의 위상을 보여준다. 또한 다양한 형태의 상형도기는 고대 아라가야인의 주거·생활·예술관을 보여주는 확실한 증거로 말갖춤, 말안장,

옥 목걸이 등 268점의 다양한 유물이 출토되었다.

5세기 중반 이후 석곽묘 묘제가 도입과 함께 고총고분이 축조되기 시작하면서 고분에 부장되는 무장은 또 다시 변화한다. 갑주는 '종장판주+찰갑' 구성에서 '종장판주+경갑+찰갑'으로 부속구가 추가된다. 특히 현재까지 말이산고분군에서 출토된 갑주 15령 가운데 9령이 5세기 중반~후반에 집중되는데 이 시기 안라국 최고지배층 고분을 중심으로 갑주의 도입 및 소유가 활발하였음을 보여주고 있다.

마구는 5세기 전반에 완성된 세트인 '재갈+안장+등자' 구성에 새로운 형식의 마구가 더해지는 모습을 보이는데, f자형판비, 심엽형·편원어미형·검릉형행엽, 무각소반구형운주 등이 대표적으로 대부분 금동·은·청동 등을 이용하여 화려하게 장식하였다. 이와 같은 장식마장은 주로 말이산고분군 내 고총고분에서만 확인되고 있어 당시 안라국의 최고지배자들은 화려한 장식마장을 갖추고 있었음을 보여준다.

6세기대 안라국은 석실분이라는 새로운 묘제의 도입과 함께 유물 부장에서 변화가 일어난다. 대표적인 기본 무기세트인 '대도+철모+철촉'이 동시에 공반하는 사례가 줄어들며 무기 단일 기종의 복수 부장 양도 상당히 감소한다. 또한 5세기 후반대까지 지속적으로 매납되던 장식대도 등 의장용 무기의 부장이 급감하는 모습을 보인다. 갑주 역시 무기와 유사한 양상을 띤다. 이전 단계까지 활발하게 매납되던 갑주가 찰갑편을 마지막으로 더 이상 부장되지 않는다.

안라국의 대표적인 의기로 생각되는 유자이기는 대형 목곽묘가 도입되는 5세기 전엽에 등장한다. 새모양 장식이 가미된 독특한 형태로 인해 가야 각국의 의기 가운데 가장 조형미가 뛰어난 것으로 평가된다. 유자이기가 부장된 고분의 성격이나 변화과정을 볼 때 새모양장식 유자이기를 부장품으로 매장한 당사자의 위계는 말이산고분군 내 최상위집단 혹은 차상위집단 으로 추정한다. 특히 새 장식이라는 특별한 의미가 더해져 6세기대까지 지속적으로 부장되었다. 그러나 6세기 이후 석실묘의 도입 및 대가야·신라계 유물의 부장과 함께 안라국을 대표하였던 새모양 장식 유자이기는 더 이상 부장되지 않는다.

특히 안라국 권역 내 다양한 양식의 토기가 유입된다. 이전 시기까지 안라국 양식 토기가 절대다수를 차지하였으나, 이 시기에 들어서면 안라국 양식 토기는 존속하는 가운데 대가야·신라·소가야·백제권 토기 등 다양한 외부 양식 토기가 유입된다.

안라국 석곽묘 등장기는 고총고분 조성과 궤를 함께 하며 시기는 5세기 중엽 이후로 이전 시기의 목관묘 및 옹관묘를 파괴하고 축조되었다. 사면부 등 경사가 급한 지역은 대형 고총고분과 약간의 거리를 두고 군집하는 모습을 띤다. 유물은 안라국 양식의 토기가 정형화되며 고배, 장경호, 기대, 상형토기 등 다양한 종류가 일정한 제작방법에 따라 생산된다.

2021년 말이산 75호분에서 가야문화권 최초로 5세기 중국 남조에서 제작된 최상품 연꽃문양 청자그릇이 출토되었다.[32]

---

32) 「함안 말이산 고분군서 중국 남조시대 청자 출토」, 김정훈, 경향신문, 2021.11.12

75호분은 봉토지름 20.8m, 높이 3.5m, 석곽길이 8.2m, 너비 1.6m로 최상위 지배자의 것보다는 규모가 작아 아라가야 귀족층의 무덤으로 추정됐다. 봉토 안에는 11매의 덮개돌로 덮인 좁고 긴 돌덧널 1기가 배치돼 있는데 피장자의 매장 공간을 중심으로 서쪽에 유물을 집중 부장하고 동쪽에 순장자를 배치하는 전형적인 아라가야 대형 석곽묘이다.

무덤 안에서는 무기·말갖춤 등 50점의 토기 등 5세기 후반 가야 유물이 다량 출토됐는데 중국 남조시대에 제작된 최상급 연꽃무늬 청자그릇이 발견됐다. 크기는 아가리지름 16.3㎝, 높이 8.9㎝, 바닥지름 7.9㎝로 그릇 외면에는 부조의 연꽃잎무늬를 돌아가며 배치하되 안쪽·바깥쪽 8개씩 서로 겹치도록 했고, 연꽃잎 가장자리는 3줄의 오목새김선을 넣어 입체적으로 표현했다. 이러한 청자그릇은 중국 남조의 첫 왕조인 송(420~479)대의 대표적인 기형이다. 중국 강서성 홍주요산으로 추정되는 이 청자는 아라가야가 5세기 후반 중국 남조와 교류하였을 가능성을 시사한다.

말이산4호분은 봉분의 직경 39.4미터, 높이 9.7미터로 말이산 고분군에서 가장 큰 고분이다. 1917년 10월 일본의 이마니시 류(今西龍)에 의해 발굴 조사되었는데 수레바퀴모양토기, 오리모양토기, 불꽃무늬토기 등을 비롯한 120여 점의 토기와 대도, 말갑옷 조각과 각종 말장신구, 화살촉 등의 각종 무구류 등 284점의 유물이 출토되었다.

4호분은 수혈식석곽묘이지만 벽체의 최하부만 지표의 암반을 일부 파고 들어가 축조한 지상식(地上式) 구조이다. 측벽은 할석(割石)을 사용하였고 바닥은 편평한 판상석을 이용했는데 곽내부는 길이 9.69m, 높이 1.67m, 폭 1.73m로서 말이산고분군 중 최대급이다. 5개의 감(龕) 또는 감실(龕室)은 이 고분의 구조적 특징 중 하나인데 학자들은 이 구조를 뚜껑돌을 받치기 위한 버팀목 끼움 시설로 보고 있다. 순장자는 5내지 6인으로 추정되며 고분의 축조 시기는 5세기 후반 대이다.

일제 강점기시 일제가 이 고분에 주목한 것은 식민지 통치와 관련해서였다. 고대 일본이 한반도 남부지역을 200년 동안 지배, 통치했다는 이른바 '임나일본부설'을 고고학적으로 증명해 내고자 했지만 4호분의 발굴 결과는 그들의 기대를 저버렸다. 4호분의 유물들은 오히려 안라국에서 왜(倭)보다 앞선 문화가 존재했었다는 사실을 보여주었다. 더불어 4호분에서 나온 토기류들은 일본 고대 선진 외래계 토기의 원류임이 확인되었고, 철기문화의 왜로의 전래도 가야지역에서 이루어졌음이 확인되었기 때문이다.[33][34]

말이산고분군을 배경으로 함안박물관과 고분전시관이 설치되어 있는데 박물관 입구에 고인돌 공원이 있다. 선돌과 함께 다양한 고인돌이 전시되어 고대로 길을 안내한다.

고인돌 공원 바로 옆에 '아라홍련 시배지'라는 작은 연꽃 연못이 있다. 2009년 함안 성산산성(城山山城, 사적 제67호) 유적지 내 연못에서 씨

---

33) 「[가야문화의 뿌리를 찾아서]⑥함안 말이산 고분군」, 배병일, 경남도민신문, 2022.12.29
34) 「함안말이산4호분」, 한국민족문화대백과사전

앗 다수 수습되었는데 연대측정 결과 779년 전과 669년 전으로 밝혀져 통산 700여 년 전 고려시대 연씨로 밝혀졌다. 함안박물관과 농업기술센터와 공동으로 3개의 씨앗에서 싹을 틔우는데(發芽) 성공했고 2010년 7월 첫 꽃을 피웠다. 선홍색의 긴 꽃잎이 고려 시대 불화에 그려진 모습과 일치하는데 이 연꽃을 '아라홍련'이라 이름지었다. 아라홍련은 7~8월에 꽃을 피운다. 박물관을 방문할 때 빠트리지 말기 바란다.[35]

함안박물관

고인돌 및 암각화에 관심을 갖는 사람들은 가야읍 도항리를 흐르는 남강 지류에 있는 한국에서 고인돌로 유명세를 치루고 있는 암각화도 방문하기 바란다. 도항리 도동 제3호 고인돌로 설명되는데 길이 230㎝, 너비 120㎝의 긴 타원형이다. 암각화는 고인돌의 뚜껑돌에 작은 원형 홈과 동심원들이 새겨져 있는데 학자들은 본래부터 고인돌 뚜껑돌 위에 그려진 것이 아니라 그림을 새긴 후 바위면을 잘라내어 고인돌의

---

35) 「함안성산산성 하늘길」, 공현선, 함안소식, 2023년 9월

뚜껑돌로 사용하였을 가능성을 높게 본다.

함안 고인돌

윗면 전체에 일곱 개의 동심원과 260여 개의 크고 작은 원형 홈들이 빽빽하게 새겨져 있는데 중앙의 가장 큰 일곱 겹의 동심원은 지름 23㎝이다. 중심의 가장 큰 일곱겹 동심원의 왼쪽에 작은 홈들이 원형을 그리고 있는데 별을 묘사한 것으로 추정하기도 한다.[36]

함안 박물관 입구에 특이한 전시품이 있다. 대치리의 낙동강변에 위치한 함안 칠서지방공단 부지조성공사 때에 발견된 대치리의 공룡발자국화석을 옮긴 것이다. 중생대 백악기의 거대한 공룡발자국화석 70여 개가 있는데, 작은 발자국에는 발가락 자국까지 보인다. 발자국 크기를 보면 약 340~360㎜, 길이는 370㎜로서 초식공룡

---

36) http://m.g-enews.com/article/Distribution/2018/01/201801041012024708e8b8a793f7_1

이 4발로 기어다닌 것으로 추정되며 문화재자료로 지정되어 있다. 공룡발자국 전시품 옆에는 안라국 고분의 모형을 실물대로 전시하여 방문객들의 이해를 높이고 있다.

함안박물관 정면이 함안 가야의 간판인 불꽃무늬 토기를 형상화했는데 제1전시관은 아라가야 성장의 원동력이 되었던 지질, 선사시대에서 아라가야 멸망 이후인 남북국(통일신라)까지의 유물을 다루고 있다.

함안박물관의 또 다른 특징은 별도로 설치된 고분전시관이다. 말이산고분군을 소개하는 전시관으로 말이산고분군의 무덤 변천과정과 축조방법 등을 소개한다. 특히 디지털 실감영상관은 프로젝션 맵핑을 활용한 실감영상관으로 아라가야 유물의 화려함과 아름다움을 미디어아트에 접목하여 강력한 몰입감을 선사하므로 강추한다. 영상관에서 보내는 짧은 시간이 결코 아깝지 않을 것이다.[37]

---

37) https://www.haman.go.kr/04783/04799.web

제6장 : 고성 송학동 고분군(사적 제119호)

고성군 고성읍 송학리 470번지 일대로 접근하면 잔디로 덮인 야트막한 구릉이 눈에 들어오는데 바로 소가야를 대표하는 사적 제119호 송학동 고분군이다. 1963년 1월21일 사적으로 지정되었는데 2003년에 송학동에 고분군 8기와 제2 고분군 6기를 통합하여 송학동 고분군으로 관리되고 있다.

경상남도의 중남부 연안(沿岸)에 위치한 고성군 지역은 동북쪽으로 창원시와 함안군, 서쪽으로 사천시·남해군, 북쪽으로 진주시와 경계를 이루며, 남쪽으로는 통영시·거제시와 인접해 있다. 지형은 전체적으로 산지가 많고 기복이 심한 편이며, 지맥

송학동 고분군

송학동 고분군내 고인돌

이 동북에서 서남방향으로 뻗어 있고, 서북쪽이 높고 동남쪽이 바다에 접해있어 낮은 편이다.

고성지역은 진수의 『삼국지』〈위지동이전〉에서 변한 12국 중의 하나인 '고자미동국(古資彌凍國)'으로 기록되었다. 한편 『삼국사기』에는 '고사포(古史浦)', 『삼국유사』에서는 '고자국(古自國)'으로 알려졌으며, 『일본서기』는 '고차국(古嵯國)', '구차(久嗟)' 등으로 비정되었다.

신라통일 후 신라 효성왕 1년(737) 고자군(古自郡)으로 개칭되었다가, 신라 경덕왕 16년(757)에 주군현을 중국식으로 개정할 때 '고자군'을 '고성군'으로 개칭하여 현재에 이른다. 그러므로 학자들은 변진의 고자국을 소가야의 전신으로 파악하거나, 고성지역과 소가야를 동일시하였다. 이는 고성지역이 소가야의 중심지였으며, 그 세력이 강력하였다는 설명이다.

송학동 고분군은 5~6세기 가야연맹을 구성했던 소가야(小加耶)를 대표하는 고분군으로 무학마을과 인접하고 있는 이곳은 예로부터 주민들이 '무덤이 있는 언덕'으로 불렀다. 고분군에 조성된 길을 따라 걸어 올라가면 고성읍 전경을 한눈에 담을 수 있다.

『삼국유사』에 따르면 소가야의 중심지는 바로 고성으로, 이를 증명하듯 고성읍을 중심으로 소가야의 왕묘 혹은 수장의 묘로 짐작되는 직경 25m이상이 대형고분이 집중됐다. 고성군 송학리와 기월리 일대에 분포하고 있는 송학동고분군은 5세기 후반부터 6세기 전반, 소가야 지배자들의 묘역으로, 이곳에서 소가야 세력의 규모와 문화적 특징을 나타내는 유리장신구, 철기류 등의 위세품이 다량으로 출토됐다. 소가야는 통영, 사천을 포함한 남해안 일대와 남강 수계로 연결된 진주·산청 지역까지 세력을 확장하고, 남해안의 해상 교역로를 이용해 중국·백제·왜와의 교역을 중개하며 해상교역의 중심지로 우뚝 섰다. 김해를 거치지 않고 대한해협을 건널 수 있는 지리적 이점을 갖고 있기 때문으로 고성읍에서 다량 출토된 각국의 외래계 유물은 남해안을 이용한 수로가 발달했음을 유추케한다.

송학동고분군은 느린 발걸음으로도 20분이면 한 바퀴를 돌 수 있는 것은 물론 넓은 평지가 있어 지역민들이 자주 찾는 산책로이다. 이곳에선 삼삼오오 모여 바둑을 두거나 반려동물과 함께 바람을 쐬러온 시민들이 보이는데 해발 25m 전후의 송학동고분군은 구릉이 발달하지 않은 지형적 특성으로 3개의 낮은 구릉에 각각 위치한다. 해안에서 잘 보이는 구릉지의 정상부에 축조되었으며, 전체적으로 다른 지역보다 봉토분의 숫자는 적지만, 각 봉토 내의 1기 단독 또는 여러 기의 석곽이 연속적으로 축조된 모습은 고분을 군집하여 조성한 가야연맹의 특성을 보인다. 또한, 고성박물관과 무학마을이 아래에 위치해 있어, 인근 담장길을 걸으며 시골 정취를 느낄 수도 있다는 점도 매력이다.

<소가야>

소가야는 6가야 중의 하나로서, 산청·진주·고성 등을 중심으로 남강 중·상류 지역과 남해안 일대에 존재했던 가야 소국인데 소가야 자체는 당시의 국명이 아니다. 소가야라는 명칭은 나말여초

(羅末麗初)에 붙여진 것으로 고령에 본거지를 둔, '대가야'에 비해 상대적으로 작은 체제를 의미한다.

　이 명칭은 『삼국유사』, 『고려사』에는 고자군(古自郡)의 전신을 '소가야국(小加耶國)'이라 칭하였고, 『세종실록지리지』에서는 '소가야국(小伽倻國)'으로 적혔다.

　소가야는 5세기에 접어들면서 남강수계와 남해안 일대에는 대가야, 아라가야의 토기양식과 구별되는 또 하나의 토기문화권을 형성하면서 가야 멸망까지 산청과 진주, 고성을 중심으로 뚜렷한 분포권을 형성한다. 소가야의 중심고분군인 산청 중촌리고분군과 합천 삼가고분군은 6세기 무렵 대가야의 영향을 강하게 받지만 고성 송학동고분군은 소가야 멸망 직전까지 그 세력을 유지하며 최상위계층으로서 위세를 떨쳤다.

　고성지역 소가야의 묘제는 목곽묘에서 석곽묘(다곽식봉토분), 횡혈식석실로 변한다.

　5세기대의 소가야 문화권은 하나의 유력 고총고분을 가진 종적인 구조가 아닌, 다원적인 구조를 이루며 광역의 네트워크망을 구축하였던 것으로 추정한다. 즉 산청 중촌리-합천 삼가-고성 송학동의 유력 수장층은 횡적인 연합구조를 통해 긴밀하게 결집하였다. 6세기대에는 남해안 일대의 송학동고분군이 최고위계를 보이며, 남강수계권의 합천 삼가고분군과 연결된 이원적인 구조였던 것으로 생각된다.

　묘제에서도 지역적인 특징이 나타나는데 다곽식 봉토분과 분구묘, 횡혈식석실 등이 대표적이다. 토기양식과 묘제를 통해 볼 때, 다른 가야들과는 구분되는 정치체가 존재하였음을 보여주는 고고학적인 증거로 제시된다.

송학동고분군은 가야고분에서 매우 오래전부터 일제로부터 주목 받아 1914년 일제강점기 이후 여러 차례에 걸쳐 조사가 실시됐지만 일본인 학자들의 발굴조사 내용은 전해지지 않으며 1999년 이후 발굴조사를 통해 비로소 실상이 알려지기 시작했다.

3기가 중첩 축조된 송학동 1호분과 기월리 1호분이 조사됐는데 송학동고분군 1호분은 4~6세기 경 일본 고분시대에 성행했던 '전방후원분'과 외형이 흡사하다고 주장되면서 한일 학자들간에 논란이 있었으나, 발굴조사 결과 송학동 1호분은 3기의 분구묘가 연접해 축조됐음이 밝혀져 논란을 잠재웠다. 1호분은 남쪽의 1A호분이 가장 먼저 축조되고 그 뒤를 1A호분에 연접해 1B호분이 축조됐으며, 1C호분은 그 가운데에 축조된 형태이다.

5세기 후반에서 6세기 전반에 축조된 것으로 추정되는 1A호분에는 수혈식석관묘 11기가 배치됐는데 학자들은 가야지역 묘제 전통을 상당부분 지키고 있는 보수성이 강한 고분이라고 평가한다. 6세기 후반 축조로 추정되는 1B호분은 돌방 내부 벽면을 붉게 칠한 채색고분이 특징적이다. 채색고분은 일본 북부구주지역의 돌방부담, 해남 장고봉고분, 함평 신덕고분 등에서 원류를 찾을 수 있는데 당시 남해안을 연결지역으로 삼아 상호 교류한 흔적으로 추정된다.[38]

---

38) 「가야문화의 뿌리를 찾아서」②고성 송학동고분군」, 강미영, 경남도민신문, 2022.11.02

동아대박물관에서 1972년 오방리고분군 발굴조사, 1989년 국립진주박물관에서 고성 율대리 고분, 1991년 경남대학교에서 연당리 고분을 발굴조사, 1997년부터 국립가야문화재연구소에서 순차적인 발굴조사를 실시하면서 서서히 소가야의 면모가 들어나기 시작했다. 이곳에서는 유네스코 세계유산으로 지정된 고성 송학동고분군(固城 松鶴洞古墳群)을 중점적으로 설명한다.

송학동고분군은 일명 무기산(舞妓山)고분으로도 불렸으며, 고성읍 북동쪽의 고성만을 바라보는 해발 25m 전후의 낮은 독립구릉에 조성된 소가야 최대고분군이다. 대형 봉분을 가진 10여 기의 고총이 존재했다고 알려졌지만 현재 정상부에 위치한 7기만 남아있다.

송학동 1호분은 연접하여 분구를 조성함으로써, 전체 길이가 약 70m에 이르는 초대형분으로 매장주체부 규모와 축조 양상, 고분축조기법 등도 고려할 때 최상위고분군이다.

최상위고분군은 봉분 규모 25m 이상으로 송학동고분군(1A-1호, 1B호, 1C호 등)이 해당되며 차상위계층은 봉분 직경이 25m 미만~10m 이상인데 부장유물은 주로 대도 등의 무기류나 마구류가 공반된다. 차위고분으로는 내산리고분군, 율대리고분군, 연당리고분군이 이에 속한다.

고성고분군의 특성은 현재까지 소가야권역에서는 이를 제외하고는 연접한 사례가 확인되지 않고 있다는 점이다. 1호분은 한국과 일본에서 초미의 관심을 보였는데 외형이 일본 고분시대 전방후원분과 유사하다는 주장이 발표되었기 때문이다. 그러나 단지 두 개의 원분이 결합된 것에 불과하다는 반론도 제기되었다. 이러한 논란은 발굴조사를 통해 송학동 1호분이 3기의 분구묘를 연접하여 축조된 것으로 밝혀지면서 해소되었다. 먼저 구릉의 남편에 1A호분이 축조되었고, 그 북편에 연접하여 1B호분이 설치되었으며 마지막에 축조된 1C호분은 1A호분과 1B호분이 맞닿은 지점인 양 고분 중간을 굴착하여 배치하였다는 것이다.

송학동고분군에서 조사된 매장주체부는 목곽묘, 수혈식석곽, 횡혈식석실 등이 있는데 학자들은 4~6세기를 걸쳐 지속된 수장층 집단의 누세대적인 축조현상은 6세기대에 집중된다고 설명이다. 이는 송학동뿐만 아니라 고성지역 고분군의 전체적인 양상으로 볼 수 있다.

송학동 1A호분은 분구 중앙에 위치한 동서 장축의 1A-1호 석곽을 중심으로 그 주위에 10기의 수혈식석곽이 상호 장축을 달리하여 배치된 다곽식이다. 이는 유구의 배치 상태와 축조기법, 출토유물 등을 통해 볼 때, 유구 상호 간 시기를 달리하면서 축조된 추가장에 의한 것으로 파악된다. 1A호분은 동-서 28.5m, 남-북 30m로 거의 원형으로 묘역 정지과정 또는 분구 조성 중에 분구 주위로 10개의 단절형 주구를 배치하였다. 매장주체부를 설치한 후 개석 위로 적갈색이나 황갈색 밀봉토를 일정 두께로 덮고, 다시 회갈색점질토를 둥글게 쌓아 봉분이 반구형에 이르도록 하였다.

출토유물은 개배(蓋杯), 기대(器臺), 호(壺), 유공광구소호(有孔廣口小壺) 등의 소가야식 토기와 대가야계 토기, 대도(大刀), 도자(刀子), 철촉(鐵鏃), 철부

(鐵斧), 철모(鐵矛) 등 무기류, 안교(鞍橋), 등자(鐙子), 검릉형행엽(劍菱形杏葉) 등 마구류, 찰갑편 등 무구류, 이식(耳飾), 경식(頸飾), 천(釧) 등 장신구류, 철부(鐵斧), 철착(鐵鑿) 등 농·공·어로구가 확인되는 등 상당히 후장이다.

6세기 전반으로 추정되는 1B호분은 1A호분에 연접하여 축조되었는데 봉분 직경 28m로, 가야지역 횡혈식석실분 중 최대 규모에 해당한다. 석실은 길이 6.7m, 너비 2m, 깊이 1.5m이며, 중앙에 위치한 연도는 길이 3.3m, 폭 1.1m, 높이 1.3m로 긴 편으로 선축한 1A호분에 버금가는 높은 기술력을 가진 축조기법이 확인된다. 한편 석실과 연도 내부를 붉게 채색하였는데, 벽면은 점토를 먼저 바르고 그 위에 붉은 칠을 한 데 반해 천장은 바로 도장하였다.

부장품으로 소가야식 토기를 중심으로 대가야계 개배, 장경호, 신라계 대부장경호, 스에키 등 주변 각국의 토기가 다량 출토되었으며, 패제운주 등 마구류와 촉, 대도 등 무기류, 각종 농·공구류 등이 확인되었으며 축조시기는 6세기 전반으로 추정된다.

송학동 1C호분은 1A호분과 1B호분의 연접 부분을 굴착하여 조성하였으나, 분형을 유지하는 범위에서 축조되었다. 매장주 체부는 횡혈식석실이며, 1B-1호와 유사한 형태와 구조를 보이나, 현실이 넓어지고 평면 장방형으로 바뀌었다.

송학동고분군을 중심으로 한 고성지역 소가야 묘제는 목곽 - 수혈식석곽(다곽식분구묘) - 횡혈식석실로 변천한다. 이러한 묘제의 변화는 소가야의 성장·발전과 밀접한 관련이 있다.

고성지역 주요고분군에서는 다곽식봉토분과 분구묘가 채용된다.

분구묘는 봉토분과는 달리 분구를 먼저 조성한 후, 분구 상부를 굴착하여 매장주체부를 축조하는 고분을 일컫는다. 분구묘의 채용은 봉토분이 주 묘제인 여타 가야지역과는 판이하게 다르다. 소가야권에서 봉토분이 조성되는 고분군은 합천 삼가, 산청 중촌리, 고성 연당리 등이며, 분구묘가 축조되는 고분군은 고성 송학동, 율대리 등이다. 고성 내산리고분군은 봉토분과 분구묘가 혼재되어 나타난다. 영남지역에서는 5세기 이후, 고성과 통영에서만 돌발적으로 분구묘가 출현하며, 고대(高臺)화 된 분구묘의 채용은 고성지역 수장층의 위상을 보여주는 것이라 판단된다.

동아대학교박물관의 발굴조사에 따른 고분군의 특징은 다음과 같이 발표되었다.

① 모든 고분의 봉토는 인공으로 언덕위를 평평하게 고른뒤 한 층씩 다져가며 쌓아올린 판축 형태.
② 제1호 고분은 13기의 돌덧널과 2기의 돌방무덤으로 3기의 독립된 둥근 봉토를 가진 고분으로 일본의 전방후원분과 다른 형태의 무덤.
③ 가장 북쪽에 있는 1B-1호 돌방무덤은 전통적인 가야고분과 달리 입구, 벽면 천정에 붉은 색이 칠해진 채색고분.

출토유물은 토기류와 금동귀걸이, 마구류, 은장식큰칼, 청동제 굽다리접시, 유리구슬 등 모두 1,000여 점이 되는데 출토된 유물의

특징을 볼 때 5세기 후반에서 6세기 전반에 조성되었다고 설명한다.[39]

고성지역 고분은 입지와 규모, 출토유물의 질량 등에서 위계가 뚜렷하다.

대형고분 축조에는 대규모의 노동력과 시간, 비용, 축조기술 등이 필요한 것은 물론 이를 관리감독할 권력이 뒷받침되어야 한다. 이처럼 거대한 연접분의 축조는 송학동고분군 조영집단이 주변 축조집단과 차별화된 당시의 강력했던 위세를 표현한 것으로 추정한다.

고성지역에서는 동시기 대가야나 아라가야, 신라에 비해 철기의 생산과 유통량이 현저히 적고, 대도나 철모 등의 무기류나 마구류의 소유에 상당한 제약이 있었던 것으로 판단된다. 이는 비단 고성지역에만 해당되는 것이 아니라 소가야 전역에서 보이는 공통된 양상이다. 그러나 마구의 재질, 장식성 등 모든 점에서 송학동고분군이 다른 주변 고분군을 압도하고 있으며, 이를 통해 송학동 1호분을 정점으로 하는 계층성이 인정된다.

고성지역 고분은 규모와 출토유물의 질량에서 위계가 뚜렷하다. 직경 25m 이상의 고분은 송학동고분군을 중심으로 고성읍 일대에 밀집하고, 차상위고분군은 내산리고분군, 율대리고분군, 연당리고분군 등이 축조되었다. 부장유물, 봉분과 주곽의 규모, 입지와 고분축조기법 등을 종합해볼 때, 송학동 1A-1호 축조를 기점으로 소가야 멸망 직전까지 줄곧 송학동고분군이 소가야의 최고 권력집단

---

39) https://lsmpkt.tistory.com/308

의 묘역이었음을 알 수 있다.

　소가야는 토기양식의 분포, 묘제로 보아 남강 중·상류지역과 남해안 일대에 산재했던 개별 소국들을 통칭한다. 서부 경남 일대의 가야 소국의 실상을 알려주는 유효한 사료 중 하나가 '포상팔국전쟁(浦上八國戰爭),' 기사이다. 이는 『삼국사기』 본기와 열전, 『삼국유사』 물계자전(勿稽子傳) 등에 기록되어 있는데 다. 주요내용은 포상팔국이 공모하여 가라(加羅), 아라(阿羅) 혹은 신라 변경을 침범하였으나 신라의 나해이사금(奈解尼師今)이 군사를 보내어 제압하였고, 3년 뒤 골포(骨浦), 칠포(柒浦), 고사포(古史浦) 등 3국이 재차 갈화(竭火)를 침범하지만 왕이 직접 나서서 격파하였다는 것이다. 이런 기록을 볼 때 당시 가야 내부에 큰 변화를 불러일으킨 중요한 사건이었음을 짐작해 볼 수 있는데 이들 기록에 대해 논란이 벌어진다. 전쟁 시기에 대해서는 『三國史記』에 기록된 나해이사금 14년조(209년)의 기년을 인정하여 3세기 전반으로 보는 견해부터 3세기 후반, 4세기 전반, 4세기 중·후반은 물론 고고자료를 통해 보았을 때 5~6세기에 벌어진 사건으로까지 추정한다. 더불어 전쟁 대상은 포상팔국으로 아라, 가라, 아라·가라, 부산·울산지역 등으로 의견이 나뉘는데 이런 다양한 견해가 존재하는 것은 남해안에 개별 소국이 존재하였으며, 필요에 따라 연맹 혹은 연합체를 형성하였던 사실을 유추할 수 있다는 점이다.

　학자들은 초창기 소가야 성립기는 남강수계의 산청 중촌리고분군과 합천 삼가고분군이 중심고분군으로 성장하였으며 5세기 후반부터 고성지역 수장층의 성장이 두드러지면서 남강수계와 남해안 세력이 결합하여 소가야의 발전기로 접어들었다고 설명한다. 이러한 점은 유력 고총고분을 중심으로 한 종적인 구조를 이루는 대가야(고령 지산동고분군), 아라가야(함안 말이산고분군), 신라(황남대총)와는 분명한 차이가 있다. 즉 5세기 중·후반의 소가야는 다원적인 구조를 가졌다는 것이다. 이러한 가야 소국들의 성장은 4세기까지 남해안과 낙동강을 장악하였던 김해세력의 몰락의 단초가 되었다고 추정하는데 이는 남해안과 남강수계의 소국들이 지리적인 환경조건과 강국들에 대한 대응을 목적으로 연합 또는 연맹의 관계를 형성하였다는 시각이다.

5세기 후반 고성지역에서는 송학동 일대가 최고 수장층 묘역으로 조성된되는데 구릉의 정상부에 4m 정도를 성토하여 분구를 조성하고 초대형 석곽묘인 1A호를 축조하였다. 1A-1호를 중심으로 10기의 석곽묘가 배치되었으며, 1A-1호는 현재까지 확인된 소가야 석곽묘 중 가장 규모가 크고 세장하다. 입지와 축조기법 그리고 부장유물의 출토량이나 질적인 면에서도 탁월하여 수장층으로서의 위계가 뚜렷이 확인된다.

소가야 발전기는 남강수계와 남해안세력이 결합하면서 강대한 세력을 형성하는데 이는 5세기 금관가야의 몰락으로 인한 파급여파로 추정하며 이에 따라 교역망을 갖춘 고성지역의 영향력이 커진다. 5세기 후반 소가야식 토기의 분포 및 확산 범위가 최대를 이루는데, 특히 함안 칠원과 창원, 전남 동부지역에도 소가야양식 토기가 활발히 확산되었다. 또한 금관가야의 쇠퇴로 남해 연안항로 상에 위치한 소가야가 백제-가야-일본을 연결하는 가교이자 남해안-남강을 연결하는 관문으로 부상했다.

6세기에 들면 소가야의 고분문화는 커다란 변화를 맞이한다. 고성지역을 중심으로 분구묘의 축조가 활발해진다. 이러한 분구묘는 송학동고분군을 비롯하여 기월리·율대리·내산리고분군 등 소가야 특히 고성지역 수장층의 주 묘제로 정착하였고 중·소형고분과 종적인 구조의 상하관계망을 형성하였다. 그러나 차상위계층 집단과 송학동의 유력 중심층과의 관계는 일방적인 지배와 피지배의 관계보다는 어느 정도 독립성을 인정해주었던 느슨한 상하 관계이자 연합 관계로 추정된다.

가야지역에는 6세기를 전후하여 수혈식석곽을 대신하여 수장층을 중심으로 횡혈식석실이 도입된다. 송학동고분을 비롯한 고성지역의 횡혈식석실은 평면 세장방형과 양수식 연도, 평천장 구조를 가진다. 소가야식 토기의 경우 삼각투창고배의 출토량이 급감하고, 고성지역 고총분에서는 개배가 집중된다. 더불어 영산강유역 토기 및 대가야계 토기의 확산과 더불어 고성지역을 중심으로 신라 토기문화가 대거 유입되면서 김해지역이 완전히 신라화된다.

여하튼 고성지역은 주변 국가의 영역 확장에도 간섭받지 않은 채, 멸망 직전까지 소가야의 고지(故地)로서 여러 고총고분군이 조영되며 그 세력을 유지하였던 것으로 보인다.

그러나 송학동고분군을 중심으로 한 소가야의 세력집단은 6세기 중엽 신라의 진출, 대가야의 남진 등으로 주변 강대국의 영역 확대 정책으로 인해 결집력이 급격히 약화되며 대가야의 멸망(562년)에 잇따라 소가야도 종말을 고했다고 추정한다.

목곽묘인 송학동 1E호분 등 이른 시기 유구가 확인되지만, 현재까지 동시기 부산·김해·함안지역 등과 같은 대형목곽묘는 발견되지 않았다. 1A-1호분 축조를 기점으로 송학동고분군은 소가야 최고수장층 묘역으로 자리잡기 시작한다. 삼각형 투창고배를 대표 기종으로 하는 소가야식 토기는 다른 가야정치체뿐만 아니라 백제, 일본 등 주변국으로 전해져 활발한 교역창구 역할을 했다.

6세기에 접어들면서 소가야는 큰 변화를 맞이한다. 대형고총분이 고성지역에 집중적으로 등장하고, 소가야의 독특한 묘제인 분구묘가 활발히 축조된다. 횡혈식석실이 채용되기 시작하고, 외래계 요소의 유입이 급증한다. 또한 송학동고분군 등 대형분에서 재지계 유물을 비롯한 신라계·대가야계·영산강계·왜계 유물이 다량 출토되는 현상은 해상왕국 소가야의 면모를 여실히 보여주는 증거라고 할 수 있다.

고분의 부장품으로는 소가야식 토기뿐만 아니라 대가야, 백제, 신라, 일본 등의 토기, 마구 등 다양한 교역품이 출토된다.

송학동 축조집단은 특정지역 정치체의 지배적인 확장에 영향을 받지 않고, 지리적 이점을 살려 해상교역의 중심지로 활발히 활동한 것으로 추정한다. 즉 고성은 주변 국가의 세력 확장에 간섭받지 않은 채, 마지막까지 소가야의 고지로서 명맥을 유지하며 소가야 문화의 꽃을 피울 수 있었는데 바로 그 증거가 유네스코세계유산으로 등재된 송학동고분군이다.[40]

고성박물관은 송학동고분군의 발굴을 바탕으로 소가야유물전시관을 2012년 5월 개관한 후 명칭을 변경한 것이다. 박물관은 고성 전반의 역사와 문화재를 알리고 있는데 특히 2022년 실감기술이 고성문화재와 만나 새로운 시작을 알려주면서 이론적인 교육과 현장 체험을 동시에 수행 하는 역할을 하고 있다.

고성박물관 입구는 소가야의 대표적인 토기 모양에 근거해 둥근 외관으로 설계돼 있는데 이는 고성 신용리 유적에서 출토된 '일단장방형투창고배'의 토기를 바탕으로 차용한 것이다. 박물관으로 들어가면 상설전시실 입구까지 우리나라 역사 연대표와 시대별 유적, 유물 등을 전시하고 있어 전체적인 우리 역사에 대해 배울 수 있다.

상설전시관은 선사시대부터 삼국시대까지의 고성역사를 시대순으로 유적과 유물을 통해 보여주고 있는데 상설전시실 입구에 소가야의 가마무사가 위용을 자랑한다. 박물관은 소가야의 성립과 발전 모습을 송학동고분군 등의 모습을 통해 이해할 수 있도록 각종 정보를 제시하고 있는데 삼국시대 고성 소가야인들의 삶을 모습을 디오라마로 재현해 당시의 생활상을 엿볼 수 있다.

특히 송학동고분군에 대해 박물관 내에 모형을 통해 상세히 설명하고 있어 박물관 관람 이후 현장 학습으로 이론과 체험을 동시에

---

40) 「고성 송학동고분군의 위상과 변천」, 김지연, 가야사총론-연구총서6권, 2020

할 수 있다. 또 고분군 축조과정에 대해서도 소개하고 있어 고분군이 어떻게 만들어졌는지도 파악할 수 있다.[41]

한편 고성은 공룡발자국과 공룡엑스포 등으로 공룡과 관련해 전국적으로 유명세를 떨치고 있는 고장으로 고성 전체가 공룡의 터전이라 해도 과언이 아닐 정도로 공룡의 서식지로 유명하다. 특히 고성군 하이면 덕명리 '공룡과 새발자국 화석산지(천기 제411호)'는 공룡에 관한 한 해남 우항리와 함께 한국의 공룡 유적지를 대표한다. 고성 덕명리 해안의 공룡 발자국이 미국 콜로라도, 아르헨티나의 파타고니아와 함께 세계 3대 화석 산지 중에 하나라는 것으로도 알 수 있다.

공룡발자국이 발견된 지역은 고성군 거의 전부를 포함할 정도로 하이면 덕명리 해안, 고성읍, 삼산면, 회화면, 구만면, 개천면, 하일면, 마암면, 동해면, 거류면 일대에서 발견되는데 가장 중요한 곳은 하이면 덕명리 해안 일대이다. 덕명리의 전반적인 퇴적상 발달특성은 전반적으로 호수 연변부 및 천호환경이었음을 알려준다. 이 중에서도 호수연변부의 이질평원 환경이 넓고 지속적으로 발달하였다. 일반적으로 호수 환경은 유출수로가 있는 열린 호수와 유출수가 없는 닫힌 호수로 나뉘는데 이 지역의 경우 쇄설성퇴적층이 지배적인 반면 퇴적기원의 탄산염암이나 증발암층의 발달이 드물어 퇴적 당시의 호수는 열린 호수 환경이었음을 보여준다. 또한 당대의 기후조건은 당시의 기후가 건기와 우기가 교호하는 계절성 기후였음을 알려주지만 전반적으로 매우 건조한 조건이었음을 보여

---

41) 「박물관 탐방기」 고성박물관」, 김영훈, 경남일보, 2016.08.15

준다.

또한 영현면 계승사에 매우 희귀한 화석이 발견되는데 바로 연흔(ripple mark)과 빗방울 자국(rain print) 그리고 대형 용각류 공룡발자국이다. 고성박물관, 송학동고분군을 찾을 때 고성공룡박물관 등을 빠트리지 말기 바란다.[42]

---

42) 『해남우항리 퇴적층조사 및 화석복원』, 전남대학교한국공룡연구센터, 해남군, 2004

제7장 : 남원 유곡리와 두락리 고분군
(사적 제542호)

행정구역으로 따지면 유네스코세계유산으로 지정된 가야고분군은 경남 5곳, 경북 1곳, 전북 1곳이다. 이들 고분군은 모두 국가지정문화재 사적으로 지정돼 있는데 학자들을 놀라게하는 것은 전북에 가야의 고분군이 유네스코세계유산에 지정되었다는 것이다.

우리나라 남부지방의 중앙부에 위치한 전북 동부지역은 지정학적인 이점을 잘 살려 선사시대부터 줄곧 교통의 중심지이자 전략상 요충지였다. 특히 가야 소국들이 백제의 중앙과 교역하려면 전북 동부지역을 통과해야 했다. 한마디로 백제와 가야, 신라의 유적과 유물이 공존하는데 이중에서도 운봉고원은 특별성이 있다. 한반도의 물줄기를 동서로 가르는 백두대간 동쪽의 고원지대로 남강과 섬진강이 시작되는 곳인데 현재 두 개의 행정구역으로 구분되어 전북 남원·경남 함양으로 불리지만 선사시대부터 인문지리적 환경에 의해 하나의 문화권을 이룬다.

조선시대『정감록』에는 우리나라에서 살기 좋은 십승지지로 소개

남원 유곡리와 두락리 고분군
(가야고분군 세계유산등재추진단)

되었으며, 조선 후기 실학자 정약용은 다음과 같이 말했다.

'남도의 관방은 운봉이 으뜸이고 추풍령이 다음이다. 운봉을 잃으면 적이 호남을 차지할 것이고 추풍령을 잃으면 적이 호서를 차지할 것이며, 호남과 호서를 다 잃으면 경기가 쭈그러들 것이니 이는 반드시 지켜야 할 관문이다.'

유네스코세계유산으로 지정된 전라북도 남원시 아영면 유곡리와 두락리고분군은 지리산 단풍길을 따라 전북 남원 도심에서 40분가량 차를 타고 가면 인월면 유곡리 성내마을 북쪽에 위치한다. 고분군의 명칭은 고분이 분포하는 지역의 명칭을 따랐으며 5~6세기 가야연맹 중 가장 서북부 내륙에 위치하였던 고분군으로 가야연맹의 최대 범위를 보여준다. 일반적으로 가야는 경상남북도를 기반으로 하는데 유골리와 두락리는 전라북도에 위치하여 그 범위가 매우 넓었음을 확인해 준다.

사실 학자들이 전북에서 가야 고분군이 발견되리라고는 생각지 않았다.

유곡리와 두락리고분군에 봉토분41기가 조성되어 있었지만 이들은 당연히 백제 고분으로 추정했기 때문이다. 그런데 1970년대의 고고학 지표조사와 2000년대에 발굴조사를 통해 가야의 고분군으로 밝혀진 것이다. 이들 고분군에서 발굴조사를 통해 최고의 위세품으로 평가받고 있는 금동신발과 철제초두, 수대경, 계수호 등이 출토됨으로써 가야 소국인 기문국의 실체로 설명된다. 전북에서 가야의 유적이 발견되자 곧바로 중요성이 인정되어 2018년 사적제542호로 지정되었고 유네스코세계유산에 등재신청하여 지정받은 것이다.

유곡리와 두락리고분군에는 5세기 전반부터 6세기 전반에 걸쳐 석곽묘, 석실묘가 축조되었다. 봉토가 큰 고분은 구릉지의 정상부나 능선을 따라 조성되고, 봉토가 작은 고분은 봉토가 큰 고분의 주변이나 구릉지 사면부에 축조된다. 석실묘는 6세기 전반에 구릉지 남측 사면부에 조성되었는데 가야 멸망과 함께 고분의 축조가 중단되었다. 고분군은 서쪽 평지에서 잘 보이는 구릉지에 입지하며, 구릉지의 능선에는 대형 고분이, 사면에는 중소형 고분이 군집하여 조성되어 있다.

백두대간의 동쪽에 자리한 운봉고원에는 가야고분군 32개소와 중대형 봉토분 160여 기가 분포한다. 남강 상류권 가야고분군의 분

남원30호분 매장시설 전경
(국립완주문화재연구소)

포밀도 분석에 의하면, 저밀도구간을 제외하고 각각 하나의 밀집권을 형성한다.

운봉고원을 중심으로 경남 함양군과 산청군 일대에는 서로 긴밀한 교류관계를 바탕으로 동일한 문화권과 생활권을 형성했던 가야 소국들이 있었을 것으로 추정하는데 기문국의 영역으로 추정되는 가야고분군들이 대대적으로 조사되었는데 유네스코세계유산에 지정된 남원 인월면 유곡리와 영면 두락리 고분군에 대해서만 설명한다.

2013년 실시한 발굴조사에서는 원삼국시대 주거지와 길이 7.3M 내외의 대형 수혈식석곽묘가 발견되고 가야영역권 최초로 청동거울, 금동신발 등의 부장품이 출토되어 학자들을 놀라게 했다.

고분군 내 40기의 고총의 규모는 직경 32m 내외이며, 20m 이상 되는 대형분 14기가 자리한다. 또한, 지류의 정상부에는 직경 30m 이상되는 초대형의 고총이 자리하고 있다. 이러한 고총의 양상은 대가야의 중심고분군인 고령 지산동고분군 서쪽에서 최대 규모로 호남지역 가야고분군 중 1등급에 해당하는 고분군이다.

학자들은 남강 상류인 운봉고원 일원에 가야문화를 기반으로 발전한 기문국 지배자의 무덤으로 비정하는데 봉토의 규모는 직경 8~32m 내외로, 직경 20m 이상 되는 대형분이 14기이다. 매장시설은 주로 수혈식석곽묘로 운봉고원에서 규모가 5㎡ 이상 되는 대형은 유곡리와 두락리고분군과 월산리고분군만이 확인되는데 이를 조성한 기문국이 강력한 세력이었다는 것을 알려준다.

32호분은 두락리에서 가장 유명한데 고분군의 서쪽 구릉(해발 465.9m)

과 동쪽 구릉(해발 457.7m) 사이에 연결된 능선 상에 위치한다. 봉분은 상부가 경작으로 인해 상당부분 삭평되어 평탄화 되었으나 봉분외곽선을 연장하여 추정하면 봉분 높이가 3.2m가량이었을 것으로 추정된다.

32호분은 수혈식석곽묘로 구덩이를 파고 돌로 네 벽을 쌓은 다음 시신과 부장품을 묻고 뚜껑돌을 덮었다. 직경 21m에 달할 정도로 대형분인데 주석곽 바닥면에서는 목주시설이 확인되는데, 이는 석곽 축조 시 붕괴를 방지하고 벽석을 견고하게 하기 위한 역할을 한 것으로 판단된다.

32호분에서는 청동거울과 금동신발을 비롯해 토기 41점, 금박편 2점, 철기류 154점 등이 출토되었다. 청동거울은 배면 중앙의 원형 뉴좌를 중심으로 내구와 외구에 각각 9·7개의 유(乳)를 배치하고 사이사이에 기하학문과 '의자손(宜子孫)' 명문, 부조식 서수문(瑞獸文)을 배치한 점이 특징적이다. 거울의 명칭은 주로 배면에 새겨진 명문이나 문양에 의해서 명명되는데, 주석곽 출토 거울의 경우 다유금수문경(多乳禽獸文鏡)·금수대경(禽獸帶鏡), 수대경(獸帶鏡) 등으로 다양하게 불리는데 32호분 출토품은 의자손수대경(宜子孫獸帶鏡)으로 부른다. 32호분 출토 청동거울의 '의자손' 명문의 의미는 자손이 번성하기를 축원하는 의미로 후한 중·만기에 해당하는 다유금수문경과 연호문경(蓮弧文鏡)에 주로 사용된다. 32호분 출토 의자손수대경과 유사한 국내 사례로는 무령왕릉 출토 손수대경이 유일하지만 일본에서는 다양하게 발견된다. 이를 통해 운봉고원 가야와 백제, 중국 남조 및 왜와의 교류 관계를 추정할 수 있는 것은 물론 의자손수대경을 부장한 32호분 피장자의 위상을 짐작할 수 있다. 특히 의자손수대경은 중국 남조에서 만들어진 것으로 무령왕릉 출토품보다 앞서는데 가야와 중국 남조와의 국제외교가 이루어졌음을 암시한다.[43]

금동신발은 금동(金銅)으로 만든 신발의 바탕에 다양한 문양을 사용하여 화려하게 장식한 것을 말하는데 개석이 무너지면서 손상돼 파편형태로 수습되면서 전체적인 형태 추정을 불가능하지만 4~6세기 동북아시아 국가 중에서 고구려·백제·신라·가야와 왜에서만 확인된다. 이러한 금동신발은 대체로 피장자의 위상을 알려주는 위세품 중 하나로 알려져 있고, 주로 무덤 내부 피장자의 발에 신겨진 상태나 주변부에서 확인된다. 삼국 중 고구려에서는 집안지역인 우산묘구(禹山墓區)·마선묘구(麻線墓區)·마선저장(麻線猪場)·칠성산묘구(七星山墓區) 등에서 확인되었고, 신라에서는 왕경(경주)지역인 황남대총·금관총·서봉총 등과 지방의 경산 임당동 6A호분·의성 탑리고분·양산 부부총·창녕 교동 등 중앙과 지방 수장층의 고분에서 출토되었다.

그러나 32호분 출토 금동신발은 백제계이며 익산 입점리나 나주 신촌리 출토품과 시기적으로 병행하거나 약간 늦은 단계로 볼 수 있고 본격적인 귀갑문이 등장하는 5세기말의 나주 복암리 금동신발보다는 이른 시기의 것으로 판단된다.

토기류는 주석곽 및 부장석곽에서 출토된 발형기대와 장경호, 개

---

43) 「남원 유곡리와 두락리고분군」, 전상학, 가야사총론-연구총서6권, 2020

의 기형, 장경호 및 단경호와 개의 세트 양상은 대가야계에 속하지만, 문양에서는 대가야계와 토착계(재지계)가 공존하는 양상이 확인된다. 한편 고분에서 출토된 유리구슬은 백제 왕릉의 부장품과 매우 흡사하여 가야가 백제와 자율적으로 교섭했음을 보여준다.

이밖에도 봉분 서쪽 하단부에 중복되어 원삼국시대 주거지 1기가 확인되었다. 출토유물은 발형기대, 유개장경호, 단경호, 뚜껑 등의 토기류 40점과 청동거울, 백제계 금동신발, 각종 마구류, 철모, 철촉 등 무기류등 금속제품 약 110여 점 이상이 출토되었다. 한편 주석곽의 남장벽 옆의 봉분 내에서 말뼈(하악골)가 출토되었다.

가야계 중대형 고총으로 밝혀진 두락리 1·2호분은 봉토의 중앙에 하나의 매장주체부만 마련된 단곽분으로 봉토의 가장자리에는 호석시설을 마련하지 않았다.

제1호분은 횡혈식석실묘(橫穴式石室墳)으로 장축 19m의 타원형의 봉토 안에 매장시설로 하나의 대형 돌덧널이 축조된 단곽식(單槨式, 외덧널식)고분이다. 돌덧널은 대가야지역과 마찬가지로 세장한 평면형인데 깬돌을 이용하여 길이 8m, 너비 1.3m, 깊이 1.8m의 규모로 축조하였다. 돌덧널의 네 벽은 수직벽으로 정연하게 축조되었으며 납작한 장대석 17매로 뚜껑을 덮었다.

두락리 제2호분은 굴식돌방무덤으로 능선 하단부에서 발견되었다. 널방의 규모는 길이 약 3m, 너비 약 2.4m로 네모모양에 가까운 장방형에 속하며 바닥에서 천장까지의 높이가 2.8m이다. 널길은 서벽 좌측으로 편재하여 내었는데 길이 3.5m, 폭 1.0m 정도이다. 천정은 네 벽이 활모양으로 굽어 올라가 뚜껑돌 하나로 천장을 덮은 형식이며 널방의 벽면에 회를 발랐으나 벽화는 확인되지 않았다. 널방의 형태는 기본적으로 백제식이라고 할 수 있고 익산 입점리 1호분이나 고령 고아동 벽화분과 유사하다. 수집된 유물로는 횡혈식석실분에서 철도자, 꾸미개 등이 출토되었고, 석곽묘에서는 유개장경호와 기대, 호형토기, 등자, 기꽂이, 재갈, 안장가리개 등이 출토되었다.

유곡리·두락리고분군의 특징은 이 고분군이 주로 가야계의 석곽묘인데 백제의 영향을 받았을 것으로 추정되는 굴식돌방무덤도 존재한다는 점이다. 특히 굴식돌방무덤에는 고령 고아동식처럼 회칠이 되어 있으며 바닥은 돌을 깔거나 진흙을 바르는 것이 보편적이나 제4호분 돌덧널무덤의 경우 바닥흙을 이용하였다.

1963년에 조사된 돌널은 김해식 와질의 대형항아리와 아가리가 약간 벌어진 둥근바닥항아리가 남북방향으로 안치되었다. 대형항아리는 길이 0.6m의 크기로 어깨에 톱니무늬, 표면에 두드림무늬가 있고, 2개의 젖꼭지모양의 손잡이가 달렸다. 이와 맞붙어 있는 둥근바닥항아리는 길이가 33㎝인데 목 아래쪽 전면에 돗자리무늬가 나 있다. 이 옹관 안에서 문살무늬가 시문된 컵모양의 적색연질토기 1점이 출토되었는데 옹관의 연대는 4세기경으로 추정된다.[44]

고분 축조와 시신 매납, 그리고 피장자를 기리기 위해 무덤과 그 주변에서 행해지는 각종 행위를 '매장습속(埋葬習俗)'이라고 한다. 32호

---

44) 「남원 유곡리와 두락리고분군」, 한국민족문화대백과사전

분에서 확인된 매장습속은 먼저 주석곽 바닥시설을 하기 전에 불을 피웠던 흔적이 확인되는데, 벽사(辟邪)의 의미로 석곽 축조 전에 이루어진 매장의례로 추정된다. 다음으로 주석곽 내부에서는 주사(朱砂)안료가 청동거울 등의 유물뿐만 아니라, 석곽 내부, 특히 주검칸 곳곳에 흩뿌려진 양상이 확인되었다. 청동거울 전면에 주사안료가 정교하게 주칠된 예로는 나주 복암리 3호분 8·15호를 비롯해, 황남대총 남분, 경주 황성동 881-1번지 1호·5호분 등을 들 수 있다. 주석곽 남장벽 중앙 부근에서 말 머리뼈가 확인되었다. 말의 다른 부위 뼈가 전혀 확인되지 않고 상악골과 하악골 일부만이 확인된다는 점과 말을 매납한 구덩이가 확인되지 않는 점으로 볼 때, 장송의례로서 말 머리만 봉분 성토 중 매납한것으로 추정된다. 무덤에서 출토되는 말뼈는 출토 장소에 따라 매장주체부, 목곽 및 석곽묘 개석 상부, 석실분 및 석곽묘 주변, 석실분의 연도 입구, 주구, 독립 유구에서 확인된다. 32호분처럼 봉분 성토 중에 말 머리뼈를 매납하는 사례는 대가야계 무덤에서 찾을 수 있는데 이는 공헌의례로써 무덤 주인공의 신분이나 계세사상과 관련이 있고, 저승으로 떠나는 사자의 안녕을 염원하는 장송의례의 일환으로 추정된다.

고령 지산동 44호분과 73호분, 합천 반계제 가A호분의 봉분에서 말 머리뼈가 확인되었다. 주구 내부에는 토기가 깨뜨려져 산재하는 경우가 많은데, 주구 내 훼기의 결과물로 추정한다. 이러한 토기를 깨뜨리는 행위는 죽은 자와의 단절을 의미하는 것으로 보는 견해가 일반적이다.

고분군 내에서 발굴조사 된 고분들은 32호분을 제외하고 모두 단곽식이며, 매장시설은 수혈식 석곽과 횡혈식 석실(36호분)이다. 32호분은 주석곽과 부곽이 '11'자 형태이나 부곽은 매장용이 아닌 부장품 매납이 주목적으로 만들어진 것이다.

32호분과 인접한 30호분은 규모가 큰 고분군에 속하는데다 매장주체부인 수혈식석곽묘 1기와 부장석곽 1기가 확인 됐으며, 봉분 외곽에서 고려시대 석곽묘 1기가 추가로 발굴됐다.

32호분 잔존 봉분 정중앙에 위치하는 주석곽은 도굴로 착장유물이 아닌 철촉, 철부, 철모, 초미금구, 사행성철기 등의 잔존유물만 확인됐다. 도굴되지 않은 부장석곽에서는 다량의 대가야계 토기가 수습됐으며 부장석곽에서는 대가야양식의 발형기대, 통형기대, 유

남원 32호분 주석곽과 부장석곽 출토 철기류
(전북대학교 박물관)

개장경호, 단경호 등의 기종이 확인됐다. 대가야계 토기와 상위신분 유물인 사행성 철기는 대가야세력과의 연관성을 보여주며, 단경호 내부에서 발견된 서해와 남해에서 잡히는 피뿔고둥, 우럭조개는 당시 식생활과 남원지역을 중심으로 한 교역망을 추정케 한다.

특히 사행상철기, 금제이식, 은동제장식혁금구 등의 유물로 피장자의 신분은 유추할 수 있다. 사행상철기는 금동제 장식마구와 갑옷, 투구, 마갑 등과 함께 출토되는데, 이는 피장자가 고분군 내에서 상위 신분이며 기마무사의 역할을 맡았을 걸로 추론한다.

이 유물은 고구려, 신라, 가야의 주요고분에서도 확인되며 인접지역 가야고분인 합천 옥전M3호 반계제 다-A호분, 함양 상백리에서도 출토된 사례가 있어 가야세력의 연관성을 파악하는 실마리가 된다.[45] 특이한 것은 가야고분에서 보편적으로 나타나는 순장은 아직까지 확인되지 않았다는 점이다.

학자들은 이들 유물들을 정밀 분석한 결과 남원의 고분들이 백제와의 관계 속에서 축조된 것으로 인식한다. 특히 고총의 내부구조가 백제 묘제를 수용한 것은 기문국이 백제에 정치적으로 복속되었음을 말해준다는 설명도 있지만[46] 여하튼 5~6세기 가야연맹 중 가장 서북부 내륙에서 형성된 대표적 고분군으로 지리적으로 가야연맹의 최대 범위에 속한다.[47][48]

남원 인월면 유곡리와 영면 두락리 고분군은 다른 고분군과 달리

---

45) 「[가야문화의 뿌리를 찾아서]③남원 유곡리와 두락리고분군」, 강미영, 경남도민신문, 2022.11.08
46) 「남원 유곡리와 두락리고분군」, 전상학, 가야사총론-연구총서6권, 2020
47) 「고분에 잠든 옛 왕국의 부활 가야 문명의 길」, 문화재청, 2022.11.29
48) 「[가야문화의 뿌리를 찾아서]③남원 유곡리와 두락리고분군」, 강미영, 경남도민신문, 2022.11.08

이들 고분군에서 발굴된 유물 등은 물론 상세 정보를 제공하는 박물관이 없으므로 고분군 입구에 홍보관을 설치하여 방문객들을 맞이하고 있다. 더불어 여러 곳에서 발굴과 정비작업이 한창이므로 근간 이들을 아우르는 박물관이 우리들에게 선보일 것으로 예상하면서 대장정의 막을 내린다.

유네스코 세계문화유산 가야 고분군

초판 1쇄 인쇄	2023년 12월 1일
초판 1쇄 발행	2023년 12월 8일
저 자	이종호
발행인	김갑용
발행처	진한엠앤비
주 소	서울시 서대문구 독립문로 14길 66 205호(냉천동 260)
전 화	02) 364 - 8491
팩 스	02) 319 - 3537
홈페이지주소	http://www.jinhanbook.co.kr
등록번호	제25100-2016-000019호 (등록일자 : 1993년 05월 25일)
	ⓒ2023 jinhan M&B INC, Printed in Korea
ISBN	979-11-290-5136-3　(93810)　　정 가 20,000원

이 책에 담긴 내용의 무단 전재 및 복제 행위를 금합니다.
잘못 만들어진 책자는 구입처에서 교환해 드립니다.